ニセモノ政治家の見分け方

ゴーマニズム宣言 RISING

小林よしのり

幻冬舎

ゴーマニズム宣言 RISING

ニセモノ政治家の見分け方

ニセモノ政治家の見分け方 ゴーマニズム宣言 RISING　目次

まえがき

日本の右傾化を、阻止せよ!

自民党が政権を奪還して、調子に乗ってることだろう。民主党は鳩山由紀夫と小沢一郎が壊したようなもので、初めから野田佳彦が首相になって、保守の純化を進めれば良かったのだが、政権交代後の失敗と混乱が大きすぎて、すっかり国民の信頼を失った。

世論調査では60％近くが脱原発を支持しているにも拘わらず、原発推進の自民党を支持するというねじれが解消されることはなかった。

それほどまでに民主党への失望が大きかったのだ。

だが、自民党が勝って「保守」が再生したとは断じていえない。

国境を越えて市場を拡大する、弱肉強食の「パトリなきナショナリズム」が勝利するだけで、財政赤字と核のゴミという負債を、次世代に押し付けるだけの悲惨な政治状況が続くことになる。

安倍晋三や現在の保守論客は、歴史教科書問題に熱心なくせに、歴史を全く知らないという倒錯したアナクロニズムに嵌った「エセ保守」に過ぎない。

帝国主義の脅威に対抗するために、維新の志士たちは藩を解体して、中央集権国家を作ったのである。

その中央集権国家を解体し、藩に戻るわけでもなく、なんとアメリカの猿マネの地域主権や道州制にしようという異常な考えが流行しているが、これに真っ向から反対する勢力が「エセ保守」の側からは現われない。

さらにはアメリカの砲艦外交で国を開かされたと同時に失った「関税自主権」を回復するために、日本は日清・日露の戦争までしたというのに、TPP参加で「関税撤廃」を目指す方向に進もうとしている。

東西冷戦が終わった後の国際社会は、幕末・明治以来の帝国主義の時代に突入しているという認識がないのは、彼らが歴史を知らないからである。


日本では親米・反中・嫌韓の「エセ保守」による強硬な発言がウケているが、海の向こうでは、オバマ大統領の圧勝による再選で、アメリカがリベラル化していることが明白になった。

今後はアメリカ国内で日本の右傾化を警戒する動きが出るだろう。

安倍晋三が総理になって、かねての公約通り、尖閣諸島に公務員を置き、船溜まりを作り、8月15日の靖國参拝を実行し、河野談話を否定し、「慰安婦の強制連行はなかった」という新談話を出したら、日米関係が極端に悪化する恐れがある。

アメリカに対しても、安倍晋三は「あいまい路線」以上のことを主張できるだろうか？

最近、ある脱原発の集会に招かれ、ステージに呼ばれたとき、「右翼の方にも脱原発派はおられるんです。小林よしのりさんです」というアナウンスが会場に響き渡った。会場は沸き、わしは苦笑いしながら登壇したが、やはり世間ではわしは右翼と思われているらしい。

『戦争論』（幻冬舎）の影響が大きすぎるのだろうが、それ以前にわしが描いた『差別論スペシャル』（幻冬舎文庫）や『脱原発論』（小学館）の流れを押さえるリテラシーがあれば、わしが右に傾きすぎた人間ではないことがわかるはずだ。

イデオロギーや党派性など無視して、わしはこのたび「脱原発」こそが、倫理的にも経済成長のためにも正しいと確信するに至った。

党派性で自分の立ち位置を決めている者たちには、わしの考えが理解できないだろうが、もっと自由に自分の頭で考える者が増えなければ、日本の民主主義は成熟しないのだが。

16年前は日本国内の言語空間が左に傾きすぎていて、日本の戦前は悪の侵略国家であるから、アジアの国々に対しては、国際法を無視してでも、未来永劫、謝罪と補償を繰り返すべきであるという空気に支配されていた。

その不健全さを正すべく、わしは『戦争論』を描いて、「新しい歴史教科書をつくる会」の運動に関わり、教科書の執筆まで引き受けた。

それが成功して、日本の言論空間は国家を否定する左の側から、徐々に右方面に中間地点を目指して移動し始めた。

だが、右方面への移動に加速度がつきすぎて、ブレーキが効かなくなったのか、民族主義や排外主義を公然と叫ぶ者たちまで現われてしまった。

16、17年前を振り返るとき、思えば右傾化したもんだとため息が出る。

威勢のいいタカ派発言をする石原慎太郎や橋下徹や安倍晋三がウケるようになった。「反中」「嫌韓」の意見が大衆受けして、一般誌も言論誌も「日中が戦争したらどちらが勝つか」という特集記事を次々組んでいる。

マッチョイズムが大流行りで、皇統の男系絶対主義を唱え、憲法改正して日米同盟を強化し、原発の再稼働を促進し、TPP参加で自由競争をさらに加速し、格差を拡大して貧困層を増やし、地方を疲弊させる国を作ろうという政治勢力が支持を得てしまっている。

よくこんな無残な国家ビジョンを支持する国民がいるものだと感心する。

国を守るというときの国とは、多くの日本兵にとっては「おらがクニ」というときの「郷土(クニ)」であったと、『戦争論』に描いたはずだが、共同体が崩壊寸前の現状では、パトリなきナショナリズムに陥るしかなかったのか?

本書は毎週火曜日に配信しているWebマガジン「小林よしのりライジング」から『ゴーマニズム宣言』その他の企画を抽出してまとめ、さらに漫画の描き下ろしを加えて制作した。

『ゴーマニズム宣言』をネット配信することで、時代の変化に即応できるようになり、単行本化までの時間も圧倒的に短縮できた。

今後も情報量・文字数の多すぎる社会問題は文章で、漫画に相応しい問題は漫画でという方法で、『ゴーマニズム宣言』を続けようと思う。

新形式の『ゴーマニズム宣言ライジング』を楽しんでいただきたい。

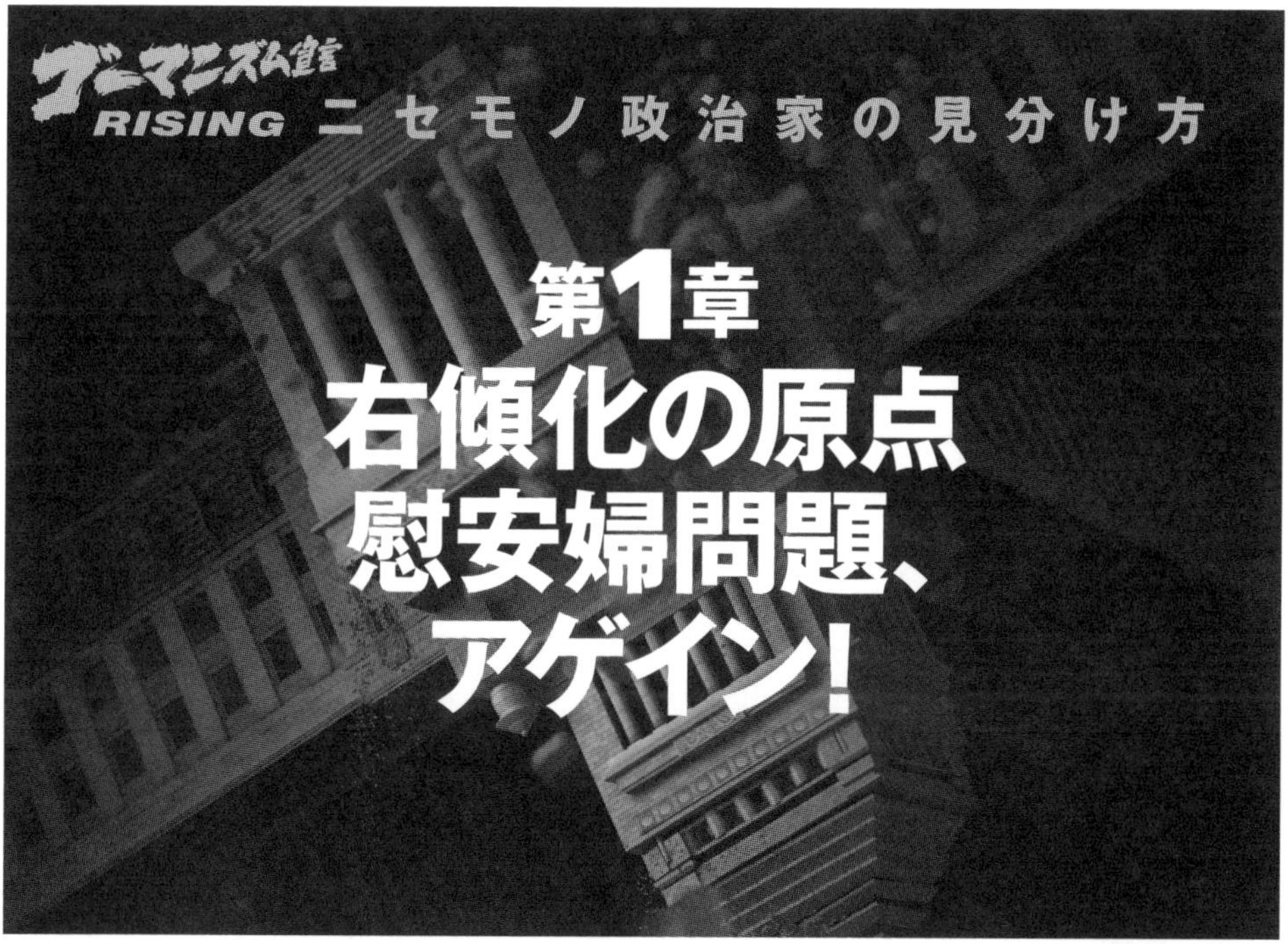
ゴーマニズム宣言
RISING ニセモノ政治家の見分け方
第1章
右傾化の原点
慰安婦問題、
アゲイン！

『ゴーマニズム宣言』で初めて慰安婦問題を描いたのは、平成8年。

「SAPIO」の1996・8・28／9・4号だった。

新ゴーマニズム宣言
第24章 従軍慰安婦カマトトマスコミを撃つ
1996年といえば、アトランタオリンピックで有森裕子が銅メダルを取り、相撲は貴乃花の全盛期、アムラーだのコギャルだのが流行し、総理大臣が橋本龍太郎だった年である。

自分で自分をほめたい。

日王は謝罪のための訪韓をせよ！

もう16年も経ったが、韓国はまだ日本に謝罪を求めている。

だが日本の空気はあれからずいぶん右傾化してしまった。

在日は出ていけー！

1996年は、まだ前年の
オウム真理教事件の余波が続き、
麻原彰晃の初公判が
大きなニュースになっていた。
また、この年は薬害エイズ事件が
大詰めで、3月に裁判が和解。
さらに刑事事件に発展し、
産官学それぞれの責任者が
逮捕された。
「ゴーマニズム宣言」の漫画家
小林よしのりさん暗殺計画
自宅前、待ち伏せ数人
薬物入れた注射器持ち
元自衛官供述
わしはその両方の事件の
追及に深く関わっていた。
薬害エイズ加
薬害エイズ事件の運動に
関わった学生たちが、
「運動の正義」に酔って
次の正義を探し始めた時…
ロックで慰安婦問題
若い世代など500人集う
ゆるさん
厚生省なんて大嫌い!
害エイズ12.12
わしは『脱正義論』を描いて、
「学生は日常に復帰せよ!」と
訴えた。
新ゴーマニズム宣言
脱正義論
正義とは何か。善意はどこに行き着くのか。
小林よしのり
その時、学生や左翼運動家が
次の「正義」の標的としていたのが、
「日本の戦争責任の追及」であり、
その筆頭にあったのが、
「従軍慰安婦問題」だったのだ!

当時「従軍慰安婦」といえば、日本軍が朝鮮の若い女性に銃剣突きつけてトラックに詰め込むような奴隷狩り的な「強制連行」をして、集団レイプした事件という認識が、一般的にはすっかり定着していた。
ちょうどこの頃も、橋本首相がフィリピンの元慰安婦に会って直接「おわび」をしており、
それを批判した奥野誠亮議員や板垣正議員は、朝日・毎日などのメディアの総攻撃を受けていた。
まさに「純粋まっすぐ」の若者が、次の「絶対正義」に掲げるには絶好のネタだったのだ。
朝
MAINICHI
毎日新聞
最初に慰安婦問題を描いた回は、なるべく「問題提起」に留めた。
「従軍慰安婦」について、朝日新聞と産経新聞の書いていることが正反対だが、これはどちらかがウソを書いて、読者を洗脳しているのではないか？
しかし2匹目のドジョウはいない！
それはやっぱり「マスコミのせい」ってところが大きい
政府は謝罪と補償を
虚構に満ちた慰安婦問題
「従軍慰安婦」の証言は確かに悲惨なものだが、それが日本軍の強制連行であると裏付ける証拠はあるのか？

そもそも外交関係としては、1965年の「日韓基本条約」で戦前の問題は全て決着しているのに、それをひっくり返して政府に謝罪だの賠償だのを求めるなんてことはアリか？

戦争中には日本の女性も悲惨なことは数知れずあり、慰安婦だって朝鮮人より日本人の方が多かったのに、誰一人訴え出ていない。

戦時中の多くの犠牲の上に今の日本があることを考えもせず、自分を「正義」の高みに置いて過去の日本を責めたてるのは、単なる偽善ではないか！

この8ページを描いただけで、ものすごい反響が来た。

その頃はまだネットが普及していなかった。

当時は手紙を書いて訴えてくるわけだから、文章がちゃんとしてないと説得力を持たない。

今のように、ネットで文章にもなってない罵詈雑言しか書けない奴は、この頃は出る幕がなかったのだ。

マスコミを撃つ
中には、今よりずっとたくさん生き残っていた戦争体験者の手紙があり、それは実に胸を打つものが多かった。

そこで腹をくくって、
純粋誠実のふりをしてこの国を破壊せんとする勢力は許せん！

と宣言し真正面からの戦いに突入した。

一方その頃、当時7社から出版されていた歴史教科書すべてに慰安婦の記述が載ることが判明！

それを知った西尾幹二、藤岡信勝両氏が、歴史教科書問題を強く訴え始めた。

いわゆる「自虐史観」に全社の教科書が蝕まれている現状を批判するだけでは、何も変わらないと考えた両氏は、「新しい歴史教科書をつくる会」を設立。

新しい歴史教科書つくる会
わしも西尾氏に誘われて参加することにした。

しかしこの運動、保守派の全知識人の応援を受けてスタートしたわけではない。

むしろ逆で、冷笑する者がやたら多く、「教科書なんか変えて、どうするんだ？」と面と向かって居丈高に食ってかかる者までいたのである。

八木秀次は、慰安婦問題について「こんな細かい問題にここまでエネルギーを注ぐべきなんでしょうか」とさえ言い放っている。(SAPIO・1997・3・26)

福田和也は「加害者の誇り」などと言い出し、何を言われようが一切抗弁せずに堂々としていることこそが誇りある態度だなどと批判してきた。

全く彼らは、「何もしていないオレ様が一番エラい」という理屈をひねり出す術にばかり長けているのだ。

我こそは保守だと言いたがるような者ほど、かえって慰安婦問題には触れたがらなかった。

藤岡信勝は元共産党の活動家だったし、西尾幹二は今でも保守論壇の大勢に逆らって「脱原発」を主張している。

異端の二人だったからこそ慰安婦問題に手をつけたのであり、そういう人だったからわしに一緒にやろうと声をかけたわけである。

今では保守派・右派の者はこぞって慰安婦問題、何するものぞと息巻いているが、それは言論状況がすっかり変わって安全になってから言い出したことだ。

当時この問題に関わることは損だけがあって何の得もないことだった。

その頃は「従軍慰安婦」問題に疑義を示すだけでも、「レイプ魔の擁護者」のような扱いを受けたのである。

「つくる会」設立の際に賛同者を集めるのにも、大変な苦労を強いられた。

新しい歴史教科書
1996年12月2日、「つくる会」設立の記者会見は、当初出席を予定していた阿川佐和子、林真理子両氏が欠席し、会見席がぽっかり空いた非常に不格好なものになってしまった。

だが、仕方のないことだった。マスコミに関わる者、しかも女性がこの問題に異議を呈しようものなら、もうこの業界では生きていけないというほどの空気の圧力があったのである。

その記者会見は、左翼、リベラルの記者がヒステリックになって怒声をあびせ、論争をふっかけるという異常なものとなった。

その会見でわしは徹底して
これは「史料」の問題だと
いうことを話した。
あらかじめ史料を拡大した
ボードを何枚も用意し、
慰安婦は業者が応募して
集められており、
高給だったこと、
日本軍はむしろ慰安婦が
誘拐のような手段で
集められないようにという
通達を出していることなどを話した。
史教科書をつくる会
だが、まだこの頃は、
徹底的に調査すれば
「強制連行」の証拠となる
史料が出てくるかもしれないと
言われていた時期である。
そうなったら潔く認める
つもりではあったが、
大変なリスクを抱えていた
ことは間違いない。
そんな中、福岡の43市民団体、
および個人52名の連名という
大々的な抗議文が届き、
「セカンドレイプと女性差別発言
についての謝罪」、および
慰安婦問題について描いた
漫画の単行本化を
しないことを求めてきた。
○アジア・女・北九州
○アジア共同行動－九州・山口実
○アジアに生きる会　ふくおか
○海外出兵を許さない6・15の
○カトリック東京教区正義と平和
○北九州がっこうユニオン・うい
○北九州自立連帯労働組合
○九州平和教育研究協議会
○軍国主義に反対する会
○月刊「わいわい」編集部
○原発のない世界をつくる女たち
○グループNO！セクシュアルハ
○婚外子差別をなくし戸籍制度を
○自衛隊なしでくらしたい・筑後
○死刑廃止・タンポポの会
○シスターフッドネットワーク
○戦後責任を問う関釜裁判を支援する会
○田川印刷センター労働組合
○天皇制に問題あり！福岡の会
○なくせ天皇！福岡連絡会
○「ナヌムの家」八代上映実行委員会
○日韓ねっと　福岡
○日本キリスト教団九州地区ヤスクニ問題特別委員会
○日本キリスト教団福岡地区社会部
○ねこや現場闘争団
○買春観光に反対するそらまめの会
○8・15訴訟を支える会
○反ヤスクニ福岡連絡会
○平和といのちを見つめる
○「報道と女性」研究会
○靖国法案に反対する福岡の会
○靖国法案に反対する福岡キリスト者の
平和学習会
1、「新ゴーマニズム宣言」での元「従軍慰安婦」への
セカンドレイプと女性差別発言についての謝罪広告を
「SAPIO」誌上に掲載すること。
2、抗議と申し入れ書の全文を「SAPIO」誌上に掲載
すること。
3、「新ゴーマニズム宣言」の第24、26、27、29章
等、元「従軍慰安婦」への侮辱的な漫画の単行本化をしない
こと。
以上。
1996年11月20日
文責・まえだ　けいこ
完全な言論弾圧である!
しかもこの「抗議」が
朝日新聞の二面に載り、
地方紙にも掲載されたので
わしは親や親戚に
犯罪者として見られないかと
身の縮む思いだった。

その頃わしは、テレビ朝日の『田原総一朗の異議あり』という月一回生放送の討論番組に出演していた。

そしてこの番組で、抗議をしてきた43団体の有志と直接討論することになった。

出演した市民団体のメンバーは4人でレギュラーの評論家・佐高信も強制連行があったと信じている。

つまり相手は5人！

それに対するは、わし1人！

前代未聞のハンディキャップマッチだった！

当時、テレビ朝日が小林よしのりをつぶす作戦だと囁かれていたのである。

オウム真理教の暗殺計画まで潜り抜け、薬害エイズ運動でも勝利したわしは、この頃、一種のヒーロー化していた。

そのわしが右に行ったら戦後体制がひっくりかえると危険視されていた。

だが、この戦いだけは不利だと見られていた。

なにしろ当時のマスコミ言論空間はサヨク一色！

日本は侵略国！

日本軍は悪！

それで固まっていたのだ！

何でこんな無謀な討論に臨んだのかとよく聞かれる。

何でそんな風に聞かれるのかわからない。

自分の父や祖父が「レイプ魔」という「冤罪」を着せられたら、誰だって晴らそうとするだろう！

その場でもわしは「史料」に基づく話をした。

ビルマ（ミャンマー）を占領した連合軍が、捕虜にした朝鮮人慰安婦に対して行った尋問報告書を読み上げた。

何しろ敵国の調査資料であり、日本に有利な嘘を書くことなど有り得ないのだ。

その報告書の
「生活および
労働の状況」
という項には、
次のように
書かれていた。
ミッチナでは慰安婦たちは、
通常、個室のある
二階建ての大規模家屋
(普通は学校の校舎)に
宿泊していた。
それぞれの慰安婦は
そこで寝起きし、
業を営んだ。
彼女たちは、日本軍から
一定の食糧を配給されて
いなかったので、
ミッチナでは
「慰安所の楼主」から、
彼が調達した
食糧を買っていた。
ビルマでの彼女たちの
暮らしぶりは、
ほかの場所と比べれば
贅沢ともいえるほどであった。
この点はビルマ生活
二年目について
とくにいえることであった。
食糧・物資の配給量は
多くなかったが、
欲しい物品を購入するお金は
たっぷりもらっていたので、
彼女たちの暮らし向きはよかった。
彼女たちは、
故郷から慰問袋をもらった
兵士がくれるいろいろな
贈り物に加えて、
それを補う衣類、靴、
紙巻きタバコ、化粧品を
買うことができた。

彼女たちは、ビルマ滞在中、将兵と一緒にスポーツ行事に参加して楽しく過ごし、また、ピクニック、演芸会、夕食会に出席した。

彼女たちは蓄音機をもっていたし、
都会では買い物に出かけることが許された。

この史料を読むと、市民団体ら5人は、意外そうな顔をして黙りこんでしまった。

「まるで水戸黄門の印籠のようだった」と見ていた人に後で言われた。

……

………

……

…

そして番組が終わってみると、電話・FAXで寄せられた視聴者の反響は、なんと圧倒的にわしを支持するものが多いという結果になっていた！

あれ？

5対1のハンディキャップマッチで
圧勝というインパクトは
相当なものだったようで、
いま振り返って
あれが慰安婦問題に対する
空気が変わっていく
画期だったと言う人も
いるほどだ。
しかし不思議なのは
この史料は
慰安婦問題で
日本政府に謝罪と
賠償を求めている
中央大学教授
吉見義明が編纂した
『従軍慰安婦資料集』
に収録されていたの
である。
従軍慰安婦
資料集
吉見の資料集には、
軍による強制連行を
証明するものは何一つなく、
むしろこのように
慰安婦の待遇について
軍が配慮していたという
ような史料ばかりが
収められていた。
それで何を謝罪しろ
というのだろうか？
そもそも「従軍慰安婦」という
言葉は間違いであり、
単に「慰安婦」というのが正しい。
「従軍」というのは
正式に軍に所属している
「軍属」に対してのみ
使われる言葉である。
従軍看護婦や
従軍カメラマン、
従軍僧侶などはいたが、
慰安婦は軍に所属していた
わけじゃないので、
「従軍慰安婦」なんて
ものはいないのだ。

慰安婦に謝罪しろだの、
賠償しろだのという
話が出てきたのは、
実は平成になってから
である。
前述した1965年締結の
「日韓基本条約」の交渉では、
ありとあらゆる問題が
俎上に載った。
そこで唯一、
未解決とされたのが
竹島問題であり、
それ以外は最終決着
ということになっている。
この時、まだ終戦から
20年にも満たず、
元慰安婦の大半が
まだ健在で、
その記憶も生々しかった
はずなのに、
慰安婦に関する問題は、
韓国側から何一つ
提起されなかった。
……………
これは90年代に入ってから、
反日イデオロギーを持った
日本の弁護士が韓国で
「被害者さがし」をして、
日本政府を相手に
訴訟を起こすように
焚きつけたことから
始まったのである！
被害者募集
実は「軍が奴隷狩り的に
強制連行した」とする証拠は
たった一つ、
「自分が軍の命令を受けて
朝鮮の女性を狩り集めた」
と言った吉田清治なる人物の
証言だけだった。
私の戦争犯罪
吉田清治
朝鮮人強制連行

ところがその証言を検証すると、
事実関係はおろか、
本人の経歴から
「吉田清治」という名前に至るまで、
全てが嘘だったのである!
最近も世界で初めて
iPS細胞を使った手術をしたと
言い張った者がいたが、
世の中には平気で
嘘八百を並べたてる
「詐話師」というのがいるのだ。
戦争関係では、
「私はこんなに残酷な
戦争犯罪をした」と、
全部嘘で固めた証言をする
「ザンゲ屋」がいた。
これは
「勇気ある告白者」として
反戦サヨク団体が
チヤホヤしてくれて、
講演料が入ったり
手記が出版できたりという
「実益」も伴うので、
結構な数が跋扈《ばっこ》していたようである。
マスコミに軍隊体験者が
多くいた時代には、
こんな与太話が広められる
ことはなかった。
吉田清治のニセ証言本は
1983年に出版されたが、
その時はほとんど
話題にも上らなかった。
ところが平成に入り、
戦中派世代が社会の一線を
退き始めると、
不勉強なメディアが
こんなものをウラも取らずに
流すようになったのだ。
平成
たった一人の詐話師の嘘を元に、
日本の弁護士が
韓国で火をつけたのが
「慰安婦問題」というものである。

しかも最悪なことに、日本政府(自民党政権)が、「一度謝れば収まるだろう」とばかりに、何の証拠もないのに「強制連行」を認めたと取れる表現で謝罪してしまった。

これが、時の河野洋平官房長官による「河野談話」である。

中学 歴史
ところが謝ったら収まるどころか、さらに騒ぎは拡大して、ついに教科書に載るところにまで来てしまったというのが16年前の状況だった。

わしはそこから戦いを始めたわけである。

サヨクは散々「強制連行」のイメージを世間に定着させてから、実はその証拠がなかったことがわかると…

「狭義の強制はなかったが、広義の強制はあった」と言って論点をすり替えた。

「狭義の強制」とは軍が人さらいのように慰安婦を連れてきたという意味であり、

「広義の強制」とはあっせん業者が契約によって本人の自由をしばって慰安婦にしてしまったという意味だ。

広義の強制なんて言い始めたら、現代の我々も強制されて働いてることになってしまう。

結局これは全くの冤罪だったのである。

なのに当時はニュースで慰安婦のお婆さんが泣きわめいて抗議してると、日本人はみんな同情していた。

このままではダメだ。慰安婦のお婆さんの泣く姿には同情するが…
旧日本兵には同情しない！
自分の国を守るために戦ってくれた日本人には同情しない！
かわいそうな朝鮮のお婆さんVS悪の旧日本兵という図式で人々が見ている！
VS
「情」を取り戻す必要がある！
日本のために、我々のために死んでくれた若者たちに対する「情」を!!
こうしてわしは『戦争論』を描いた！
小林よしのり
新ゴーマニズム宣言
SPECIAL
戦争論
戦争に行きますか？
それとも日本人やめますか？
384ページ
幻冬舎

『戦争論』は爆発的に売れて延々とベストセラーが続いた。
朝日新聞は2度も社説で「小林よしのり」の実名を出して批判してきた。
「公」と「個」の関係論に無理
時代錯誤の「現在」認識
小林よしのり『戦争論』の仮面を剥ぐ
過去の強弁にすぎぬ「物語」に読者を誘い込む仕掛けの巧みさ
君たちは戦争で死ねっ
小林よしのり『戦争論』批判
左翼雑誌もわしの人格までを中傷する記事を載せて、猛攻撃してきた。
ノストラダムス、そして『戦争論』
危ないベストセラーを斬る
小林よしのりのあきれた戦
だが圧倒的に形勢は変わったのだ！
戦後のサヨク言論の「空気」そのものを転換させる威力だった！
生き残っていた旧日本軍の将兵たちは孫の尊敬を集めるようになった。
戦後、分断が進んでいた祖父母から孫までの世代が繋がり始めた！
「情」を取り戻す！
これが慰安婦問題に大きな転換を促す力になった！

『戦争論』の威力によって「新しい歴史教科書をつくる会」の活動は、さらに勢いづいた。
小林よしのり
戦争論
保守反動と言われようと若者が支持したことが大きかったのである！
そんな戦いの結果として、現在、中学歴史教科書から慰安婦の記述は消えた。
中学 歴史
中学 歴史
中学 歴史
中学 歴史
中学 歴史
中学 歴史
少なくとも日本国内では「強制連行」がなかったことは常識になり、古今東西どこの戦争にも例のある、戦場の娼婦だという認識が定着してきた。
もしあの時、「加害者の誇り」などと言って、どんな濡れ衣を着せられても一切抗弁しないのが美学だなんて言っていたら、間違いなく今の教科書に慰安婦が載っていたはずだし、「強制連行」も信じられたままだっただろう。
あの頃、日本を覆っていた日本悪玉史観、自虐史観との戦いは確かに意義があったのである！

昭和30年代、40年代頃までは、娯楽映画でも戦地の慰安婦は普通に登場していた。

戦場経験者にとつては慰安婦は全く当たり前にいた存在であり、そこには男女の愛情のドラマも存在したのである。

娼婦が国によつて認められる「公娼制度」があつた時代のことであり、若者は娼婦の手ほどきで大人の男にしてもらうのがざらにあつた時代だつた。

作家の伊藤桂一氏は『兵隊たちの陸軍史』でこう述べている。

戦場で、青春の幾刻かを過ごした人たちには、多少なりとも、彼女ら慰安婦との交渉の記憶があるだろう。ときにはそれが彼の生涯における、最重要の意味を持つことになったりする。

死生の間において、肉と情を傾け合う交渉が、いかに切実甘美なものであるかは、それを体験した者でなければわからないかもしれない。単に荒涼殺伐な性だけが、戦場の風俗ではないのである。

支那派遣軍慰安係長
山田清吉氏の手記『武漢兵站』には
様々な慰安婦のエピソードが出てくる。

霧雨が静かに舗道を濡らしている朝、三好楼の三春という妓が支那傘をさして兵站へやってきて、二千円もの大金を寄付したいという。

聞けば二・三日前、これから前線へ追及する若い将校さんが泊まつたという話をする。

彼女は添い伏していろいろ郷里のことや、身の上話なども聞いてあげたという。

そして翌朝…

今度は生きて帰れない。前線ではお金を使うこともないから、
君にこのお金を全部あげる。前借を返すのに使ってほしい。

三春は思わず膝に取りすがつて泣いてしまつたという。

そんなことを言わないでもう一度訪ねてきてください。

結局その将校は金を置いたまま、笑つて前線に発つて行つたという。

しかしこうした、外から入つたまとまつた金で、前借を返すことは許されていない。あくまでも前借は自分の体で働いて返さなければならないのがこの業界の慣習だつたらしい。

このお金は兵站に寄付しますから、何かに使って下さい。

その将校さんが帰って来るまで、主人にでも預かってもらってはどうだ？

そう言っても三春は聞かず、真顔でこう言った。

もしあの将校さんがもう一度来てくれたら……

自分の身銭を切ってでも遊ばせてあげる。

こういう寄付金は軍にそのまま納入されることになっていて、どう使われるかわからない。

そこで山田氏は一計を案じ、預かった金を町の古本屋の親父に預け、いい本が出ると買い求めて寄贈者に三春の本名を書いて兵站の図書館に入れることにした。

その将校は、ついにふたたび三春を訪ねてはこなかった。

もちろん、完全に商売と割り切っていた
慰安婦も多かっただろう。
玉井紀子著
『日の丸を腰に巻いて』に
一代記がまとめられた
高梨タカは19歳の時
500円の前借で
私娼になって以来、
サイパン、南京、満州、セレベス、
スマトラと渡り歩くが、
男に惚れたことはないとか、
自分は不感症だとか
平気で話し…
女は入れようと思えば、あたしだって今でも入れられますよ。
フィー…
だけども男のあんなもの、立たなくなったら終わりだよ。
ウッハハハハ
パンパンと麻雀と博奕《ばくち》。
それしか金儲けを知らない!
しかし中には、本気で惚れあって、兵隊と心中してしまった慰安婦の例も何件もあった。
元軍医・長沢健一氏の手記『漢口慰安所』には、心中を図り、一人生き残ってしまった慰安婦の様子が描かれている。
どうだ元気かね?
その微笑みは、何ともいえない淋しい笑いであった。
紫色に黒ずんだ唇から見えた歯茎は、心中の際に飲んだ消毒剤のために、歯列に沿って黒く染まっていた。
思わず顔を背けたくなる無残さだったという。

長沢氏は、その姿に思いを巡らす。

『曾根崎心中』とも重ね合わせてみたが、死んで悲劇の主人公となった曾根崎心中の「お初」に比べて、この慰安婦は、死に切れず、苦しみと恥だけが残って、誰一人その心中に感動する者はない。

そう思つた上で長沢氏はこう文を締めくくつている。

「だが、男たちのおもちゃにすぎなかったという思い出しか持たない女たちにくらべて、死をも恐れない真実の恋を経験したのは幸せかもしれないと私は思ったが、そういえばこの慰安婦は何と答えたであろうか」

伊藤桂一氏は前掲書でこうも書いている。

戦場的倫理観からいうと、売春行為というものは、それが美徳でこそあれ、決して不道徳、または卑猥な行為であるとはいえないようである。あえていえば、死を賭けている者の行う、一種の儀式のようなものなのだ。

兵隊というのは、自ら意志せずして戦場へ駆り出された素朴な庶民だし、戦場の女たちもまた、それと運命を同じくしている。

つまりかれら同士は、生きている次元が同じであり、心の底辺に、お互いへの同情と理解を用意している。

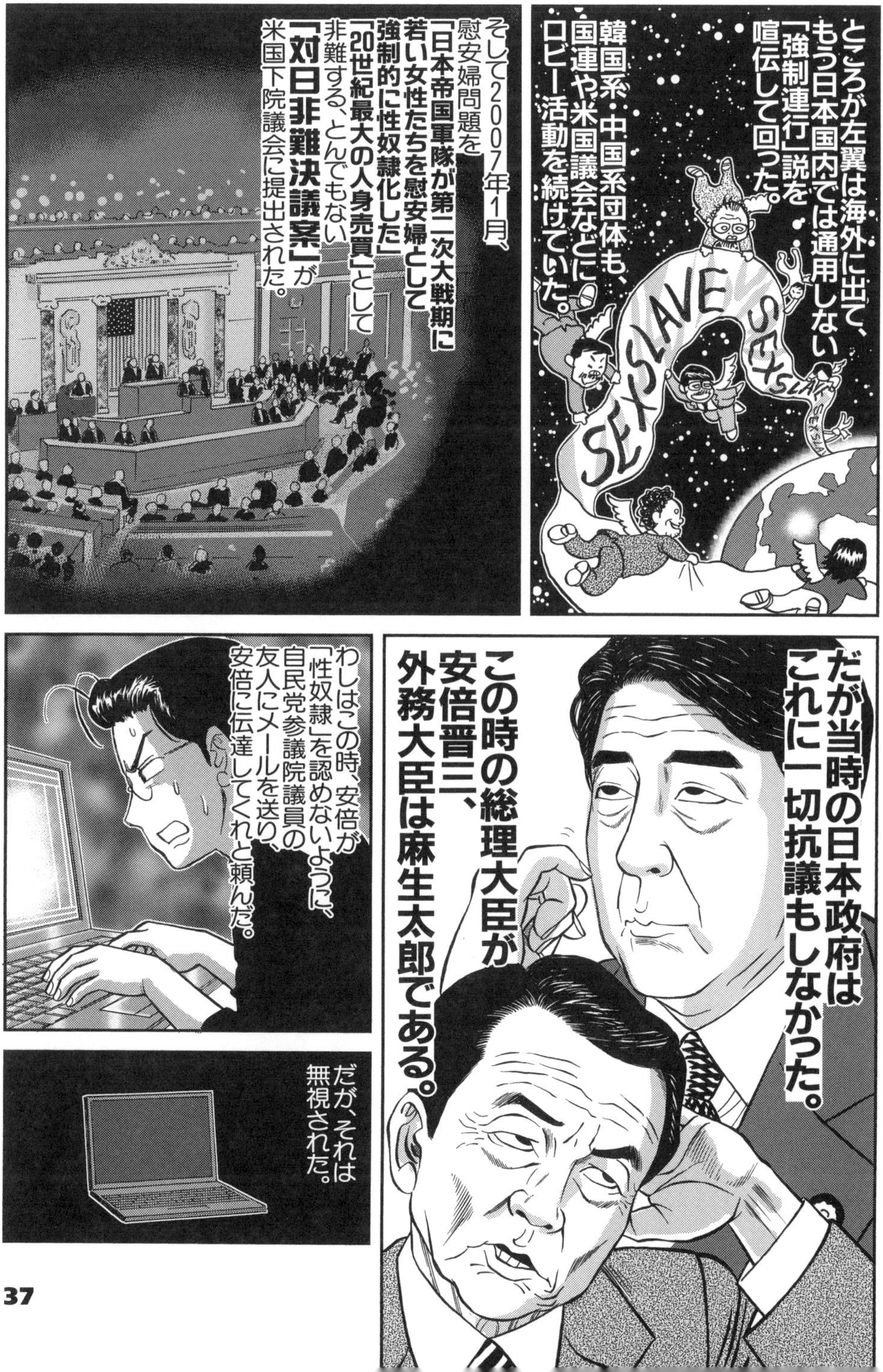
ところが左翼は海外に出て、
もう日本国内では通用しない
「強制連行」説を
喧伝して回った。
韓国系・中国系団体も、
国連や米国議会などに
ロビー活動を続けていた。
SEX SLAVE
SEX SLAVE
そして2007年1月、
慰安婦問題を
「日本帝国軍隊が第二次大戦期に
若い女性たちを慰安婦として
強制的に性奴隷化した」
「20世紀最大の人身売買」として
非難する、とんでもない
「対日非難決議案」が
米国下院議会に提出された。
だが当時の日本政府は
これに一切抗議もしなかった。
この時の総理大臣が
安倍晋三、
外務大臣は麻生太郎である。
わしはこの時、安倍が
「性奴隷」を認めないように、
自民党参議院議員の
友人にメールを送り、
安倍に伝達してくれと頼んだ。
だが、それは
無視された。

そして安倍が米国の「対日非難決議案」を黙認してしまった後は、『ゴー宣』で徹底的に批判した。

慰安婦とは公娼制度を戦地に適用したもので奴隷制とは全く異なる！

そもそも河野談話にすら「性奴隷」なんて言葉はない。

「性奴隷」という非難を黙認するのは、河野談話の踏襲ではなく、逸脱である！

河野談話に「安倍追加認識」として「慰安婦とは性奴隷だった」という最悪な解釈を定説化させることになるのだ‼

このままでは、安倍晋三は河野洋平に輪をかけた国賊である。

安倍首相は、野談話以上の日本軍による慰安婦の致・監禁・強姦・虐殺というックス・スレイブ（性奴隷）」制を認めて謝罪したことになり、売国奴・安倍晋三」の地位を不動のものにした。

が残念ながら安倍首相はナショナリズムを利用して国内のナショナリズムを利用して首相になった途端に変節し、中国の顔色を見て靖国参拝を「言わない」作戦を取り、アメリカの顔色を見て慰安婦を性奴隷だったと認め、河野談話を継承し、
一方、親米保守派は揃って「米国議会の決議案なんか年間100本以上採択される、法的拘束力もないものだから、黙殺してかまわない」と言っていたのである！

しかも、その採択を控えた4月、訪米した安倍は、日米首脳共同記者会見で、慰安婦問題に関して「総理大臣として」「申し訳ない」と謝罪してしまった！

慰安婦の方々にとって、非常に困難な状況の中で、辛酸をなめられた、苦しい思いをされたことに対して、人間として、また総理大臣として、心から同情を致しておりますし、またそういう状況に置かれていたということに対して、申し訳ない思いでございます。

20世紀は人権があらゆる地域で侵害された時代でもありました。21世紀を人権侵害のない、素晴らしい時代とするために、私もまた、日本もそのために大きな貢献を果たしていきたいと思っています。このことについて、ブッシュ大統領にお話をした次第であります。

従軍慰安婦の問題は、世界の歴史にとって残念な一章だと思います。
首相の謝罪を私は受け入れます。
これによって慰安婦問題とは国際的には米下院決議案のとおり、「日本政府が」強制連行して、『集団強姦』や『強制流産』『恥辱』『身体切断』『死亡』『自殺を招いた性的暴行』など、残虐性と規模において前例のない20世紀最大規模の人身売買」をしたという認識が定着してしまったのである!!

あの悪名高い「河野談話」だって、慰安婦が「性奴隷」だったとまでは言っていない。

にもかかわらず、日本は「性奴隷」というホロコーストに匹敵する国家犯罪を行った世界唯一の国ということにされてしまった。

わしの10年以上にわたった戦いは、安倍晋三によって国際的には敗北を喫した。

ごーまんかましてよかですか？

「性奴隷」という言葉が国際的には市民権を得た。

その戦犯を日本の保守派は再び自民党総裁に担ぎ、次は首相にと期待に胸おどらせている。

「保守」という概念、「愛国心」「ナショナリズム」の質が、どこまでも歪んでいく。

わしが正すしかないようだ！

第1回 謙虚でシャイなゴーマニスト？

よしりんの秘書・みなぼんが見た「よしりん」をご紹介するコーナーです。

今週、私がよしりん先生から言い渡された最重要のミッションは、「AKB48のニューアルバムを一日でも早くゲットせよ！」ということでした。

『ゴーマニズム宣言』という漫画を描いていることから、すっかり世間様には傲慢《ごうまん》な男のように誤解されていますが、実際はすごく謙虚でシャイ(?)な人なんですよ？　そもそも『ゴーマニズム宣言』だって、最後に「ごーまんかましてよかですか?」って、わざわざ断り入れてるあたり、謙虚さが滲《にじ》み出てますよねぇ。

先日、大阪難波まで行き、NMB48の劇場公演を観させて頂いた時も、公演終了後、スタッフの方に「メンバーのいる控え室までどうぞ」と誘って頂いたのに、**「いや、恥ずかしいからいいよ～。わし、握手会とかハイタッチすら出来ないから」**と、丁重にお断り。この日は、チームNの公演で、山本彩ちゃん、渡辺美優紀ちゃん、山田菜々ちゃん、小笠原茉由ちゃんといった中心メンバーがほとんど揃っているという、超ラッキーな日だったにも拘わらず！　ね、シャイでしょ？

永久推しメンの大島優子ちゃんやチーム4の劇場公演をもっと観たいと思いつつも、「AKB48の劇場は席数が限られているし、わしは新参者だから…」と、古参のファンに遠慮する謙虚っぷり。関係者の方から、「CDやDVD等も発売前にお送りしますよ」と言ってもらっても、**「いや、いいよ。買わせてもらうよ。自分で買うのが楽しいんだから」**と言って、これもまた丁重にお断り。ね、謙虚でしょ？

そんなわけで、今回も、アルバムの正式発売日の数日前から、「みなぼん、アルバムはまだ？ 早く買ってきてね。今回は2枚組で初収録の作品がいっぱい入ってるらしいから、わし、一日かけて聞かなきゃいけないんだ」と、何度も催促された私は、発売日の2日前からお店を探し回り、無事フラゲ。ミッション完了したのでした。

アルバムを聞いたよしりん先生は「良かったぁ～。好きな曲ばっかりだったよ～」と、ご満悦な様子。これでまた一段と、よしりん先生の仕事ははかどること間違いなし。良かった、良かった♪

第2章
エネルギー安全保障という言葉に気をつけろ!

8月13日の『報道ステーション』で寺島実郎が、将来の原発比率を国民に選ばせるのはおかしいと発言していた。「0％」「15％」「20～25％」の3案の提示が気に入らないらしい。「0％」が圧倒的多数になってしまうからだ。寺島は「エネルギー政策」は、国家の「安全保障」の問題だから、国が方針を決め、国民を説得すべきだと言う。

「エネルギー安全保障」という言い方には気をつけた方がいい。寺島は原発を軍事基地と一緒にしているが、これはとんでもない錯誤だ。軍事基地は国家の存亡に関わる要件なので、これを安易に民意に委ねるのは危険である。国家存続の意思として、政府が責任を持たなければならない。

だが、はっきり言う。寺島実郎はウソをついている！ **原発問題は、軍事基地の問題とは全**

く違う！

原発で事故が起きれば、十数万の人々が故郷を追われる。しかし、自衛隊基地や在日米軍基地で事故が起きたとしても、住民が故郷を失うような事態には至らない。オスプレイが危険だとか、沖縄だけに負担を押しつけているという問題はあるが、米軍が住民を故郷から追い出すことはないし、ましてや自衛隊が十数万人の住民を土地から引き剝がすようなことはない。あくまでも、軍事基地は日本国の安全保障のために存在しているのだ。

それに対して、原発はまさに「内なる敵」である。国内にまだ50基もある原発のどこかで、今日にでも事故が起き、何十万もの国民が被害を受けても全く不思議はない。こんなものを日本に置き続けることは、安全保障でも何でもない。「危険保障」と言った方が正確だ。

そもそも「国民的議論をエネルギー政策に生かす」と言い出したのは民主党政権であり、その政府方針に従って、全国11カ所で意見聴取会を開き、続いて討論型世論調査なるものも行われたのだ。その際、政府は勝手に選択肢を設定し、「2030年」の原発比率として「0％」「15％」「20～25％」の3案を提示した。**これは、3つの選択肢があれば「中庸」が好きな日本人は真ん中の「15％」を選ぶだろうという、子供騙しの策略である。**政府は最初から「15％」にするつもりだったのだ。しかもこれは「脱原発」ではなく、完成間近まで工事が進みながら建設が中断している島根原発3号機や大間原発の新規稼働が前提となっている案である。

ところがふたを開けてみれば、意見聴取会の参加者の70％が「0％」を選び、「15％」案の支持者も「当面は代替エネルギーの確保が難しいだろうから」という消極的賛成が多いという結果となった。そしてさらに「0％」案の支持者からは「2030年では遅すぎる」という意見も多数出された。

政府は自分で言った「国民的議論を生かす」という方針を守れば「0％」にするしかないという自

縄自縛に陥った。

そこへ寺島が「助け舟」として言い出したのが、「エネルギー政策は国民的議論をする問題ではない」という大ウソだ。今後、どの政党が政権をとったとしても、政府はヌケヌケとこのウソに乗り換え、「エネルギー政策は国民的議論をする問題ではない」を、政権の理屈とする可能性がある。

騙されてはいけない！　何のために税金使って意見聴取会を開いたんだ!?　政府は「国民的議論を生かす」という約束を断じて守らなければならない！

ダメ押しにもう一つ、軍事政策とエネルギー政策は違うという、実に簡単な理由を挙げておこう。自衛隊は国営だが、エネルギー会社は民営ではないか！　軍事政策とエネルギー政策が同じで、民意と関係なく行うべきだというのなら、寺島は真っ先に電力・石油・ガスその他エネルギー産業の全国営化を主張すべきじゃないのか？

今や民間企業では、「脱原発」こそ商機につながるという意識が確実に広がりつつある。省エネ商品は次々に開発され、それによりさらに電力需要を減少させている。シェールガス・シェールオイルなどの新しい火力エネルギーの関連事業の拡大や権益取得、国内のガス田・油田開発の動きは広がる一方。

昨年一年で日本国内ではディーゼル発電機が原発10基分も増産され、各企業が購入しており、もう日本では原発なしで電力が安定供給できる体制がとっくに整っている。そしてその上にこれから太陽光、風力などの自然エネルギーの普及が始まる。もちろんこれにも多くの企業が参入している。

だがそうなると困る企業も存在する。原発を抱えた既存の9電力会社、そして原発に関連して利益を得ていた企業だ。**巨額の費用をかけて建設した原発が、減価償却も済まないうちに動かせなくなって、1円の利益も生まない「不良債権」になってしまい、しかも巨額の廃炉費用がのしかかって**

きたら、電力会社の経営が危うくなってしまう。関連する利権も当然消滅する。

原発を動かしたい理由は、それだけだ。日本の「エネルギー安全保障」のためだなんて、とんでもない。日本の国土・国民に「危険保障」を押しつけ、自分の会社の「安全保障」を図っているだけなのだ。

たとえ会社に損失を出しても、危険なものは売らないというのは当然の企業倫理だ。ところが既存電力会社は、危険と分かっていながら原子力の電気を売り続けたがっている。とんでもない悪徳企業だ！　薬害エイズ事件で、製薬会社が危険と分かっていながら、エイズウイルス入りの非加熱血液製剤を売り続けたのと、全く同じ構図である。

薬害エイズ事件の時、学生や市民のデモが世論を大きく動かしたことは確かである。ただし、今だから言うことであるが、あの時は運動を組織していた弁護士が菅直人厚生大臣（当時）や枝野幸男衆院議員と通じており、デモで世論を盛り上げた上で、裁判の和解へ持ち込むというシナリオがあらかじめできていたのである。さらにマスコミも、国の責任を認めたくない産経新聞は消極的な報道に終始したものの、さすがに製薬会社の味方をしてデモを批判するような論調はなかった。

しかし、反原発デモでは官邸内部と通じている者がなく、落としどころが見えない。

しかも産経新聞など一部マスコミは完全に電力会社の御用メディアとなっており、あからさまなデマまで流して潰そうと画策している。そしてそんなメディアに同調する者もいて、国民世論が割れている状態である。さらに近いうちに解散総選挙があれば、政権交代は免れない。しかし自民党の中には脱原発を考えている政治家は極めて少ない。

経団連が8月13日公表した主要業界団体などに対するアンケートによると、政府の3つの選択肢のうち「0％」「15％」という回答は皆無、62％が「その他」と回答したという。つまり「20〜25％」でも不満で、それ以上の原発増設を唱えているということである。民主党政権は経団連の顔色を窺って、

意見取りまとめを先送りしている状態だが、自民党政権になるとさらに阿《おもね》って、あっさり原発推進にまで逆戻りしてしまう可能性すらある。

反原発デモは、これから難しい局面にさしかかってくるだろう。このデモは、いつまでしつこく、規則正しく続けられるか、それだけが勝負である。毎週金曜日の官邸前デモは、もう4ヶ月続いている。これが1年続けば、決して無視のできない、衝撃的なものになるだろう。

そのためには、徹底的な理論的補強が必要である。実現不可能な絵空事を唱えている、左翼の運動かと思われてしまったらおしまいである。脱原発によって経済成長ができる、雇用が見込めるという希望を語らないと、脱原発デモは広がらないし、続かない。

原発は停止していい。脱原発こそが希望である。それを描いたのが『**脱原発論**』（小学館）である。なんとかこれで、世論をさらに理論補強して、盤石なものにしたいとわしは思っている。

ごーまんかましてよかですか?

「エネルギー安全保障」という言葉に騙されるな！
原発は国民と国土の安全を保障してくれない！
むしろ安全を脅かすだけの自爆装置である!!

第2回 ヲタの鏡という道を歩み始めたよしりん

よしりんの秘書・みなぼんが見た「よしりん」をご紹介するコーナーです。

先週からよしりん先生は、ウイルス性の結膜炎に罹ってしまい、外出禁止になってしまうという悲しい日々を送っています。結膜炎に罹ったことで病院で受けた差別(?)の顛末が今号の「ゴー宣」にも書かれていましたね。お可哀相に…。まぁでも、病院側からしたら、「眼科に行ったのに結膜炎移された」とか患者に言われたらたまったものではないし、特に受付周りは人が手を置いたりして一番感染しやすい場所だから、受付の女性も若干神経質になったのでしょう。よしりん先生、ドンマイ。

（ちなみに、『おぼっちゃまくん』には茶魔に降りかかるかぜ菌を一匹残らず取ってくれる「微《び》流《る》巣菌十郎《すきんじゅうろう》」というお助け軍団のキャラがいます）

でもね、ここだけの話、よしりん先生は普段、風邪っぴきの人に対して同じような差別をするんですよ。例えば近くにマスクをした人がいようものなら、一刻も早くその場から立ち去ろうとするし、移動の車の中で、私がちょっとでも「体調が悪い」と言おうものなら、可能な限り窓の方に身体を寄せて、私から距離を取ろうとするし、スタッフが風邪をひけば仕事場には暫《しばら》く顔を出さないし…。いや、これは差別ではないんだろうな。多忙過ぎて、風邪一つ引いたら仕事が間に合わなくなってしまう。それを避けるための徹底した体調管理なのでしょう…。うん、きっとそうだ、そう信じよう。

先生が結膜炎に罹って自宅に籠っている先週から今週頭にかけて、AKB48は激動の日々でした。普段から、AKB48に関する重要な情報があったらチェックして、よしりん先生にお伝えしなければと心掛けていますが、先週も東京ドームの実況をTwitterで追いかけたり、ネットやテレビをチェックしまくって情報を集め報告していました。

で、そんな私が「よしりん先生がヲタの鏡になり始めている！」と確信したのが、**「ゆきりん初キス事件」**。「ゴー宣道場」のブログをご覧の方はご存知だと思いますが、全編公開された『ギンガムチェック』のPVの中で、ゆきりん（柏木由紀ちゃん）の初キスシーンが流れるのです！　これを見た私は「こりゃ大変だっ！」と思い、深夜にも拘わらず、よしりん先生にメールしたのです。

それを見た、よしりん先生の反応（判定？）はというと…ブログをぜひ読んでください。名文ですよ。「ゆきりんはキスしたのか？」（「ゴー宣道場ブログ」）

最近、ブログにAKB関連について書くと、まとめサイトなどでスレッドが立てられるのですが、このブログも「柏木由紀のキスシーンを見た小林よしのりが現実逃避を始める」などと書かれて引用されてました。

いやいや、現実逃避じゃないよ！　よしりんはヲタとして、そう信じてるんだからっ！

「ゆきりんはキスなどしておらぬ！」そう言う、よしりん先生に対して、「いや、でも、くちびる触れちゃってるよ？」と思った私は、おもしろ半分、いじわる半分で、もう一度メールを送りました。「本当にキスしてないとでしゅか？」速攻で

「してなか！」

…という返事が来たよ。私は、その時、確信したのです。あぁ、よしりん先生はヲタの鏡になり始めたんだ…って。

いいじゃないか、ヲタ万歳！　だって今まで、よしりん先生は趣味という趣味がなかったんだよ。人生に楽しみができて最高じゃないか‼　そんなヲタ人生をサポートするのも秘書の仕事。まずは、先生にいつ何を聞かれてもいいように、再組閣後のチーム編成を、また一から覚え直さないとね。やっとチームのメンバー覚えたとこだったのに（泣）大変だ…。

ゴーマニズム宣言 RISING ニセモノ政治家の見分け方

第3章
公共心なき者はゾンビである

先週は結膜炎に罹《かか》って、以後家から一歩も出ない生活が続いている。そのせいで歴史的イベントであるAKB48の東京ドーム公演に行けなくなるという、わしにとっては歯ぎしりしたくなるほど残念無念な週になった。

目ヤニが出るというのは相当ひどい症状らしい。一日で収まったが、保菌者だからやはり人に感染させる危険があるようだ。少なくとも一週間、あるいはそれ以上、様子を見た方がいい。絶対にウイルスを拡散させてはいけない！　医者は病院中に感染が広まって閉鎖した所があると言ってた。それ聞いて驚いた。しかも窓口で医療カードを渡したら、受付の女性が結膜炎と聞いて、わしの顔を見る目に明らかに恐怖が宿っていたんだ！　さらにわしが窓口を去るや否や、カウンター周りを殺菌消毒していた！

みじめだった。差別を感じたね。

病院が患者を差別するくらいだから、これは恐るべき感染症なんだなと思った。わしはもう人を恐怖におとしいれる存在でしかなくなった！　え？　今までもそうだって？　いや、そりゃ違う意味でしょ！

家に帰ったら、妻がわしの机の周辺や、洗面所を全部殺菌消毒し、これからはペーパータオルで手や顔を拭いて全部捨てろと命令し、タオルは使ってはならないと厳命し、水を飲みたくて冷蔵庫を開けようとしたら飛んできて、触れるな、汚染されると怒り狂い、完全にペストかエボラウイルスの感染者あつかいだ。

なぜそんなものに罹った？　どういう女と付き合った？　と言うから、わしも座禅を組んでよくよく考えた。

そして気が付いたんだ。

これは女のせいではない！

まず第一に、わしは涙管が詰まり気味で、涙がすぐ滲《にじ》み出てくる。

それをハンカチで拭くと、泣いてると勘違いされるから、指で涙を拭いてしまう癖がついちゃった。これがいけなかった！　その指にウイルスがついてたら、目に直接感染してしまうことになる。

第二に、なぜ指にウイルスがついてたかだ。これはおそらく外出先のトイレだ。映画館や、ホテルや、デパートや、駐車場の、トイレの洗面所の蛇口を何度も触ったのが原因だろう。夏は子供がプールで結膜炎に罹る。これが今年も流行している。その子供が映画館のトイレで蛇口をひねったら、ウイルスが付着するだろう。それをわしがもらってきた可能性が一番高い。

第三に、身体が健康ならばウイルスに負けないんだ。だがわしは先々週から冷房病になって体調がおかしかった。「ゴー宣道場」の時は、ユンケルや風邪薬でなんとか乗り切ったが、打ち上げはキャンセルしたんだ。その弱った体調の最中に、指で何度も涙を拭っていたから、感染したんだな。

女が原因ではない。それははっきりさせておかねばならない。

しかしウイルス感染する病気って、差別を生むよね。結膜炎は空気感染はしない。だが触ったものから感染する危険がある。触った手や指で、自分の目に触れなければ、大丈夫だと思うんだが……?

風邪は空気感染する。電車で一回くしゃみしたら、車両の半分以上にウイルスを含む飛沫が拡散する。風邪の方が結膜炎より感染力は強いとも言えないか？　なのに風邪ひいた人が通勤してるのはよく見る光景だ。病院の窓口の女性が、風邪ひいた患者を、あんなに恐怖の色を湛《たた》えた目で凝視したりするか？　風邪だって消毒しなきゃならないはずだが、患者が立ち去ったら直ちにカウンターを消毒してるか？　おかしい！　明らかにおかしい！

結膜炎は目が充血して赤くなる。その顔が恐いからだ！　**ホラー映画の殺人鬼みたいな顔になるからだ！　結膜炎の方が風邪より差別される原因は、充血した目のせいで顔が恐くなるからである！**　これでまた一つ真理を発見したな。

エイズの感染経路や原因がまだよく分からなかった時、患者は病院で相当の差別を受けたという。実際は空気感染もしないし、接触感染もしない。血液や体液が感染原因だから、手術や性交渉や輸血くらいだ、気を付けるのは。だが空気感染が疑われていた頃は、病院が診察を拒否する例まであった。その頃、診察も受けられず、差別のど真ん中で死んでいった人たちは本当に気の毒だ。

そのような差別に比べれば、結膜炎の差別は足元にも及ばないが、病院で恐怖の顔で見られ、人に会えない身分というみじめさはちゃんと味わった。

そしてもっと考えたのは、ゾンビに噛まれた時にどんな身の処し方をするかだ。ゾンビに噛まれたら、どんな良心的な人もゾンビになって、愛する人だろうが、他人だろうが、構わず襲い始める。したがって噛まれたらゾンビになる前に殺してもらうしかない！　愛する人はなかなか殺せないだろう。だから自分で自分を監禁してしまうしかない。

わしは今回、その訓練をした。

ゾンビになった時に、人を襲撃しないために、自分を監禁する意志の力！

それをついにわしは習得したのである。

ごーまんかましてよかですか？

この世にゾンビに襲われた時の覚悟までしてる者はいるか？
ゾンビこそは公と私の戦いだ。ゾンビになっても「公共心」を失ったらダメだぞ!!

第3回 邪悪さをなくしたホワイトよしりん

よしりんの秘書・みなぼんが見た「よしりん」をご紹介するコーナーです。

ウイルス性の結膜炎に罹り自宅軟禁をさせられていたよしりん先生。先週、再び眼科に行って「もう大丈夫」と医者からお墨付きをもらった先生は、溜まりに溜まっていた鬱憤《うっぷん》を晴らしたかったのでしょう、私に電話をしてきて「外に出たい。本屋に行きたいし、美味しいものも食べたいし、映画も観たい!」と言ってきました。

仕事が立て込んでいて映画を観に行く時間はなかったので、ひとまず書店に行くことに。私は先生の自宅まで車で迎えに行きました。1週間ぶりに外界に出てきた、よしりん先生。私は車に乗り込んできた先生を見て一言…「白っ!!」元々、毎日書斎に籠って仕事をしている先生は肌が白いのですが、さらに拍車が掛かった白さ。顔色が悪いとかではなく(よしりん先生の周りだけ冬ですか?)というくらい全身が白かったのです。夏なのに1週間全く外に出ないでいたら、こんなに白くなるのね、と驚いたのでした。

そんなホワイトよしりんを乗せて近くの街に。いくつかの書店を廻った後、カフェに入り、座ったよしりん先生は言いました。

「なんか外は刺激が強くてきついね。音とかなんかうるさくない? 今のわしは保育器から出てきたばっかの赤ちゃんみたいなもんだからさ…」

ホワイトよしりんは、中身まで白くなっていた!? 世間様から悪魔のように言われた、邪悪なブラックよしりんはどこへ…!?

「1週間も家の中にいて療養してると、気力がすっかり萎《な》えちゃって…。病気が治ってもなかなかコンテに取りかかる気力が湧かないんだ」

大変だ…。白内障の手術をして退院した直後と同じ状態になってる!! そういえば、あの時も1週間の入院だった…。白内障は手術して完治したのに、入院生活で気力が萎え闘争心がわかず、すっかり〝病人〟になってしまっていたよしりん先生。仕事人間のよしりん先生が、退院したその足でなんとそのまま現実逃避!! 暫く東京に戻って来なかったのです…。あの時、「仕事をする日常とは、何か邪悪なものなのだ!」と悟ったよしりん先生。（詳しくは『目の玉日記』を読んでね♪）

今回もきっと、1週間も家の中で大人しくしていたことで、よしりん先生の邪悪な部分がどこかへ行ってしまったのです! しかも今回も目の病気、何という因果か…って大袈裟!?

よしりん先生から「外に出たい」と電話が掛かってきた時は、水疱瘡《みずぼうそう》やインフルエンザで大人しくさせられていた子供が、早く外で遊びたくてウズウズしているみたいだなぁなんて思ってましたが甘かった! これは、立て込んだ仕事を放り出せないよしりん先生の、ギリギリの現実逃避だったのです…!!

それに気が付いた私は、何とかしてよしりん先生の闘志が湧くようにと、ひとまず何か楽しいことを考えさせようと思案しました。よしりん先生を楽しい気分にさせるもの…そうAKB48!! 東京ドーム公演やあっちゃん卒業公演について、そして再組閣についてなど話しているうちに、よしりん先生は段々とノリノリになって語る語る…。こんな時まで頼りになるよっAKB48!!（笑）

「先生ぼん、大島優子ちゃんが出てる映画、早く観に行きたいですね」

よしりん先生が今、最優先で観たい映画が『闇金ウシジマくん』。何故かというと、ニコニコ生放送「わしズム×PLANETS『AKB48白熱論争』」で中森明夫氏に「『ウシジマくん』を観て思った。大島優子はなんか貧乏臭い」と言われ、よしりん先生は悔しくて悔しくてたまらなかったのです。

ノリノリになったよしりん先生は、結膜炎から快復した赤子のように澄んだ目（!?）に、遂《つい》に闘志を漲《みなぎ》らせて力説しました。

「早く『成金ウシジマくん』を見て、大島優子がいかに素晴らしいかを反論したいんだ!!」

（…いや、『成金』じゃなくて『闇金』だよ、先生ぼん…。一文字違うだけで、ダークな匂いが吹っ飛んじゃったよ…）と、微笑みながら心の中で突っ込んだ私…。何はともあれ、よしりん先生に闘志が戻ったことにホッとしたのでした。

ゴーマニズム宣言
RISING ニセモノ政治家の見分け方

第4章
日米同盟で尖閣諸島は守れない

尖閣諸島・魚釣島に上陸した香港の活動家14人は、たった2日で全員「強制送還」となった。もちろん野党・自民党や産経新聞は政府の「弱腰外交」を非難している。

しかし、だからといって自民党政権なら「強腰外交」をしてくれると思う人がいるのだろうか？　不正入国しようとした金正男を大慌てで「強制送還」したのは小泉政権だったことぐらい、いくらなんでもまだみんな覚えているだろう。

産経新聞など親米保守にしても、いくら現政権の批判をしたところで、本気で我が国が独立国家として、自力で領土を防衛しなければならないと主張しているわけではない。日米同盟さえ堅持されれば、尖閣諸島は守れるとしか考えていないのだ。

だからオスプレイの配備についても、米国内ですら訓練には反対の声が上がる、戦場で使えない欠陥機であるのに、諸手を挙げてウエルカムを叫ぶ。櫻井よしこに至っては、安全保障とは何の関係もない経済協定であるTPPを、日米連携による中国包囲網であるなどと妄想して、直ちに締結せよと世論のミスリードにいそしんでいる始末である。

もっとも、今や「日米同盟が守ってくれる」で思考停止するのはサヨクも同じで、8月16日、テレビ朝日は『アーミテージ元国務長官「米国は日本を守る」』というタイトルのニュースを配信している。

アーミテージが「米国には日米安保条約の下で日本の領土を守る義務があり、それには尖閣諸島も含まれる」と言ったというのだが、現在は米政府の人間でもないアーミテージの発言をこうもありがたがって「米国は日本を守る」と報道する態度は、あまりにも恥ずかしい。

しかもアーミテージはこの発言に続けて**「ただ、あらゆる影響力を使って、日本と中国の衝突を避けることが米国にとっても大きな利益だ」**とも付け加えているのだが、この言葉の意味を、朝日も産経も全く理解していない。あるいは、見て見ぬふりをしている。

そもそも、米国政府は以前から「領土問題に関しては、どの国にも味方しない」という中立の立場をとっている。竹島、尖閣諸島、北方領土問題についても、米国政府が明確に日本の側に立ったことはなく、ただ双方の当事国に自制を求めるだけである。

今回の尖閣問題についても、米国務省のヌランド報道官は「**(尖閣問題は)日中で解決してほしい。挑発的行為でなく、同意で解決すべきだ**」と述べている。

日米同盟で尖閣が守られると信じている親米ポチ保守の連中は、なぜこの発言に対して何も反応しないのだろうか?

アメリカは、どちらの味方もしない。

さらに竹島問題に至っては、米国の態度は冷淡そのものである。米国内では、日本専門家でも竹島問題については「日本は冷静に対応すべき。日本が過敏に反応することで日本の国益を損ない、中国や北朝鮮を利するだけになる」と、日本側に自制を求める意見ばかりだという。

それもそのはずで、李明博大統領は韓国国内の反対を押し切って、アメリカとのFTA(自由貿易協定)を実現したが、これは韓国を米国の植民地にするに等しいほど米国に有利な不平等条約である。

米国にしてみれば、自国に何の関係もないちっぽけな島の領有権問題など、これから甘い汁を吸いつくそうとしている相手に対するサービスとして利用しようという程度にしか考えなくて当然だろう。

しかも米国がそうやって韓国寄りの態度をとれば、韓国に嫉妬して「日本も早くTPP締結を!」と言い出す者が日本国内に必ず出てくるのだから。

8月15日、アーミテージら米国の超党派の外交・安全保障専門家が対日政策の「提言書」を発表した。来年発足する新政権で政権党が交代しても、日米同盟について一貫した政策の遂行を求める目的でまとめられたというのだが、この提言書は米国政府のみならず、日本政府に対しても様々な「提言」を突きつけている。

それならば、日本も米国政府に「提言」を突きつけていいはずだが、そんな動きは聞かない。産経新聞など野田政権に対し、アーミテージ提言を受けて「具体的な行動を示せるかが問われる」と書いている。

日本も提言をしようという発想は一切なく、ただ一方的に日本政府に「アメリカ様の言いつけをきちんと聞けるかが問われているぞ」と言うのだ。植民地根性そのものである。

産経新聞の社論はこのアーミテージ提言に従って作られているのではないかと思わされるほどで、提言には「原発を慎重に再稼働することは日本にとり正しくかつ責任ある措置だ。原子力は日本の包括的安保の不可欠な要素となる」ともあるし、「TPP交渉参加に加え、日米にカナダ、メキシコが参加する包括的経済・エネルギー・安全保障協定を締結すべきだ」ともある。「イランにホルムズ海峡封鎖の兆候が出た場合、日本は単独でも掃海艇を派遣すべきだ」とも書かれているから、もしそんな事態になれば産経は真っ先にそう言い出すだろう。

だったら産経新聞は、アーミテージ提言の「隣国との関係」の項目も社論に取り入れればいいではないか。

提言では「日本は韓国との関係を複雑にし続ける歴史問題にしっかり向き合うことが不可欠だ」「日韓は民族主義的感情を内政上の目的に利用するのをやめるべきだ」と明記している。

「歴史問題にしっかり向き合う」って、どういうことか？　**「民族主義的感情」を利用しているのは韓国だけなのに、日本もそれをやめろとは、どういうことなのか？**

米紙ウォール・ストリート・ジャーナルは8月15日の東京発の特派員電で、日本では「ナショナリストの政治家や活動家が新たな影響力を振るっており、中国や韓国との関係をこじらせ」ているという記事を掲載した。その記事では靖國神社を「過去の帝国主義と強く結びついた施設」と説明。慰安婦は「軍の売春宿で働くことを強制された韓国人女性」としている。そして「ナショナリストの日本の政治家」はインターネットで若者にメッセージを発信し、究極の目標である「平和憲法の改正」の実現への弾みとして、領土問題への関心の高まりに期待している…のだそうだ。

ほとんど日本側が悪いと言っているようだが、これがほとんどの米国人の感覚と言って間違いないだろう。

米国人が未来永劫「東京裁判史観」を手放すわけがない。あの時代の日本を悪役にしておかなければ、即座に米国が犯した巨悪に目を向けざるを得なくなるのだから。それと同時に米国人は、日本人が「東京裁判史観」から解放されることも決して望まない。日本人が永遠に中韓に罪悪感を持ち続け、自力で国土を防衛する意思を持てない状態であった方が好都合に決まっているのだから。

いくら「知日派」と言ったって、彼らは根っからの米国人である。
米国に都合の悪いことは、どんな詭弁《きべん》を使ってでもごまかし
そのためなら過去の日本を悪玉扱いすることも、原爆で30万人の日本人を殺戮したことを正当化することも一切厭《いと》わない。

もちろん、アーミテージだってそう考えているからこそ、韓国との歴史にしっかり向き合えだの、ナショナリズムを抑えろだのと「提言」してくるのである。

米国にとって日米同盟は、あくまでも米国の国益のために存在するものだ。米国にとって利益にならなければ、尖閣が攻められても米軍は出動しない。そんなことはない、と言い張る人は、日米安保条約の条文を読んだことがないのだろう。

確かにアーミテージは「米国には日米安保条約の下で日本の領土を守る義務があり、それには尖閣諸島も含まれる」と発言した。

これは、米国政府の立場と同じで、米政府は、尖閣諸島の領有権

については立場を明らかにしていないが、日本の施政権下にあるとして、日米安全保障条約第5条の適用対象だとの立場を示している。

だがその日米安全保障条約第5条には、こう書いている。


各締約国は、日本国の施政の下にある領域における、いずれか一方に対する武力攻撃が、自国の平和及び安全を危うくするものであることを認め、自国の憲法上の規定及び手続に従って共通の危険に対処するように行動することを宣言する。


「自国の憲法上の規定及び手続に従って」ということは、米軍の出動に際しては米国議会の承認が必要だということである！

「尖閣諸島は日米安保条約の対象地域である」といっても、ただそれだけのこと。対象地域であろうが、米国議会が承認しなければ米軍は出動しない。

尖閣を守ることが米国の利益にもなるのなら米軍は出動するが、そうでなければ出動しない。もちろん、これは尖閣に限ったことではない。もともと日米安保条約は、日本が攻められても米軍が守らないこともあるという決まりになっているのである。

中国が尖閣に侵攻したのに米議会が承認せず、米軍が出動しないという事態になった場合、我が国は単独でも尖閣を守る構えがあるのだろうか？

アーミテージは「あらゆる影響力を使って、日本と中国の衝突を避けることが米国にとっても大きな利益だ」と言った。この言葉からいけば、「日本と中国の衝突を避ける」という「米国にとっても大きな利益」のために、日本に対して軍事行動を自制しろと「あらゆる影響力を使って」圧力をかけてくることだって、ないとはいえない。

米国は自国の国益のためなら何だってやる。日米同盟の下で尖閣が中国に占領されてしまうというシナリオだってありうるのだ。

ところが日本では左右を問わず「日米同盟があるから大丈夫」としか思っていない。

自称保守は、「日米同盟を盤石にしておくために、より一層アメリカのいいなりになろう!」と考える始末である。

ごーまんかましてよかですか?

日本は竹島も、尖閣諸島も、北方領土も主権は侵され放題だ。
日米同盟が何をしてくれる?
な―――んにもしてくれやしない!

こんな時に「世界の中の日米同盟」などと調子いいこと言ってまだ信じる奴はうすら馬鹿だ!

日米同盟が機能しないことまで考えて、尖閣諸島くらいは自力で防衛できるくらいの構えを見せておくことは、独立国家ならば当然のことである!
そうでなければ国土防衛など到底おぼつかないぞ!!

第4回「ゴー宣」や〝よしりん〟が終わる時

秘書・みなぼんが、よしりん先生の観察記を紹介するコーナーです。

今まで『脱原発論』を連載していた「SAPIO」掲載の『ゴー宣』では、新たなスペシャルがスタートします。

その名も『**大東亜論**』!!

よしりん先生曰く「これは『戦争論』の前史となる巨編となろう」

壮大な作品となりそうです!　9月19日(水)発売の「SAPIO」『ゴー宣』では、その序章が描かれています。

先日、その『大東亜論』のタイトルデザインが、担当編集者・中澤さんからよしりん先生に送られて来ました。その送られてきたデザイン案を私に見せながら、よしりん先生は言いました。

先生ぼん「みなぼん、A、K、B、どれが良いと思う?」

私「…?……?? A、K、B?」

先生ぼん「あ、A、B、Cだった…」

…いや、これ作ってませんよ(笑)?　またもや天然ボケをかましてくれました。

「先生ぼん、もはやそれ、AKB病だよ!」と私が言うと、「**Aと言ったら、次はKなんだよっ!　Bは出てこないっ!　最近はそうなったの!**」と、よしりん先生、開き直りました。

さて、もはやAKB病のよしりん先生ですが、最近AKBヲタの中にはよしりん先生に対する「ひがみ小僧」が出てきています。AKB48の公演や記念イベントに「顔パス」で入れるとか、秋元康さんや運営側の人間と顔なじみだから、運営にとって悪いことは言わないとか、グチグチ言ってるんです。

中でも驚いたのは、「秋Pとかとしょっちゅう飲んでる仲間でしょ。お互いの利害関係の一致だ」「俺らを煽って、自分が楽しみながら秋元に協力している、としか思えん」とか書いてる人がいるんですよ。

どこから生まれた、その嘘情報!?

いや妄想か?? よしりん先生はね、朝起きたらすぐに書斎の机に座って仕事を始めるんです。ほとんど一日中、朝から夜寝る直前まで、机にかじりついて仕事してるんです。その多忙な中で、どうにか女性と遊ぶ時間を作るのが精一杯で、しょっちゅう飲み歩くような生活はできない。**「社畜」ならぬ「漫畜」なんですよ！**

秋元さんにしたって、規模を拡大して巨大化しているAKB48グループのことを、24時間誰よりも考えて考えて、分刻みのスケジュールをこなしておられることでしょう。

私はパソコンの画面見ながら脱力して、「あのねぇ、最近の働いてる大人は、そりゃあもう忙しいのよ！」と、現実の厳しさを懇切丁寧に教えてあげたい気分になりました。

あと、よしりん先生の性格を全然分かってない人が言いがちなのが、**「金のために描いてる」「商売で描いてる」**。

まずツッコミたいのは、「商売になる」と思って始めても、それが本当に思いのまま「商売になる」ほど、商売は簡単じゃないんですけどね…。それに、そもそも「金のため」が悪いこととは思わないし、商売にならなきゃスタッフだって雇えないし、食べていけない。食べていけなければ作品を発表することだってできなくなる。いかに商売しながら影響力を発揮できるかが重要だと思います。

よしりん先生も、どう描けば多くの人に読んでもらえるか、どう描けば商売にもなるか、いつも思考錯誤しながら描いてます。

でも、よしりん先生は、自分の感情や直感に素直な人だから、「金のため」と割り切って、自分の感情とは違うことを描くとか、絶対にできません。そういうところは本当に「子供」のような人なのです。そんな器用なことができるなら、読者の多くを占める保守層を摑んでおくためにイラク戦争だって賛成しただろうし、TPPだってグローバリズムだって推進派になっただろうし、女系天皇には反対したことでしょう。「脱原発」なんて訴えなかっただろうし、「AKB48なんて」と馬鹿にしていたことでしょう。自分の読者層を考えるならば、その方が「金になる」んですから。

実際に最近の『ゴー宣』読者の中には、よしりん先生がAKB48に嵌ったり、女性のことを描いたりすることに違和感を抱いて「真面目に日本を考えることだけ描けばいいのに」なんて言う方がいらっしゃるんです。

きっと、過去の『ゴー宣』をご存知ないのでしょう。

『ゴー宣』や「よしりん」というキャラを、「聖人君子」か何かと勘違いされている。『ゴー宣』の〝よしりん〟とは、**「王様は裸だ！」**と言ってしまう子供なんですよ。そもそも「漫画家」というのは、子供にこっそりワルイことを教えちゃうお兄さん、みたいな存在でもあるでしょう？

決して「聖人君子」ではないのです。

先週号の「ライジング」に寄せて、

こんな感想メールが届きました。「わたしがずっと小林さんの作品を読み続けている理由は、作品の内容のみならずそこに小林さんの人格が見て取れるからです。その勇猛と繊細、真剣と諧謔《かいぎゃく》、慈悲と邪悪のバランス感覚が作品に反映されています。そんなライジングがとても好きです。頑張って下さい」。〝勇猛と繊細、真剣と諧謔、慈悲と邪悪のバランス感覚〟そんな風に読み取ってくれる読者さんもいらっしゃるんです。

　プロインタビュアーの吉田豪さんが仰《おっしゃ》ってました。「今、本気で日本のことを考え、本気でＡＫＢのことも考え、本気で原発を止めようとするよしりん先生には乗れる」と。

そう、商売云々の前に、いつだって子供のようにマジ（本気）な男、それがよしりん！

「世間体」や「常識」「聖人君子」のような枠に収まり、「マジ」を失ったその瞬間、〝よしりん〟は〝よしりん〟でなくなるし、『ゴーマニズム宣言』は終わると、私は思ってます。

　そんなことをさせようとする奴には、ハルクみなぼんが鉄拳制裁じゃっ!!

ゴーマニズム宣言 RISING ニセモノ政治家の見分け方

第5章
小林よしのりはネトウヨの生みの親か!?

未だに、「小林よしのりはネトウヨの生みの親」だの「責任取れ」だのと言う者がいる。ある意味これは大変光栄な批判だ。わしの影響が現在の日本社会で、上層から下層までの隅々まで行き渡ってるということになる。実際、ネトウヨ（ネット右翼）や、「行動するネトウヨ」の市民団体の中には、わしの『戦争論』（幻冬舎）に影響を受けたと言う者もいるらしい。

しかし、『戦争論』は3巻で150万部は超えただろう。『ゴーマニズム宣言』全体では1000万部を超えているかもしれない。家族や知人や図書館での回し読みも含めれば、膨大な人々が読んだに違いない。それだけの読者がいれば、誤読や曲解によって「影響」を受ける者は必ず出てくる。それは作者にコントロールできるものではないのだ。

『戦争論』を発行した年には、刃物を持って自衛隊宿舎に立てこもった高校生が現

れたし、古くは『東大一直線』を読んで自分の祖母を殺して自殺した高校生もいた。影響力が強ければ強いほど、誤った影響を受ける者もある程度は出てくる。しかしそれはあくまでも少数者だ。

『戦争論』では、大部分の読者は「祖父の世代と自分とのつながりを知った」とか「『個と公』のテーマを心に刻んだ」というような、真っ当な影響を受けているのだ。

第一、わしの作品のどこにネトウヨが大好きな「在日差別」を助長する記述があるというのだ？　歴史の捏造である「従軍慰安婦問題」などを利用して、大統領選挙のたびに反日ナショナリズムをかき立てる韓国に対しては、わしはもう軽蔑の念しか湧かない。

しかしそれと在日の問題は全く別である。在日は日本国家のメンバーの一員として迎えるべきであり、わしは昔から一貫して差別には反対している！　日本国籍を取ってほしいというのが、一番の願いだが、それができないリアルな事情がある例も知っている。

カルト殺人鬼のチャールズ・マンソンが『ヘルター・スケルター』に影響を受けたからと言って、ビートルズに「責任取れ」と言った者がいるか？　オウム真理教が『宇宙戦艦ヤマト』に影響を受けていたからと言って、松本零士や西崎義展に「責任取れ」と言った者がいるのか？

偉大な文化は、善から悪にまで影響を与える。影響を与える人物や範囲を規制できないのだ。

そもそも、『戦争論』が出たのは１９９８年だ。当時はまだネットそのものがそれほど普及していなかった。「2ちゃんねる」すらまだ存在していない。読者の反響を知るにはファンレターが頼りと

いう時代であり、ここでネトウヨなど生まれるわけもない。**その後、ネットの普及と共に急速に「ネット言論」なるものが成長し、これがある時一気に「右傾化」し、保守的言論が席巻するようになるのだが、それは2002年の日韓ワールドカップ以降だというのは、ほぼ衆目の一致するところだ。**

あの大会における、韓国人の日本選手に対するブーイングなどの無礼の数々が契機だったのだ。実際、ネトウヨが「愛国心」に目覚めたきっかけに挙げるのは、『戦争論』よりも日韓ワールドカップの方がはるかに多い。ネットには反韓情報があふれ、そして2005年、それらを基に描かれた『マンガ嫌韓流』がベストセラーとなり、「排外主義者」のバイブルとなった。これが決定打である。「ネット右翼」という言葉が出現したのもこの頃だ。

『マンガ嫌韓流』こそが、「ネトウヨの生みの親」の名にふさわしいのであるが、この作者もわしの影響を受けているらしいので、根源は小林よしのりと言われても仕方がない面もある。

しかし、当のネトウヨの大半は、むしろ「小林よしのりに影響を受けた」などということは否定したがっているのだ。単細胞なネトウヨたちは、当時の小泉首相の靖國参拝パフォーマンスにコロッと騙され、自らの首を絞めることになる「構造改革」に諸手を挙げて賛成した。

これに対してわしが小泉構造改革の徹底批判を行うと、ネトウヨたちは「小林よしのりはもう卒業した」「小林よしのりなんかもう過去の人だ」等々、罵詈雑言の限りを浴びせた。

そしてあろうことか、『諸君!』や『正論』の自称保守雑誌がネ

新連載 1
インターネット
麴町電網測候所

日本人の情報生活環境にとってはラジオやテレビの出現と比肩すべき文明史的事件とでも言うべきものになってきている。

と思えたことだけを素材として構築し、時に政治的公正さなどにも配慮しながら伝えるという「社会の木鐸」的態度よりも、出所不明でいささかあ……げな情報や、たとえ噂や伝聞の類……ったとしても、とりあえず公開し……してしまおうという「瓦版」……ーペーパー」的な気風が重視……良く言えば闊達、悪く言えば……のである。

ゴーマニズムはもはや「青春の思い出」に…

イラク戦争をめぐる言説の検……ネット上でもすでに百花繚乱だが……はりある種のリトマス紙のように……ている。メディア露出の多い言論人……文化人の中でも、戦争を境にその値……れの激しい銘柄がはっきりしてきた。ネットでは、揶揄されていた新聞、テレビ等の陳腐な「反戦」キャンペーンとそれに加担した久米宏、筑紫哲也などのキャスター系や、現地にまで赴きながら「反米」イデオロギーに曇ったレポートしか送れなかった自称戦場ジャーナリストたちは言うに及ばずだが、イラク戦争を境にそのご威光の失墜が最も著しいひとりが、小林よしのりだろう。

夕日見てギター弾いてます

……ト最大の巨大匿名掲示板2ちゃんねるで最初の隔離板として生まれた「ゴーマニズム板」でも、そのような小林の乱心ぶりが焦点になってきており、小林離れが激しい。

«小林によって覚醒した日本人は自分の頭で考える事ができるようになった。しかし、そのお陰で小林の間違いをも見抜けるようになった。

小林批判といえば、一昔前は左翼のバカ共だけだったが、今では健全な国家主義を持つ人間達が小林を批判している。

日本人とは、なんとも柔軟性の高い、頭のいい人間達なんだろうと思う。

●『諸君！』2003年7月号

トウヨに媚《こ》び、そんなネットの罵倒を転載して
読者にとりこもうとした。

結局、金もなければ活字も読めないネトウヨが論壇誌など買うわけもなく、『諸君！』はあえなく潰れ、『正論』も今や存在感ゼロの老人雑誌だが。

そして構造改革の結果、案の定ネトウヨたちは下流層に転落していった。ところが連中はまだ自分の愚かさを直視しようとせず、正当な怒りを向けるべき相手も分からず、全く無意味なフジテレビデモなんかやって憂さ晴らしをしている。

そこでわしが「そんなことやってる場合か！お前ら年収２００万円以下の下流じゃないか！」と発言したら、たちまちネットのコメント欄を、１万件を軽く超える悪口雑言が埋め尽くすという有様だ。

ごーまんかましてよかですか？

影響力のある作品を描いたからといって、馬鹿の責任までとらねばならぬ謂《いわ》れはない！
この世には一定数の底抜けの馬鹿が必ず出てくるのだ！

第5回「永久推しメン」と「一推し」の違いとは

秘書・みなぼんによる、よしりん先生観察記をお届けしちゃうコーナーです。

そう、あれは、先週号「小林よしのりライジングVol.4」を無事に配信しホッと一安心していた9月11日(火)19時頃の出来事。

よしりん先生から電話が掛かってきました。電話口の先生は焦っているような、興奮しているような、ちょっと普通ではない様子…。

「みなぼん！ 大変なことが起きたんだ!! 今送ったブログ、大切だから、すぐアップしてくれ！」

な〜にをそんなに焦っているのかしらと、メールを開いて読んでみたら…

あっちゃんが合コンで泥酔&号泣して、お尻出してた!? この「ライジング」で、よしりん先生に「アイドル天皇制の神話を創った」とまで書かせた、あのあっちゃんが!?

なんて骨体と思い、ネットで検索したら出てくる出てくる…。スクープした「週刊文春」が発売前なのに、ネット上ではあっという間に出回ってしまってるんです。あな、恐ろしや…。

「前田敦子」が伝説となった、あの卒業からわずか2週間で、こんなスキャンダルが出てしまうとは…。これは確かに大変なことが起こりました。

ネット上に乗っていた記事を読んでみたら、あっちゃんだけではなく、なんとよしりん先生の永久推しメンである大島優子ちゃんも、その「合コン」に参加していたんです。

私はそれを見た時、(あれ?)と思いました。なぜなら、よしりん先生はブログの中で、そのことについては全く触れていなかったから。

優子ちゃんの合コン参加は問題ないのか? それともヲタとして、そこは見て見ぬふりなのか? はたまた、あっちゃんのお尻が衝撃的で、そこまで意識がいかないのか?

ヲタよしりんの傷をえぐってしまうかもしれないと思いつつも、ここは勇者・みなぼん、勇気を出して聞いてみた。

「先生ぼん、大島優子ちゃんが合コンに出てたことはいいの?」

「合コンじゃないよ。卒業パーティだよ。運営も知ってたんだから」

(そうか…運営も知ってたなら問題なしなのかな? それとも、そうやって自分に言い聞かせているのかな?)

みなぽん、さらに踏み込んで聞いてみた。

「え、でも、男3人に女3人って合コンちっくじゃない？ 合コンが出会いになって恋愛に発展しちゃうかもよ？ それに、卒業パーティなら、卒業公演の後にＡＫＢメンバーでやっただろうし…」

「いいや、この卒業パーティは、単なるカラオケパーティだよ。この場で、あっちゃんは佐藤健に告白したかったんだな。あっちゃんは今、情緒不安定だし、心配した優子は付き添ってあげたんだよ。優しいよね」

（別に言い聞かせているわけではなさそうだ…）

　ちょっと面白くなってきたみなぽん、よしりん先生にさらに揺さぶりを掛けてみた。

「でもさ、このカラオケ店のＶＩＰ部屋、スゴイよね。でっかいソファとかあってさ～。ネット上では『ラブホ』みたい、とか言われてるよ？ 酷いこと言うよね～」

「芸能人ってのは、こういう所でカラオケするんだろうね～。人目とかあるし、なかなか普通のお店には行けないんだろうね」

　ここまで来て、よしりん先生はようやく気が付いた。

「あっ‼ そうやってわしをいじめてるんだろ⁉ その手には乗らん‼ 今回の大島優子は問題なし！ あっちゃんに付き添ってあげただけ‼」

（うん、今回はそんなところだろうなぁ…。勝手に淫《みだ》らな想像して言いがかりばかり付ける方が、よっぽど不純だよね…）

　でもみなぽん、最後に爆弾（？）を投下してみた。

「でもさ、まゆゆだったら、こういうの許せないんじゃない？ 恋愛禁止を破って脱退したメンバーに『まだ許したわけじゃない』って直接言い放ってしまうくらいだもんね。少しでも疑惑を持たれたり、ファンを不安にさせるようなことはしないんだろうな～」

「うん、それは確かにそうだ。まゆゆのアイドルとしての覚悟は尋常じゃないからな。大島優子は永久推しメンだけど、わしはこれからは、まゆゆを一推しで行くよ」

（え⁉ そういうオチ⁉）

　最後はよくわからない結論になったものの、私の揺さぶりにも決して揺るがず、自分の考えに満足そうに納得している先生ぽんを見ながら、『永久推しメン』と『一推し』の、その微妙な違いがわからない私はまだまだだな…と反省したのでした。

「ＤＤ（誰でも大好き）」とか「推し」と言っても、ヲタにとっては、微妙な差を付けながらメンバーを見て応援しているのですね。ヲタ道って深い…。

ニセモノ政治家の見分け方

第6章
尖閣諸島の実行支配は進んでいる！

政府は9月10日、尖閣諸島に関する関係閣僚会議を開き、魚釣島、南小島、北小島の3島の国有化を正式決定した。11日の閣議で購入費を予備費から支出することを決め、同日に地権者と売買契約書を交わすという。購入額は20億5000万円だ。石原都知事が求めていた漁船の避難港や灯台の整備は見送る方針らしい。何はともあれ11日を以て尖閣諸島は国有化される。

尖閣諸島を東京都が買っても意味はない。

領土問題は国の専権事項であり、いざとなれば戦争だ。一刻も早く国有化しなければならない。その際には国民の税金を使うのが正当な手続きであるとわしは主張していたから、そのとおりになった。一安心だ。東京都が寄付金を募集したことだけが失策であって、これによって島の購入額が吊り上がってしまったことだけが惜しまれる。

未だにこの尖閣諸島を巡る政府の対応に、保守的な人々からは批判的な論評しか

ないが、わしはうまくやっているじゃないかと好意的に見ている。
まず、先月、尖閣諸島の魚釣島に上陸した香港の活動家たちに、わしは言いたい。
本当に、よく来てくれた！　日本にとって、こんなに歓迎すべき人たちはいない！
彼らは尖閣に上陸して、中国（中華人民共和国）国旗の五星紅旗と並べて台湾（中華民国）の青天白日旗を立てた！　これは中国政府からすれば、決してあってはならないことだったのだ。おそらく指導部は、はらわたが煮えくりかえる思いだったに違いない。

何しろ中国政府にとっては「中国は一つ」であり、「中華民国」も「青天白日旗」もこの世に存在しないものなのだ。

中国政府はこの理屈を国際社会にも認めさせ、オリンピックを始めとする国際スポーツ大会でも、台湾は「チャイニーズ・タイペイ」なんて名前にされ、表彰式でも国旗の代わりに「オリンピック委員会旗」などが使われている。それなのにあの活動家たちは、世界に注目される行動を起こし、五星紅旗と青天白日旗を並べて掲げた。

これは世界に向けて「この島は中国と台湾がそれぞれ領有権を主張している」と意思表示したのに等しく、中国政府が絶対に認めない「二つの中国」が実際には存在するぞ、台湾は「中華人民共和国」ではないぞと、堂々と国際社会に訴えたことになるのである!!

それがあまりにもマズイと、中国の新聞では上陸場面の写真を加工して、青天白日旗を赤く塗りつぶして載せたところもあったそうだ。
もっとも台湾当局にとってはこの行動は相当迷惑だったようである。台湾は尖閣問題で中国とは連携しない方針を明らかにしているのに、これのせいで「連携している」という誤解を受けたりしたらしい。

ところで、今回の尖閣上陸については、中国本土からも呼応する動きがあったが、中国政府が出国を認めず、香港の活動家だけが出航を許されたという。この活動家たちは、香港の古くからの反日団体と、民主派政党のメンバーが半々の混成チームだった。そして後者の民主派政党の人々は、実は反共運動家で、普段は人権擁護や民主化を訴え、天安門事件の抗議活動もしており、チベット解放デモでは中国国旗を燃やしたこともあるという、中国共産党が大嫌いな人たちなのである。

なぜそんな人の出航を中国政府が認めたのか。

実は香港では今、9月から「中国国民としての愛国心」を強める「愛国教育」の教科書が導入されることになっていて、それに反対する数万人の大規模デモなどの抗議行動が連日行われていた。民主派政党の人々もそれに参加しているわけだが、中国政府は「反日」という目的なら民主派政党とも手を組めるし、ここでガス抜きをすれば、共産党批判の矛先を鈍らせることができると踏んだのかもしれない。

ところがそうしてみたら、彼らはこともあろうに青天白日旗を揚げちゃった。そもそも、中国に返還される以前の香港では、共産党に敗れて大陸から逃れてきた国民党の落人たちが青天白日旗を掲げており、この旗は「反共」の印でもある。

彼らは「反日」を掲げながら、実は同時に「反共」も訴えたのだ。それは見る人が見れば明らかに分かる痛烈な皮肉である。

もちろん中国政府が分からないわけがない。しかし、それを非難することもできない。「反共」の旗を公然と振り回されたにもかかわらず、これを「愛国的行動」ということにして、日本を非難する以外になかった。中国政府は、すっかりコケにされてしまったのである。

彼らは日本にとって「招かれざる客」ではない。「招くべき客」だったのだ！

しかもあの人たちが来てくれたおかげで、日本は画期的な一歩を踏み出すことができた。沖縄県警を魚釣島に先行して上陸させ、中国人を現行犯で逮捕することができたのだ！

これは、本当は万歳してもいい快挙だった。この事実だけで、実効支配のとてつもない進歩になったのだから。

日本の国家権力をあの島の上で行使し、「日本国土への不法入国」で「外国人」を逮捕したのだから、尖閣の島々が日本であり、完全に日本の国家主権が及んでいるという事実に関して、これ以上の証明はないではないか！

中国政府はいくら文句を言おうと、結果として尖閣諸島の上で日本の国家権力が発動されるのを許してしまったわけで、日本の実効支配がワンランクアップしちゃったのだ。万々歳の状態だ。せっかく逮捕したのに、たった2日で全員送還してしまったといっても、そんなことは大した問題じゃない。

尖閣諸島で日本の警察が中国人を「不法入国」で逮捕することを、中国政府は阻止できなかった。しかもこのことで、ことさら制裁措置をとることもできなかった。そういう既成事実を作っちゃったのだ。もう前例ができたから、さらに活動家がやってきても、今後は日本の警察がどんどん逮捕することができるのだ。

さらに先日「海上保安庁法」と「外国船舶航行法」の改正法が成立した。

今までの「海上保安庁法」では海上保安官の警察権が及ぶ範囲が「海上における犯罪」と限定されていたため、上陸されてしまったら警察官が来なければ手出しできなかったのだが、今後は海上保安官が無人島などでも逮捕することができる。さらに「外国船舶航行法」の改正では、日本の領海で活動家などを乗せた船舶が停泊、徘徊した場合、海上保安官が立ち入り検査なしで退去勧告を行うことができ、勧告に従わない場合は罰則付きで退去命令を発することができるようになった。もちろん、尖閣諸島を念頭に置いた法改正である。これにより、海保は格段に迅速な対応が可能になったのだ。

そして、丹羽駐中国大使が乗った公用車を中国人の男が襲撃し、国旗を強奪した事件！

あれも、いいことやってくれたね～♡

外国大使の公用車を挟み撃ちにして、国旗を強奪するなんてことは、明らかに外交官や外国公館の保護を定めたウィーン条約に抵触する蛮行なのだ。

ところが中国政府は「衝動的で計画性はなく、ウィーン条約には抵触しない」と強弁し、犯人を逮捕・起訴もせず、5日間の行政拘留処分で幕引きにしてしまった。言うまでもなく、厳正に処罰して国民の批判が政府に向くのを怖れているからだが、これによって、中国はウィーン条約が守れない国だということを世界中に向かって曝《さら》してしまったことになる。

これは国際世論の対中感情からすれば完全にヤバイ事態のはずなのだが、中国政府は国内ナショナリズムとの板ばさみで、なす術もない。ただ中国人の狂気が世界に知られ、中国は国際法を逸脱した異常な国だと海外の目がどんどん判定していくのを、中国政府はただ呆然と見ているしかないのだ。やつらは自爆状態が続いている。こんなにめでたいことはない。

話を尖閣に戻すが、前述したようにわしは以前から「尖閣は東京都が買うのではなく、国有化すべきだ」と主張してきた。石原慎太郎が購入宣言をした時は、国に発破をかけて動かす発言としてわしは「快挙」だと思った。ところが、都が「寄付金」を募り出したあたりから話がおかしくなってきた。

そもそも今回購入が検討されている尖閣諸島3島の本来の土地評価額は、石垣市が発行している固定資産評価証明書によれば、2001年1月の時点で6018万3125円。これを政府は、地

権者に年間2400万円もの賃料を払って借り上げていたのだ。**自民党政権時代から政府は地権者に対して購入の交渉をしていた。提示していた金額は6億円程度だったらしいが、交渉は決してまとまらなかった。**そして都が募金を呼びかけたら、たちまち十数億のお金が集まった。石原は15～16億円程度で購入するつもりだったらしい。**ところが、「国は信用できない。石原さんにしか売らない」と言っていたはずの地権者が、石原に何の断りもなく、急転直下、国に売ることにしてしまった。金額は20億5000万円だという。**

何のことはない。石原慎太郎はただおだてられて乗せられて、地上げの道具に使われただけなのだ。石原が踊らされたおかげで、国は相当に割高な値段で島を買う破目になってしまったのである。

それにしても宙に浮いてしまった寄付金は、一体どこに行くのだろう？　どうも石原自身もどうしていいか分からなくなっているようで、国に寄付すると言ってみたり、やっぱり民主党政権にやるのはいやだとか、施設設備に使わないのなら渡さないとか、発言は迷走を続けている。しかし、こんな石原慎太郎でも、まだ使い道はある。中国が尖閣の国有化に文句を言ってきたら、「石原を暴走させないために国有化する」という言い訳ができるではないか。

このまま放っておいて石原都知事が買ってしまったら、さらに暴走して港でも灯台でも無線基地でも、何でも作ってしまう。すると中国内の反日ナショナリズムが煽られすぎて、反政府運動に転化してしまい、収拾がつかなくなってしまう恐れがある。日中関係を安定的に保つためには、国有化するしかないと、日本の外務省が説明すればいいのだ。

石原氏も国内の「愚かナショナリズム」を煽って国に無駄遣いさせたのだから、せめて「悪役」として役に立つくらいのことはしてもらおうじゃないか。

それで国有化が実現すれば、実効支配がさらにもう1ランク上がるのだ。

今までは個人の所有物だったが、これが国のものになる。それだけで実効支配はどんどん強まっていく。地元の漁民のために「船だまり」を造るというようなことは、中国がガタガタ言ってこないような時期を見計らって、こっそり徐々にやればいいのだ。

事態はどんどん日本に有利になっている。こんな時に名誉欲に駆られた日本人がシナ人に対抗して、島に上陸して気勢を挙げる必要など何一つない。全くの無意味で、単なる自己満足にしかならない。シナ人と同レベルの馬鹿なことなどしなくても、実効支配は着々と進んでいるのだ。

単に「民主党政権だから」と、政府がやっていることを何一つ評価しないで、ただ短絡ナショナリズムを沸騰させているだけのネトウヨ的保守勢力って、根本的、本源的、究極の馬鹿と言って過言ではない。

尖閣諸島を巡る状況は、どんどん中国が不利になり、日本が有利になっているだけなのだ！

それが見えないのが劣化保守の惨状である。何でもマッチョに武断的な言葉を過激にまき散らしていればいいというものではない。

ごーまんかましてよかですか？

我々はもっと大人にならなければならない。
シナ人レベルのナショナリズムでは国益を害するだけである！

第6回 ゴー宣道場と博多の夜の出来事

秘書みなぼんによるよしりん先生の観察記「よしりんの日常」です！　今回はちょっと趣《おもむき》を変えて、先週一週間のよしりん先生の動向をお伝えしたいと思います！

まずは日曜日、よしりん先生が代表師範となって月一回開催している「ゴー宣道場」の「拡大版」が行なわれました。「ゴー宣道場」は普段は150名くらいの参加者で行なわれていますが、今回の「拡大版」では500名弱の参加者を集めて、世田谷区の玉川区民会館ホールにて開催されました。

テーマは『**倫理と成長の脱原発**』。団体の動員は一切使わず、まったくの「個人」による「脱原発」をテーマにした集まりは、この「ゴー宣道場」が唯一だと思います。

登壇者の顔ぶれも、他では決して見られない異色の組み合わせ！　「ゴー宣道場」の師範陣に加え、城南信用金庫の吉原理事長、自民党・河野太郎議員、女優の木内みどりさん、ジャーナリストの津田大介さんがゲストで登場！　それぞれ、ご自分の現場から強烈に伝えたいメッセージをお持ちだから、言葉一つ一つにとてつもない説得力がありました。

議論の内容はニコニコ「ゴー宣道場チャンネル」にUPされている動画ですべてご覧になれますし、年末にはスカパーで放送予定です。「ゴー宣道場」のブログでは、参加した方のアンケートによしりん先生が答えていますので、そちらからも議論の熱が感じられて面白いですよ♪　私も道場当日は裏方仕事に追われ、議論は全く聞けなかったので動画で見ました。「行けなかった！(泣)」と嘆いていた皆さん、私も同じ気持ちです(笑)…

ということで、ここでは道場の裏舞台を少しご紹介します♪　今回の「拡大版ゴー宣道場」は「祭り」ということで、様々な特典や遊びがありました。まずは入場順の先着

100名様に、「特製クリアファイル」をプレゼント！　ということで、開場の1時間前には早くも会場前に行列が!!

参加者の皆さんが行列を作り、今か今かと開場をお待ちになっている一方、会場内では門弟の有志による設営隊（毎回、運営のお手伝いをして下さっている強力なサポーターたち！）による打ち合わせと準備が進められていました。

よしりん先生も早めに来て会場チェック。師範といえど与えられた環境に乗っかるのではなく、主催者として自ら色々と確認して廻ります。意外に思われるでしょうけど、細やかな気遣いをする人なんですよ（笑）。

そして、今回の「お祭り」のもう一つの「華」が、「限定Tシャツ」の販売！「ゴーマニズム宣言ver.」「脱原発ver.」「亀乗りver.」の3タイプを、この日のために作っちゃいました！

なんと「日本製」なのに2000円！　儲けまったく無し!!（笑）でも皆が喜んでくれれば、それでいいのだ！

各師範方の書籍（よしりん先生はサイン本）の販売も行なわれました。

いよいよ開場すると、あっという間にTシャツ販売の前は大混雑！　設営隊の誘導で作られた列は2重3重になっていきます。

第1部が始まる前に、すべて完売！　一番人気だったのは「亀乗りver.」でした♪　こんなに大好評だったら、また作って販売したいなぁ〜♪

さて、道場の冒頭では特別編集された動画「『脱原発論』取材記」が流されました。笑いが起きる場面、そして会場内から洟《はな》を啜《すす》る音が聞こえる場面もありました。この動画はHP「ゴー宣ネット道場」で公開されています。（「ゴー宣道場」4時間分の動画を見るのは時間も覚悟もいるな〜）という方、ぜひこの動画だけでもご覧ください。「倫理と成長の脱原発」の基礎がたった10分ちょっとで分かってしまうお得な動画です！☆

今回の道場、最初はなかなか応募者が集まらなくて心配していたのですが、最終的には予定していた募集人数を遥かに超えた募集数があり、当日も満席！　参加者も、30代、40代、20代の順に多く、若い層が大半を占めました。80代にして脳が柔らかく闊達《かったつ》な方もいらっしゃいましたし、10代の参加者はもちろん、なんと最年少は7歳まで（！）参加されました。

一方、道場の外でも「祭り」が（笑）。たまたま同じ日に、地域の神社の秋祭りが行なわれていたのです。「共同体は壊れた」と言われますが、東京でさえも地域の祭りが脈々と受け継がれて、今でもこうやって賑わっている所はあるんですね。老若男女、外国人まで一緒になって御輿《みこし》を担いでいるのが、とても印象的でした。

3・11以降、東北の各地でこうした土地の祭りや人間関係が失われたであろうことに思いを馳せると、やはり二度と原発事故など起こしてはならない、原発はダメだと怒りが湧きますね。

道場終盤には「特製紅白まんじゅう」の抽選会、そして終了後は師範方によるサイン会が行なわれました。よしりん先生もゲストの皆さんとの挨拶が終わった後、ぷら〜っとロビーに出てきて残っていた方との写真撮影や握手に応じていました。

握手したうら若き女性の「手あったかい!!」と言う感想に、「あはは…何を言ってるんだい」と紳士な感じで微笑んでいたよしりん先生。（気をつけて！ その笑顔の下には狂気が潜んでいるからっ！）とニヤニヤしながら見守った秘書・みなぼんでした（笑）。

さて、月曜日から水曜日までの動向は、こちらの「小林よしのりチャンネル」の会員の方はすでにご存知ですね。月曜日は「AKB48じゃんけん大会・完全予測」生放送、火曜日は「小林よしのりライジング」の配信と、AKB48じゃんけん大会、水曜日は「祝！ AKB48じゃんけん大会完全・予測的中」生放送を行ないました。水曜日の生放送では、なんとよしりん先生のギター弾き語り生歌を披露!! 大好評でした。次の生放送をお楽しみに！

木曜日は、アメリカの有力紙を発行している会社のインタビューを受けました。『脱原発論』に共感されたとのことで、インタビュー内容の中心はもちろん『脱原発論』についてです。それだけではなく現在の日本の政治状況から、よしりん先生の漫画家としての姿勢についてまで話は及びました。記事は近々ネットでも配信されるそうなので、配信されたらご報告します♪

そしてそして週末金曜日から日曜日は、**急遽《きゅうきょ》大事な仕事が入って福岡に行ってきました！** 思い出してみると、先週号の「ライジング」の「感想コーナー」で、私がよしりん先生に向けて「福岡に行きたいなぁ〜」オーラを出した直後に、この仕事依頼が入ったんですよ。私、もってるかも…!? 何の仕事で行ったかはまだ明かせないのですが、とても面白い内容でした！ 早く言いた〜い!!

福岡に来たからには行かなければならない所……そう！ **HKT48劇場!!** 行ってきましたよ〜♪

読者さんの報告どおり、SKE48のメンバーもサプライズ出演していて、前回見た時とはまた違うステージが見れました。

SKE48からは、加藤るみちゃんと鬼頭桃菜ちゃんが登場！ MCでの、るみちゃんの頭の良さとダンスの躍動感は凄《すご》かったし、桃菜ちゃんの可愛さにはノックアウト寸前！そしてやっぱり、はるっぴの姿形は完璧だし、あーにゃはスベッても愛らしいし、咲良ちゃんたちの「ウィンブルドンへ連れて行って」の可愛さは尋常じゃないし、森保まどかはどんどん綺麗《きれい》になっているし……なんてことを、よしりん先生行きつけのお店で夕食を食べながら語ったのでした。

そして、そんなことを延々と語り通し、さぁ帰ろうとした時……**事件は起こった!!**

カウンター席で私たちの隣に座っていたカップルが「小林先生、ファンなんです。高校の時からずっと『ゴー宣』読んでます」と声を掛けてくるじゃないか〜っ!! **ヲタトーク、完全に聞かれてたよっ!!**

よしりん先生「あ、そうなの、どうもありがとう」と若干苦笑い。

しかも、なんと二人して立ち上がって玄関まで来てくれて、見送ってくれるじゃないかーっ!!(笑)

帰り道、歩きながら、何を話していたか思い返してみたけど、やっぱりＡＫＢ48のことしか話してない！

よしりん先生「**みなぼん、わしＡＫＢ48のことしか話してなかったよね。やばくない？『ゴー宣』のイメージ壊しちゃったかなぁ〜？**」と心配していたけど、私は「もう今さらですよ。きっと『あ、本当にＡＫＢ48好きなんだ』って思ってくれたよ」と慰めた、そんな博多の夜道でした(笑)。

ゴーマニズム宣言 RISING ニセモノ政治家の見分け方

第7章
真の保守こそ「たかが電気」と言わねばならない！

坂本龍一が反原発デモに参加して「たかが電気」と発言したらしい。これを鬼の首でも取ったかのように批判したり、揶揄するのが、「原発推進ブラボー」の自称保守派である。つい先日もビートたけしが『TVタックル』（9・10）で、「お前はテクノであんだけ電気使ってYMOで儲かったくせに、なに言ってんだ！」と笑っていた。

確かに瞬間的にそのような批判が浮かぶことは否定しない。わしもこの発言をテクノポップで一時代を築いた坂本龍一が言うと、自称保守派から袋叩きになるからまずいなと懸念した。やっぱり「脱原発」を言う者たちは左翼であって、現実的ではない、空想的だとレッテルを貼られかねない。

ちなみにビートたけしは震災前、『新潮45』（2010年6月号）で、こう発言して

いたことを特筆しておく。

「原子力発電を批判するような人たちは、すぐに『もし地震が起きて原子炉が壊れたらどうなるんだ』とか言うじゃないですか。ということは、逆に原子力発電所としては、地震が起きても大丈夫なように、他の施設以上に気を使っているはず。だから、地震が起きたら、本当はここへ逃げるのが一番安全だったりする（笑）。でも、新しい技術に対しては『危険だ』と叫ぶ、オオカミ少年の方がマスコミ的にはウケがいい」

やれやれ、ビートたけしは「地震が起こったら、原子力発電所へ逃げるのが一番安全」とまで言ってたのだから、本来、原発を語る時はもう少し後ろめたさがあってもいいはずだろう。坂本龍一を嗤《わら》う資格はあるまい。

だが、そもそも坂本はこう言ったのだ。

「たかが電気のために、この美しい日本、そして、国の未来である子供の命を、危険に晒《さら》すようなことをすべきではありません」

坂本は「この美しい日本」と言っている。子供の命を「国の未来」と言っている。

このような愛国心があれば、美しい日本の国土と、子供の命を危険に晒す原発に反対するのは道理ではないか！

しかも坂本は3・11よりずっと前、２００６年から反原発を訴えていた。流行に乗ったわけではなく、逆に「なんでミュージシャンがそんなことを」と冷ややかに見られながらも、「六ヶ所村のことを知ってしまった以上は、黙ってはいられない」と運動をしていたのだ。

坂本が言った「たかが電気」は、「たかが経済」と言うのに等しい。

これに対して自称保守の側は、「たかが電気とはなんだ！　電気が足りなくなったら、経済が衰退するぞ。それでもいいのか！」と、「経済合理性」の話だけをしている。

急いで断っておくが、本当は「経済合理性」の観点から言っても、原発なしでも電力は足りるし、今後の除染、廃炉、賠償まで計算に入れれば、コストも割に合わないことはもう明らかなのだが、そのことはここでは論じない。『脱原発論』（小学館）を読めば分かる。

ここでは思想の問題として、「保守」と称する者が「経済合理性」を最優先とする主張をしている錯誤について、明らかにしておきたい。**というのも、「経済最優先」という考えは本来、保守が批判の的にしていたものだからだ。**戦後復興期、吉田茂は首相として「経済最優先」を国策とした。国力のすべてを経済発展につぎ込むために、国防は米軍に担わせ、外交は低姿勢でという方針である。

米国から軍事費を増やすように要求されるようになっても、吉田は「憲法9条」を盾にそれを拒み、ひたすら経済成長にのみ国力を投入し続けた。

この方針は**「吉田ドクトリン」**と呼ばれ、代々の政権に引き継がれ、日本は「自主防衛」も「主体的外交」も捨て、経済だけを肥大させた国になった。これを**「戦後レジーム」**というのだ。

安倍元首相が目標とした「戦後レジームからの脱却」とは、

経済至上主義でカネより大事な価値はないとする思想をチェンジするものだったはずだ。

三島由紀夫は自決の5ヶ月ほど前に、サンケイ新聞に有名な文章を書いている。

「このまま行ったら『日本』はなくなってしまうのではないかという感を日ましに深くする。日本はなくなって、その代わりに、無機的な、からっぽな、ニュートラルな、中間色の、富裕な、抜目がない、或る経済大国が極東の一角に残るのであろう。それでもいいと思っている人たちと、私は口をきく気にもなれなくなっているのである」

この一節は自称保守派が大好きで、何度、彼らの文章や発言の中で引用されたか知れない。

また、『戦争論2』(幻冬舎)で紹介したが、戦前にマレーシアから日本に留学し、戦後独立運動などを経て国会議員となったラジャー・ダト・ノンチックは、「かつて 日本人は清らかで美しかった」と戦前の日本人を称えながら、戦後の日本人に対しては厳しい眼を向けた詩を書いている。

「自分のことや 自分の会社の利益ばかり考えてこせこせと 身勝手な行動ばかりしているヒョロヒョロの日本人はこれが本当の日本人だろうか」

これも保守を自称する言論人たちが、事あるごとに引用し、経済一辺倒の戦後体制を批判して、精神論の復興を唱えていたはずだ。**経済一辺倒とは、要するに「カネが一番大事」ということであり、「精神論の復興」とは要するに「カネより大事なものがある」ということだ。**

ホリエモンが「金で買えないものはない」と言って出てきた時だって、自称保守派は、カネが一番

ではない、人の心もカネで買えるだなんてとんでもない、これこそ戦後教育の歪みの象徴だ、なんて批判していたものだ。

ところがそう言っていた自称保守派の者たちが、なぜか原発事故後は「経済合理主義」だけを最優先に主張して、精神性、倫理観を完全に蔑《ないがし》ろにしている。

これは、圧倒的におかしいではないか！　坂本龍一の言葉は、全く本人は自覚していないが、極めて保守的なものである。

たとえ経済的に落ち込んだとしても、原発のようなものは動かしてはいけない、カネより大事なものはある！　このような「価値」の問題は、本来、保守が守るものだったはずだ！

「経済合理性が第一」に宗旨替えしてしまった自称保守は、今後、靖國神社に参拝する資格などなかろう。「経済合理性」が最優先すべき価値なら、戦死者を「英霊」と呼べるはずがない。

英霊とは、「英《ひい》でた霊」である。

英霊はカネ（経済）のために戦ったのではない！　日本人の祖国、故郷《パトリ》に対する愛情のために、自分の命を捧げた。それを称え、英霊と呼ぶのだ。

特に特攻隊は「十死零生」といって、生き残る確率がゼロの作戦である。カネよりも、命よりも大事なものがあると考えなければ、出撃できるわけがない。カネ勘定を超えた価値を認めないのなら、特攻隊を認められるわけがなく、特攻隊に対しては「愚行」「犬死」と評価する以外にないのだ。そんな矛盾を抱えながら誤魔化している人間には、靖國の鳥居をくぐる資格はない。

徴兵されて戦地に赴いた兵隊たちにとって、クニといえば「国家」ではない。それは「おらがクニ」、故郷、パトリのことである。

一つの土地には、歴史がある。祖先の魂が引き継がれてきている。

昨年、全村避難となった飯舘村へ取材に行った時、たまたま猫に餌をやりに一時帰宅していた村民に道端で話を聞くと、そのうち聞かれるともなく自分の土地の来歴を話してくれた。この土地に入植した初代は満州に渡って農業をしており、終戦後ソ連に1年半抑留されて帰国するが、引き揚げが遅れたために、開拓に入れる土地がなくなっていた。そして、先に入植していた人が、ここで農業はとてもできないと見放した土地に入ったという。

そこは大きな石が数限りなく転がり、機械が入らない。その石を火薬で割ったり、穴掘って埋めたりして、ようやく農地にしたのだという。しかし、それだけの苦労の賜物であるこの土地で、生産が行われることはもうないのだ。

「自分の土地から何にも収入ができないってことは……こんな寂しいことはないからなあ」

その人は、ポツリと言った。

原発周辺の人が住めなくなってしまった福島の土地は、言うまでもなく日本の領土・国土だ。飯舘村も、浪江町も、

自称保守の者たちは、これほどの領土が失われたことに対して、無念だという感覚が一切湧かないのだろうか？　そして、福島の領土喪失にここまで冷淡な連中が、なぜ、尖閣諸島を守れと声高に叫び、寄付金まで出すのか？

尖閣諸島の面積など、全部合わせても飯舘村の40分の1にも満たないではないか！

さらに保守言論人は、『古事記』などを引き合いに出して、日本人は自然と共に生きてきただの、自然と融合しなければならないだのと言っていたはずだ。

だったら、どう考えたって進めるべきなのは自然エネルギーではないか！

何をどう考えれば、自然と決して共生も融合もできない原子力を推進しようと言えるのだろうか？　日本の保守論壇は、思想的に完全破綻をきたしているのである。

わしは思想からも倫理からも「脱原発」を主張している。それでも自称保守派は「経済合理性」第一で、思想も倫理もクソ喰らえ、原発維持が必要だというのか？　だったら二度と「戦後レジームからの脱却」などと言わせるわけにはいかない！　日本は戦後ずっと、道義を放棄して、損得勘定だけでやってきた。これからも自称保守派は、憲法9条を護持して、戦後民主主義を全肯定していればいい！

ごーまんかましてよかですか？

真の保守こそが「たかが電気」と言わなければならない。
経済よりも大事な価値は、パトリ（郷土）であり、国土である！

第7回 自主規制との闘いと「ネット」の可能性

秘書みなぼんによるよしりん先生の観察記「よしりんの日常」です♪

先週号でお伝えした、博多での「秘密のお仕事」、もうご存知の方もいらっしゃると思いますが……　**そう！　AKB48指原莉乃ちゃんとの対談だったのです！**

この対談は、さしこの第2弾ソロシングル『意気地なしマスカレード』の「Type-C」の特典DVDに収録される予定です♪　アンチ代表（？）のよしりん先生とさしことの対談、秋元さんは凄いことを考えますよね…。

撮影風景の写真を撮って、このコーナーで紹介したかったのですが、博多の屋台での収録だったので、撮る隙がなかった（泣）。相手はアイドルだから、2ショット写真をアップするとかもマズイんだろうな～と遠慮してしまいました…。期待していた方、ごめんなサイン。

対談後、よしりん先生は「**あの子は恐ろしく頭が良いし、度胸もある。それに、実際目の前で見たら…**」と色んな感想を言っていました。そして**「これからもアンチで監視しよう」**と言っていました。やっぱりアンチなのね（笑）。

CDは10月17日に発売です！

先週号の「編集後記」に載せていた写真（右ページ）。

実は、さしこの写真集が映り込んでいて、ちょっとした伏線のつもりだったのですが、気が付いた人いるかなぁ？（笑）。

水曜日には光文社「FLASH」の取材を受けました。「FLASH」と言っても、取材内容はＡＫＢ48じゃんけん大会についてです。じゃんけん大会については「祝！ ＡＫＢ48じゃんけん大会 完全予測的中」生放送で語り尽くした感があったのですが、ＡＫＢ48について膨大な知識を持つインタビュアーさんの質問によって、また別の視点からの感想が引き出されていると思います！ 10月12日発売の『ＡＫＢ48じゃんけん大会2012感動総集合』に掲載予定です♪

インタビューの後は、「ゴー宣道場チャンネル」の動画撮影に直行。この日は、高森氏と切通氏の動画撮影が行なわれました。よしりん先生は、この撮影後、「時間があったら『ドラえもん』読みたいのになぁ〜」と言ってました。動画は順次、「ゴー宣道場チャンネル」にてUPされていますので、ぜひご覧くださいね♪

木曜日は「SAPIO」の〆切日。今回は『大東亜論』の第2回「偉大なり、頭山満」です！ 頭山満の人物像に迫った回になっています。これは女は惚れちゃうよ（笑）。掲載の「SAPIO」は、10月10日（水）発売です。

金曜日はこれまた秘密の仕事で六本木へ。そして土日はなんと…**大阪に行ってきました！** どんな仕事か…これまた秘密!! 夜は日頃の疲れを癒すために、美味しいものを食べようと、今、大阪で最も話題となっているフレンチレストランに行ってきました。味はもちろんのこと、独創性溢れるフレンチを堪能してきましたよ♪

日曜日の朝、朝食ビュッフェを食べながら、何やらよしりん先生が興奮した様子で話し始めました。

「『ライジング号外』に寄せられたコメントが凄い！」

コメント数が凄い勢いで伸びていくことにも驚いていましたが、中でも「潰瘍性大腸炎」の患者で「アサコール」を服用されている方からの勇気あるコメントに、とても感動していました。

そして、よしりん先生は言いまし

た。**「やっぱりネットは凄い。この『ライジング』には期待できる」**と。

「時事問題に対する即応性はネットが一番だし、ある意味ネットだからこそ、完全に個人の責任で自由に表現できる。読者の反応もすぐに返ってくる。今まではネトウヨみたいな悪貨ばかりが目立っていたけど、この『ライジング』のコメントみたいに良質なユーザーもいる。そういう反応が即座に表に出てきて、著者の目に触れる。これはネットだからこそできたことで、紙媒体には無理だ。やっぱりこれからは『ライジング』だな」

実は、安倍晋三新総裁の「アサコール」頼みの病状に対する危惧を、木曜〆切の「SAPIO」『ゴー宣』欄外でも書いていたのですが、編集部から「病気に対する差別を生みかねない」という理由で自主規制させられたのです。欄外でさえダメだったのですから、この号外に書かれたような内容を紙媒体に載せることは、絶対に無理だったでしょう。

ただでさえ出版不況で、バッシングや訴訟のような無駄なリスクは抱えたくないと思うのは仕方ないのかもしれません。

思い返してみれば初期『ゴー宣』の頃から、いやデビューしてからずっと、よしりん先生は「自主規制」と闘い続けてきましたが、「自主規制」や「言葉狩り」はまだまだ続いているんですね。

出版社を通して表現する場合、作家は自主規制との闘いになりますが、出版社に守られている部分もあると思います。それに比べて、ネットでの表現となると、これはもう完全に作家個人の判断に委ねられるし、すべての責任は個人で追わなければなりません。

リスクは高いけれど、強靭な「個」を持っていて、強力な「武器」も持っていて、長年のキャリアを通して強固な「信頼」と「読者」を獲得してきたよしりん先生にとって、実はネットというのは最も相性の良い媒体なのかもしれません。

そんなことに気付かされた、1週間でした。

ゴーマニズム宣言
RISING ニセモノ政治家の見分け方

第8章 野田首相はなぜ原発ゼロの「閣議決定」を見送ったか?

民主党の代表選挙で、野田首相が得票率7割の圧勝を収めて再選された。……だが民主党がいつまで政権を維持できるか分からないという虚しさからか、自民党の総裁選の方に注目が集まり、民主党は見捨てられてる感が強くて、気の毒なくらいだ。それほどまでに民主党政権は、国民の信頼を失っている。

確かに鳩山元首相の単純馬鹿な理想主義のせいで、民主党の評価は圧倒的に下がった。しかし、野田首相はなかなかしぶとい肝の座った政治家で、もし自民党にいたなら、今の自民党の総裁候補よりはいい仕事をしていただろうと、わしは思っている。

人権擁護法案を閣議決定したことはわしも失望したが、サヨクを抱えた党内事情だからこその妥協なのだろう。

これ以上、党を割る議員が出てくると、益々政権運営が困難になる。自分が民主党で総理になったら、どう政権運営するかを考えずに、右からも左からも文句ばっかり言ってるようでは、駄々っ子と同じだ。

話を原発問題に絞っていこう。野田政権は9月14日、「革新的エネルギー・環境戦略」を決定、「2030年代に原発稼働ゼロを可能とするよう、あらゆる政策資源を投入する」とした。この「新エネ戦略」は抜け道だらけで、即時「脱原発」を唱える立場からは相当甘いと言わざるを得ないものではあった。

それでも、まがりなりにも野田首相は「原発ゼロ」の方針は「ブレない」と明言し、これは「国民の覚悟」であり、「ポピュリズムではない」と言っており、事実上、それが野田首相の代表選公約だったはずだ。

ところが野田政権はこの新エネ戦略を閣議決定することすらできず、単なる「参考文書」扱いに留めてしまった。

これはなぜなのか？

実はこれは、アメリカ政府の要求に屈したためだったと、9月22日の東京新聞がスッパ抜いている。政府は9月初め以降、在米日本大使館や、訪米した大串博志内閣政務官、長島昭久首相補佐官らが新エネ戦略の内容説明を繰り返していた。それに対して米高官の国家安全保障会議（NSC）担当のフロマン補佐官などから懸念が示され、結局野田政権は米側の意向に沿い、新エネ戦略の閣議決

東京新聞
2012年(平成24年)9月22日(土曜日)
閣議決定回避 米が要求
原発ゼロ「変更余地残せ」
政務官ら訪米時 安保への影響懸念
骨抜き 背景に米圧力

定を見送ってしまったのである。

そもそも、米国では「シェールガス革命」で天然ガス価格が大幅に安くなったことなどによって、とっくに原発は採算の合わない、過去のエネルギーと見られている。

原発メーカー世界大手、ゼネラル・エレクトリック（GE）社のジェフリー・イメルト最高経営責任者（CEO）ですら、原発が他のエネルギーに比べて相対的にコスト高になっていると指摘し、原発を経済的に擁護するのは「非常に難しい」として、**「世界の多くの国が（天然）ガスと風力か太陽光の組み合わせに向かっている」**と述べている。

実は世界大手といっても原発事業はGE全体の売上高の1%にも満たず、GEはすでに自然エネルギー分野に積極的に投資し、研究開発を進めているのだ。

夢も希望も未来もない原発産業には、今後人材が入ってこなくなる。とはいえ既存の原発をすぐ廃炉にすることはできない。廃炉が完了するまでの間、原発のメンテナンスはどうしても必要である。しかしこのままでは、その技術者の確保が困難になってしまう。

そこで米国は、原発技術者を日本に求めようとしているのだ。

自分は原発を危険で高コストで古い技術だと見切りをつけておきながら、その後始末のための技術者を自国で確保し続けるのが面倒だから、代わりに日本に原発をずっと現役で維持させて、米国に技術者を回させようというのが、本音なのである！

さらに米国は、日本が原発ゼロになれば、今なお原発建設に積極姿勢を示している中国に技術者が流出する事態になることを恐れている。米国が主導するIAEA（国際原子力機関）にしても、予算の20％を拠出している日本に抜けられてしまったら困るから、何としても原発は維持してもらいたいだろう。

いずれにしても米国が日本の脱原発に反対する理由は、単に米国の都合である。米国の全く得手勝手な国家エゴなのである！

ところが産経新聞（9月22日）は、論説副委員長・高畑昭男の『「原発ゼロ」は同盟も失う』という論説を載せ、脱原発すれば日米同盟に亀裂を生み、安全保障上の危機を招きかねないなどと主張している。

そもそも産経新聞は今年の夏に入る前は「電力不足になるから原発は必要だ」と言っていたはずで、「日米同盟のために原発が必要だ」なんて話は聞かなかった。

ところが夏が過ぎてみると、電力会社の事前予測と比べて実際の最大消費電力は5～11％も少なかった。家庭を中心に、無理のない範囲で節電を心がけただけで、合計1359万キロワット、原発13基分以上も需要は予想を下回ったのである！

結局は関西電力以外では原発ゼロでこの猛暑を乗り切れたし、関電にしても、大飯原発の再稼働など必要なかったことは明白になったのだ。

そうしたら産経新聞は「電力不足デマ」を流したことを一切詫びもせずに、しゃあしゃあと「原発維持は日米同盟のため」と言い出したのである。サヨクが慰安婦問題で、主張を論破されると次から次に論点をすり替えていったのと、完全に同じだ。悪質極まりない詐欺新聞である！

しかも、アメリカ様の国内の尻拭い要員を確保するために、日本で危険な原発を動かしておこうというのだから、アメリカのポチ根性も極限に達したと言う以外にない。究極の売国新聞である！

こういう事情があって、野田政権は残念ながら米国側の要求にあっさり屈して、新エネ戦略を骨抜きにした。しかしながら、自民党が政権を奪還したら、米国側の得手勝手な要求を突っぱねることができるのか？

とんでもない。自民党政権ならもっと米国に追従するのは目に見えている！

何しろ総裁選に出馬した5人の候補が誰一人、「原発ゼロ」を口にもできないのだ。

石破茂の娘がこの就職超氷河期の中で東京電力に就職しているのが典型的だが、自民党には与党時代からの電力会社や財界との利権関係が今も強固に生きていて、「原発ゼロ」など建前でも言えないだろう。

しかも自民党は今や、万年野党体質に転落している。東日本大震災直後に菅政権から「救国大連立」を打診されながら、それを蹴ったのが決定的だった。

あの未曾有の国難に当たっては、挙国一致体制を作ることには立派な大義名分があったのに、自民党はそれを受けなかった。どうせ誰がやったって不備は出てしまうから、下手に組んで一緒に泥をかぶるのはまっぴらで、外野から批判していた方が得策だ……と判断したとしか思えない。この時、自民党は明らかに与党精神を捨てたのである。

今回の総裁選でも、中国で反日デモが暴徒化して、日本の反中感情も高まっているのを見て各候補は、勇ましく対中強硬策を競って言い合っていた。

特に威勢がよかったのは安倍晋三だが、首相時代には真っ先に訪中して「関係改善」にいそしみ、靖國参拝もしなかった男が、次は対中強硬策を採れるなんてことがあるわけがない。いざ政権に就いたらできっこない放言を、野党だから言ってるだけなのだ。

要するに現在の自民党は、「利権体質」という与党の最もダメな部分と、「無責任体質」という野党の最もダメな部分を合わせた、ダメダメ政党と言うしかない。

かといって、橋下徹の「日本維新の会」は、「永田町ガラクタ市」と揶揄されるような素人集団。あとは共産党くらいしかいないような有様だ。それほどまでに、政治に頼れない状況になっている。

民意は圧倒的に「原発ゼロ」を支持している。それなのに、その民意を反映できる政治勢力が皆無に近いのだ。

政治と民意の乖離《かいり》がすさまじすぎる！

しかし、政治がダメだからといって、絶望しているわけにはいかない。

わしは月に一度「ゴー宣道場」という「思想の道場」を主宰している。本物の意見、本物の価値観を追求し、「公論」を形成して世の中を変えようという試みだ。普段は１５０人ほどの会場でやっているが、９月は「拡大版」としてその3倍以上入る会場で『倫理と成長の脱原発』をテーマに開催した。

その中でわしは、本物の「保守」の思想を持っていれば、原発など肯定できるわけがないということを知ってもらうため、堀辺正史師範に「社稷《しゃしょく》」の話をしてもらった。

辞書的には「社稷」の「社」は土地神を祭る祭壇、「稷」は穀物の神を祭る祭壇を意味する。堀辺氏は、日本の保守が本来、究極的に守らねばならないものこそが「社稷」だとして、次のような話をしてくれた。

江戸時代末期、二宮金次郎が農政指導である地方に出向き、農民の一人に「君が今耕している土地は誰のものだ?」と尋ねた。農民は「私が耕している、この上の土地は私の土地だ。でももうちょっと下の、中の土地はご先祖様が耕したし、村のみんなが耕したから、ご先祖様と、村のみんなのものだ」と答えた。

そこで金次郎がさらに「じゃあもっと下の土地は誰のものだ?」と聞くと、農民は即座に「それは神様のものです」と答えたという。

我々が住んでいるこの土地は、今生きている我々だけのものではない。そこにはご先祖様の御霊もあるし、共同体も含まれているし、五穀の神、土地の神に対する信仰も染み込んでいる。そういった繋《つな》がりの総体を**「社稷《しゃしょく》」**というのだ。

ここで前章の飯舘村の話を思い出した人もいるだろう。

先祖が苦労して開いた土地で、生産ができなくなってしまった哀しみ。共同体が壊され、祭りも行えなくなってしまう哀しみ。

それに思いを致すこともできず、全部合わせても飯舘村

の40分の1の面積にも満たない尖閣諸島のことにだけ熱くなっているような連中が、保守のわけがないのである!

わしは、3・11以前は「原発バブル」だったと思っている。必要もないほど莫大に発電し、無駄に消費し、捨てることで「右肩上がり」を維持していただけなのだ。

いや、それどころか、原発の増設に合わせて電力を過剰に消費しようと、国を挙げて無駄に頑張っていたのが「原発バブル」の実態だろう。

ところが3・11以降、国民はもうそんなに電気は必要ないってことに気付いてしまった!

今まで「必要」と思い込まされていたのは単なる「無駄」であり、その分を減らせば「得」になるということが分かってしまった。この流れは、もう決して元には戻らない。原発が必要なほどの電気の需要は、もうない。それで、誰も困らないのである。

困るのは、電力会社とその周辺の既得権益者だけだ。1基4000億円もする原発が、減価償却も済まないうちに使えなくなり、不良債権化しては困る、ただそれだけであり、それを誤魔化すためにありとあらゆる詭弁を弄しているのである。

先ほど二宮金次郎の話が出たので、金次郎の名言を一つ紹介しておく。「道徳なき経済は犯罪であり、経済なき道徳は寝言である」

「社稷」を失い、10万年後の子孫にまで核のゴミを押し付けてでも進める経済は、まぎれもなく犯罪である!

一方、「脱原発」は「道徳」であるのみならず、すでにアメリカのGE社が自然エネルギー開発に乗り出しているように、新たな経済成長につながっており、「寝言」でも何でもない。

政治がダメなら、民間が粛々とやるしかない。心ある企業と、技術開発者、そして国民が一体となって、無駄な電気は使わず、自然エネルギーへ転換する方向へ進めていく。

ごーまんかましてよかですか?

すでに節電・省エネ・再生エネ革命は成った! なぜ未だに原発を動かしているのだ?

誰もがそう思う日が来るまで、民間の力でやり遂げようじゃないか!

第8回 よしりんを憂鬱《ゆううつ》にさせること

秘書みなぼんによるよしりん先生の観察記をお送りする「よしりんの日常」です！

先週の水曜日、再び念願のＡＫＢ48劇場へ、チーム４の公演を観に行って来ました♪ 今回は集英社の「週刊プレイボーイ」から、劇場公演の観覧ルポ漫画を、初心者ファンに向けて描いてほしい、という依頼がきたので、その取材で行ってきたのです。

おそらく、チーム４の劇場公演を観られるのは、これが最後。ちゃんと目に焼き付けておかなければと、気合いを入れて観てきました！

公演は最初から最後まで楽しくて、どんどん目移りしていくほどメンバー全員が魅力的で、素晴らしかった♪ 終了後によしりん先生はみおりんと話す時間があって、雑誌の記事用に写真撮影したりしたのですが、みおりんはやっぱり可愛かった！ よしりん先生が「誘拐して育てたい」と言った気持ち、分かります。私もみおりんを誘拐して妹にしたい！（笑）

帰りに、先生行きつけのレストランへ。夕食を食べながら、よしりんは熱く語ります。

「やっぱりチーム４は凄い！」「メンバーのキャラが立ってるし、全員可愛い！」「みおりんは…」「れなっちは…」「あんにんは…」「ぱるるは…」

…と、一人一人の感想を言っていく先生ぼん。テレビ映えするメンバーと、劇場での舞台で映えるメンバーの違いを、真剣に考察したりしていました。

さて、この辺りでツッコミみなぼんの登場です。

「でも先生ぼん、ＳＫＥの研究生公演を見た時は『研究生でこんなに凄いなんて。ＳＫＥ恐るべし！』って言って、ＮＭＢのチームＮ公演を見た時は『チームＮは魅力的な子がいっぱいいる。ＮＭＢはもっと売れなきゃおかしい！』って言って、ＨＫＴを見れば『ＨＫＴは凄い！ ＡＫＢの現体制を揺るがすぞ！ これからはＨＫＴだ！』って言ってたよ」

よしりん先生は、「う〜ん…」と呻《うな》って…

「でも、やっぱりチーム４は凄いよ。今後のＡＫＢのトップに立っていくのは、あの子たちだよ！」

と言ったかと思えば…

「でも確かに、はるっぴの可愛さは

完璧だし、あーにゃほど愛らしい子はいないし、さや姉はカッコイイし、山田菜々もいいしな…」

と迷いの中へ…（笑）。

しばらく、そんな話を楽しそうにしていた先生ぼん。

ところが急に難しい顔をして、黙り込んでしまうではないですか。さっきまでの楽しい雰囲気がなくなって、眉間に皺《しわ》を寄せて、考えこんでいるようなのです。

（どうしたんだろう？ こんな表情をする時は大概、仕事のことを考えている時だけど…。何か厄介なことを思い出して、考え込んでるのかな？）（こんな時、よしりん先生の気持ちを上向きにさせるのが、秘書の仕事だわ！）

心配になったみなぼん、普段のぽや顔を封印して、秘書の顔つきで真剣に聞いてみた。

「先生ぼん、どうしたんですか？ 何か仕事で問題でもありましたか？」

よしりん先生、腕組んで眉間に皺寄せたまま、深刻そうに答えたよ。

「来年の選挙のことを考えたら憂鬱になるよ…。わし、一体誰に投票すれば良いんだろう？ みおりんが悩むとこ見たくないんだ…」「でも、チーム4やAKBの他のメンバーも活躍してほしいし、SKEだってNMBだって、HKTだって大好きなメンバーがいるんだよ…」

さぞかし、仕事のことで難しく考え込んでいるんだろうと思っていた私は拍子抜け。でもまぁ、ストレス過多の日々を送るよしりん先生にとっては、幸せな悩みで良かった…と一安心。

あの子に何票、あの子には何票、あ、あの子にも入れなきゃ、と真剣に考えるよしりん先生を、菩薩のような微笑みで見守る私に、先生ぼんは言ったよ。

「みなぼん、どうしよう！ AKB破産しちゃうよ！」

「…分かりました。破産しないように儲けましょう。」

「そうだな…うん！ わしは歴史に残るような傑作を描くよ‼」

…動機がAKBでも、作品自体の質が良ければ、それで良し！（笑）何はともあれ、読者の皆さん、よしりん先生はさらにやる気になったようです。

やる気満々、気力充実の先生ぼんはひとまず、劇場公演ルポ漫画を3ページですが描き下ろしました。鋭意、制作中です。

掲載は10月末発売の「週刊プレイボーイ」の予定です。

第9章
「アサコール」にこの国を託せるか？
――安倍晋三の陥穽《かんせい》――

安倍晋三は「1日30回トイレに行ってまだおなかが痛い」という原因不明の難病で政権を放り出した人である。

　まず、この認識を軽く見てはいけない。

　自民党議員たちが、この難病を「アサコール」という新薬のおかげで克服できるから総裁にしてもいいと考えたのなら、これはもう度し難い非常識な連中が国会議員をやっているということであり、そういう国会議員は売国奴である！

　安倍晋三が退陣して誰も期待しなくなっていた時、新たな期待を盛り上げようと最初に画策したのはわしである。その対談は『希望の国日本』（飛鳥新社）に収録され、その内容は安倍晋三本人も気に入ったらしく、まとまった部数を購入して知人に配ってくれていたようだ。

　もちろんその時は「下痢気味の人」という情報はあったが、まさか「潰瘍《かいよう》性大腸炎」という難病だったとは知らなかったのだ。その上、皇位継承問題で、安倍晋三がゴリゴリの男系固執主義者であることに気付かず、もう少し柔軟な立場を取れる人間だと思っていた。まさか女性宮家の創設まで反対するとは思っていなかった。

その後の安倍の言動を見ていると、相変わらず保守系のメディアで、いい調子でネトウヨ臭いマッチョな意見を吐き散らし、おのれの精神的な弱さを偽装するタカ派のパフォーマンスにうつつをぬかすようになった。いつか見た光景である。総理になる前は威勢のいいことばかり主張しているが、その座を得た途端に腰砕けになるのはもう目撃してしまったから、そう簡単に騙されるわけにはいかない。

さすがに党員・党友による地方票は、安倍晋三への懐疑だけは反映していて、石破茂が全300票のうち半数を超える165票を獲得している。安倍の地方票は87票どまりで、国会議員票54票を足しても141票、石破の地方票にも届いていない。それなのに国会議員だけによる決選投票では、108対89で、安倍晋三の大逆転勝利、ということになってしまった。民意と政治家の意識の乖離が如実に表れている。全然、物事の本質なんか見ようともしない、相変わらず派閥のしがらみのようなコネの論理で、平然と馬鹿げた結論を導き出してしまう。それが自民党政治というものなのである。

呆れたことに、産経新聞やネトウヨ連中の大半は、安倍の返り咲きを絶賛している有様である。連中は、安倍晋三が首相在任中に何をやらかしたのか、もうとっくに忘れたのだろうか？　いや、そもそも安倍の在任中の行為が何を意味するのかすら、理解する知能がなかっただけに違いない。

安倍晋三は2006年9月に首相に就任するや、朝日新聞を始めとするサヨク・マスコミの猛攻にあっさり折れ、即座に「村山談話」の踏襲も、「河野談話」の踏襲も表明した。**さらに「東京裁判」に**

ついても、我が国はサンフランシスコ講和条約により「裁判を受諾」しており、国と国との関係において、この裁判に異議を述べる立場にはないと表明した。その上、祖父の岸信介が東条内閣の商工大臣として開戦の詔書に署名したことを「間違いだった」と答弁した。

サンフランシスコ講和条約で受諾したのは東京裁判の「諸判決」であり、裁判の正当性そのものに対して異議を唱えることを禁じたものではない。まして、対米英開戦が決した時点で大臣が開戦の詔書の署名を拒否などできるわけがない。それが間違いだったというのなら、「開戦の詔書」そのものが間違いだったということになり、それは天皇の責任追及にも繋がってしまうのである！

しかも、サヨク・マスコミに追い打ちをかけられ、政府見解としてそうは言っていても、個人の意見は違うのではないか？　と追及されると、**安倍はあろうことか、個人的意見としても村山談話・河野談話を踏襲すると表明したのである！**　これらの言動が、どれほど致命的なことなのか、産経新聞&ネトウヨの無知連合には理解できまい。無知ということは売国に繋がる罪悪なのである。

安倍は首相就任後、最初の仕事として、前任の小泉首相の靖國参拝によって悪化した中国との関係改善を選んだ。そのため、訪中前に朝日新聞などに騒がれるのを恐れ、首相就任前はアイデンティティと言っていいほどこだわっていた歴史認識問題に、あっさり完全に白旗を上げてしまったのだ。かくして安倍は首相就任後、初の外遊で中国へ行き、「戦略的互恵関係」とやらを確認して帰って来た。靖國参拝については、行くとも行かないとも言わない「あいまい戦略」などと訳の分からないことを言い、結局一度も参拝しなかった。

そんなヘタレが、今回の総裁選では「もう一度総理になったら、尖閣に公務員を配置する」だの「日本にも海兵隊を作る」だのと、またマッチョな雄叫びをあげていた。

少しも成長していない！　竹島・尖閣問題でにわかに沸騰したナショナリズムに阿《おもね》って、またタカ派の言辞を弄している。どうせまた「言うだけ番長」だろう。実際、安倍が自民党総裁に当選した日に出演した各局のテレビ番組では、早くも「尖閣に公務員を配置する」といった発言は影を潜め、代わりに、「首相在任中、最初に中国を訪問し、日中関係を改善させたのは他ならぬ私だ」と自慢するようになっていた。テレビではハト派を強調するのだ。

他にも安倍は首相在任中、とんでもない罪を犯している。**安倍は訪米した際に、ブッシュ大統領（当時）に騙され、首脳会談で言ってもいない「性奴隷」への「謝罪」をしたことにされてしまい、それをその場で取り消すことすらできなかった。**これによって、河野談話ですら認めていなかった「慰安婦とは、性奴隷だった」という解釈が、日本の首相の公式の見解として国際的に定着させられてしまったのである。仮に安倍が再び首相になったとて、この過去の「謝罪」を撤回することなど、まずできるわけがない。

そして安倍は2007年の参院選で歴史的惨敗を喫する。ここで引責辞任していればまだよかったのに、「反省すべきは反省し」「国民との約束を果たしていくため」と大見得を切って居座った。**そして改造内閣を発足させ、所信表明演説までしておきながら、代表質問を受ける日に政権を投げ出すという前代未聞の醜態をさらしたのだ。**

その理由を安倍は現在に至るまで「病気のため」と言い張っている。確かに安倍が腸の難病でトイレに頻繁に駆け込んでいたのは事実だが、それだけが首相辞任の理由だとは、わしは今も思っていない。あれだけ唐突で不自然なタイミングの辞任だったのにもかかわらず、辞任記者会見で安倍は「病気」など一言も言わず、わずか2週間前に内閣改造したばかりだというのに「新たな首相のもとで進めた方が良い局面になると判断した」と、理解不能なことを言った。そのため、真の理由は『週刊現代』に安倍の相続税脱税疑惑が報じられることが明らかになったためではないかと取沙汰された。病気のためだったと言い出したのは、それから後のことだ。

しかも、仮に安倍が言うとおり、政権投げ出しが病気のせいだったとしたら、本当はそっちの方が問題である。1日34回もトイレに駆け込み、それで政権を維持できなくなった男が、今度はうまくやれると思う方がどうかしている。

安倍は総裁選出馬の記者会見で、「5年前に持病の難病で首相を辞任することになったが、2年前に登場した画期的な特効薬のお蔭で持病を克服できた。今は心身ともに健康だ」と言った。

なんとこの国は、「薬頼み」の男が次期首相になれるのか？　「薬が切れたらオシマイ」の男が次期首相なのか⁉　「画期的な特効薬」があるから、今度は大丈夫だと⁉　じゃあ、村山談話・河野談話の見直しも、靖國参拝も、「戦後レジームの見直し」も、「画期的な特効薬」さえあればできるというのか⁉　そんな馬鹿な話があるか‼

前述したように、持病とは厚労省指定の難病「潰瘍性大腸炎」、特効薬とは２００９年12月に発売されたゼリア新薬工業の「アサコール」だと安倍は自ら明かしている。しかし「アサコール」とは、大腸で溶けて成分が放出されるように設計された新薬ではあるが、成分そのものは従来の代表的な治療薬「ペンタサ」と大差なく、特別ミラクルな効果を与えるような、画期的な特効薬というわけではない。

そして、**潰瘍性大腸炎を始めとする消化器疾患の主因として真っ先に挙げられるのは、何といってもストレスである。**

こう書きゃ、誰でも察しがつくだろう。安倍晋三が今健康だというのなら、その原因は「特効薬」のためじゃなく、野党でストレスがないからである。首相に返り咲きなどしようものなら、政権運営が行き詰まった途端、またストレスでトイレに駆け込んで、政権投げ出す公算が極めて大なのである!! 今度は政権を投げ出しでは済まないだろう。本人にとっても、もっと破滅的な事態が訪れる。それは国家の恥となるだろう。

安倍晋三は原発問題でも、近くに脱原発派の夫人がいながら、何も勉強していない。総裁選に勝利した9月26日、『報道ステーション』に出演した安倍に対し、古舘伊知郎は原発問題について「核のゴミ、どうしますか？ その目途についてお教えください」と単刀直入に聞いた。それに対する安倍の答えには、思わず耳を疑った。以下の会話を、そのまま載せよう。

安倍 **「ま、この、いわば、使用済み核燃料ですね、これもう、国際社会の大きな課題です。これをどう処理をしていくかということにおいてもですね、新しい技術、新しい取り組みというものが求められていくんだろうと思いますね。そこで、日本の技術、日本の取り組みというのも世界からも期待されている、これについても英知を結集していきたいと思います」**

古舘 「六ヶ所村はまだ、長年やってますが、うまくいっていない。核燃料サイクルもうまく機能していない。『もんじゅ』も含めてですね。これ、画期的な技術って具体的に、いついつぐらいまでに、何とかできるというようなイメージ、お持ちですか？」

安倍 **「今の段階はですね、直ちにということは申しあげることは、ま、できませんが、しかしその可能性は追求していきたいと、思いますし、今おっしゃったサイクルについてもですね、しかしそれによって、えー、ま、放射性、その、まー、あー、をですね、少し、というか、かなり、減免していくってことも、可能でありますし、え、そのことにも、やはり、ま、これからも、挑戦していかなければならないと思いますけども」**

何言ってんだ!? 安倍は「核燃料サイクル」に、「放射能の減免」なるものが含まれていると思っているのか!? それより何より、「放射能の減免」の研究が、どっかで行われているとでも思っているのか!?

知らないのだ! 原発について何一つ、知らないのだ!! 底抜けの、無知無関心なのだ!!!

そして。実は、これが最も重大なことなのだが。**もし安倍晋三が首相に再登板となったら、将来、皇統が断絶してしまう危険性が絶望的に高まってしまう!!**

石破や他の候補は、皇室について大して定見を持っていない。それがかえって良くて、官僚がしっかり説明すれば、現状の男系男子限定の皇位継承では、側室がない以上は将来的に皇室が消滅してしまう危険が極めて高いこと、それを防ぐためには女性宮家の創設以外に方法はないことを、理解できる可能性がある。

しかし安倍晋三は、完全に間違った定見を、強固に持っている。こういう人間が最悪なのである。日本の伝統でも何でもない「男系男子」に固執し、何の根拠もなく側室なしで男系男子継承が続くと狂信しているのである。そして、安倍の周りは同類の男系固執カルトの人脈でぎっしり固められている。

しかも安倍晋三は、小泉内閣の官房長官時代、悠仁殿下がご誕生になったこととは関係なく、女性宮家・女性天皇を認めるための皇室典範改正は粛々と進めることになっていたのに、それを独断で握りつぶした張本人である。今さら、それがどんなに罪深い行為だったかを認めるなんてことは、安倍のノミの心臓に耐えられるわけがない。安倍は何が何でも男系に固執し続け、曲がりなりにも野田政権下で進められようとしている女性宮家創設の典範改正を必ず潰してしまうだろう。

その結果、将来的に、皇室は日本から消滅してしまう。安倍晋三が、皇室を滅ぼすのだ!

これだったら、野田民主党政権が続いた方がいい。究極の「消去法」ではあるが。安倍晋三だけはダメだ！　安倍晋三は、日本を破滅させる男である!!

ネット方面では、軍事オタクの石破茂を、ゲル総裁と呼んで称える馬鹿が繁殖しているらしい。石破がゲル総裁なら、安倍晋三はゲリ総裁だろう。

日本人は国をゲリ総裁に託すのか？　いや、「アサコール」こそが真の総裁に違いない。

アサコール総裁！　この国をヨロシク！　これ以上、この国のウンを下らせないで腸だい！

第9回 おしゃれなカフェを襲った物騒な会話

　秘書みなぼんによるよしりん先生の観察記「よしりんの日常」です。

　この一週間も、インタビュー、ニコニコ生放送、ペン入れ、「ゴー宣道場」の開催など多忙な日々を送った、よしりん先生。

　そんな多忙な中、昼食を食べにおしゃれなカフェに入った時のことです。このカフェはパンケーキが有名で、客層はほぼ女性で埋め尽くされています。そんなカフェにも、違和感なくすんなり馴染んでしまうおしゃれなゴーマニスト・よしりん先生と、今後の仕事について相談していました。

　話の流れで来年の目標などを話していたのですが、ふと、よしりん先生は言いました。

「わし、実は来年、厄年なんよね～」

　私は「厄年」と聞いてギョッとする反面、占いとかまったく信じないよしりん先生が、「厄年」とか気にすることを少し意外に思いました。

「えっ、それは不吉ですね…。それにしても、先生が『厄年』とか気にするのは意外です」

　と言うと、よしりん先生、さらに不吉なことを言いました。

「うん、わしもそこまで気にしてなかったんだけど、前の厄年って、オウムに暗殺されそうになった年なんだよ。あはは、ヤバイやろ？（笑）」

（いやいや、先生ぼん、笑い事じゃないよ！）

「今思い返してみると、わしってあの時、本当にギリギリのところで助かってるんだよね。仕事場のマンションの近くに暗殺犯が来てた時だって、トッキーが帰る時にたまたま気付いたから助かったんだよ！」

　その時、私は気が付きました。おしゃれなカフェに不釣合いな「オウム」とか「暗殺犯」といった物騒な言葉に、女性客2、3人が反応して、こちらを見ている！

「喫茶店で狙われた時なんて、真後ろにVXガスが迫っていたんだから

さ〜。わはははは！　VXガスだよ！　VXガス!!」

笑いながら繰り出される「VXガス」という言葉に、さらに女性客たちが注目し、チラチラとこちらを見ています！　中には小林よしのりだと気付き始めた人が、「小林よしのり？」「小林よしのり？」とヒソヒソとささやいている…！

周りが一切目に入っていないよしりん先生を、早く止めなければと真っ青になる私を尻目に、先生ぼんの異様なテンションは止まらない!!

「VXガスなんて、ちょびっと首に垂らされただけで、即死亡だよ！　まったく、よく生き延びたよなぁ〜!!がはははは!!（笑）」

周りから向けられる、おしゃれな女性たちの目！　目！　目！

たまらず、みなぼんは言った！

「先生ぼん！　このおしゃれなカフェに全く似合わない、物騒な会話をしてるよ！」

「え？　何が？　暗殺？　VXガス？　厄年??」

「いや、止めてよ〜!!」

…そして、よしりん先生はニコニコしながら言いました。

「だからね、『厄年』を馬鹿にはしてられないな〜って。来年は、一歩も家から出ない方が良いよ。一日たりとも休まず仕事しようよ、みなぼん♪」

…あれ？　そういうことになるの…？　よしりん先生の安全のためには、私も仕事するしかないのかな!?

それにしても、おしゃれなカフェの、優雅な午後のひとときを引き裂く非日常的な会話をしてしまって、一般人の方々に申し訳ない気持ちになりました。

はぁ〜冷や汗かいたぁ〜。

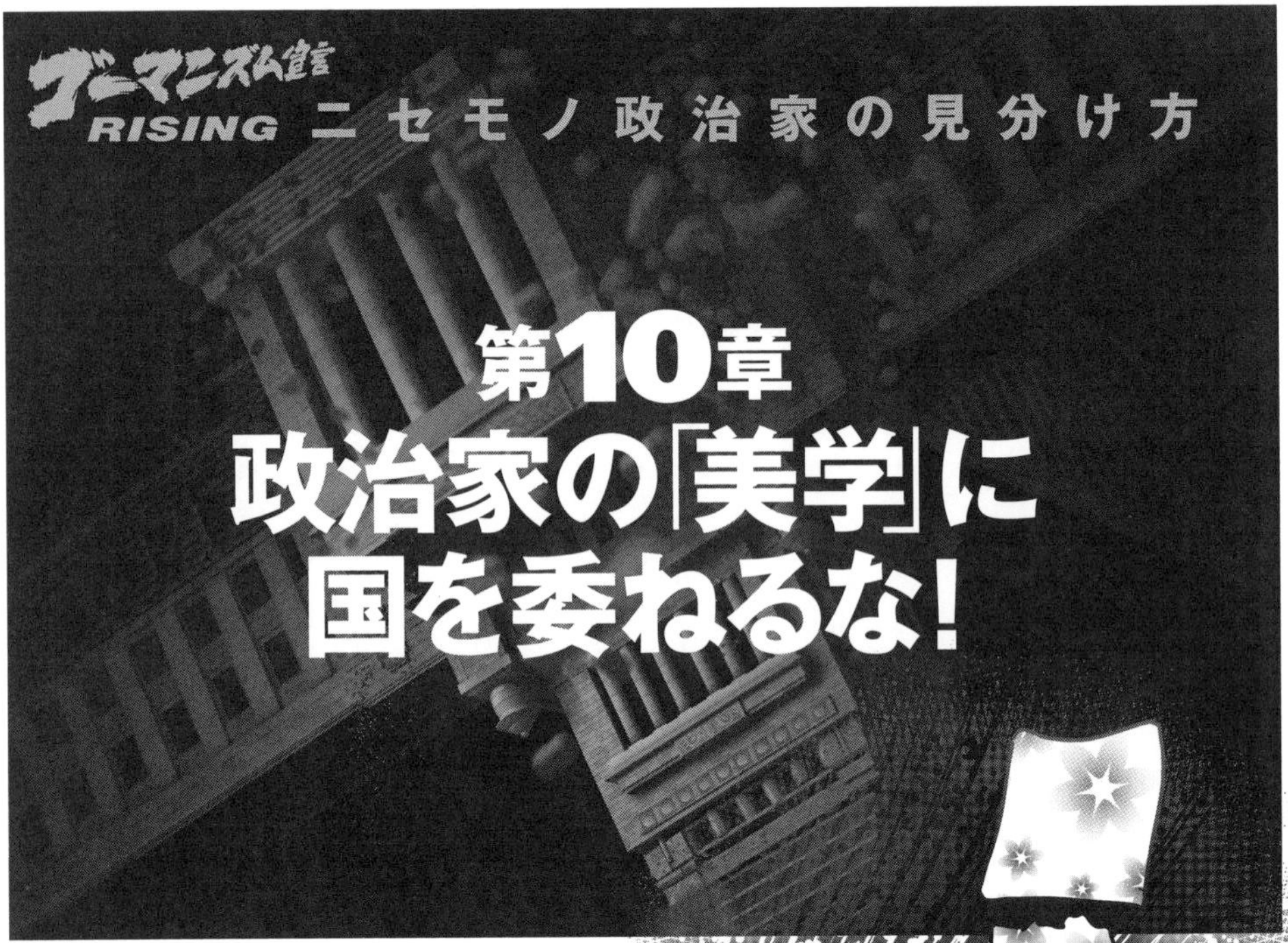

ゴーマニズム宣言 RISING ニセモノ政治家の見分け方

第10章
政治家の「美学」に国を委ねるな!

前章に対する読者のコメントに、面白い意見を見つけた。森本防衛相も深刻な健康不安があり、その事実を隠ぺいしながら「美学」で大臣を続けているというのだ。事実関係は調べてみなければ分からないが信憑性《しんぴょうせい》のある報告である。

わしが注目するのは、国家・国民の命運を預かる大臣や総理という地位を「美学」でやってる者がいるという指摘だ。これは正鵠《せいこく》を得ていて、実際そのような政治家が日本にはやけに多い気がする。

最近、幻冬舎から出ている『約束の日』という安倍晋三試論の広告を新聞で見かけたが、安倍を三島由紀夫になぞらえながら、センチメンタルな「美学」を強調した見出しに嫌悪感を覚えた。

どんなに「美学」を説かれても、難病を抱えた総理総裁に、国民の命を託せるわけがない。心身の壮健さは政治家の資格である。

クスリに頼って辛うじて健康を維持しているのに「画期的な新薬で難病を克服した」などと嘘を言って総理の座に就いてもらっちゃ、国民としては大迷惑だと言いたい。

安倍晋三が抱える「潰瘍《かいよう》性大腸炎」という病は、厚労省が難病指定している。ストレスを溜めずに用心深く闘うしかない。一般人と政治家は背負うものの重大さが違う。「美学」で国民を道連れにされては敵《かな》わないではないか。

同じ号外の読者コメントの中に、感動的な報告があった。あまりにも公私のバランスが取れた見事な意見で、わしはつくづく感心した。ハンドルネームNaoaki氏の文章を紹介して、わしの考えを整理しておきたい。

「こんにちは。今回の記事、大変興味深く読みました。まだなお、病気を理由に安倍氏を批判することはおかしいという意見が多いようですが、このよしりん先生の号外と、トッキーさんのブログに掲載されたような議論が至極常識的であることは疑いがありません。病気で差別するなんて、みたいな話は、ひどく稚拙な意見です。私はそのようにはっきりということができます。なぜなら、私も潰瘍性大腸炎の患者で、アサコールを服用しているからです。

薬や病気に関する見解は、この号外にある内容は100％間違いがありません。安倍氏がアサコールをそこまで賞賛する理由がわかりません。医学的なことをちゃんと理解できない人なのかな、と思います。私は、アサコールを飲んでいても血便が出ることがあります。

状態が悪い時は、薬を飲んでもどうしようもない、という状態になるのがこの病気です。

原因を根本解決できないまでも、例えば強力に炎症を抑え、迅速に腸を正常な状態にもどし、なおかつ副作用が極めて少ない、というような薬でない限り、画期的な新薬という言い方はできないと思います。

潰瘍性大腸炎の患者にとっては、安倍氏が病気を克服して政界でがんばっている、という姿に期待や望みを抱く気持ちを持つ方もいると思います。その気持ちは私もわかります。でもそれは、国政を担う、ましてや総理大臣になるという話になってくると、全く別の次元の話になります。ましてや安倍氏は、在任中に病気が悪化したという実績があるわけですから、なおさらです。

私自身、発病して17年以上たちます。良い時もあれば悪い時もあります。そういう病気を抱えているものとして、安倍氏のように、そのような困難がありながらも政治家として邁進しているということ自体は、ある意味尊敬の念も抱きます。私などは、できるだけストレスを抱えずに、仕事や家庭に支障をきたすことなく何とか日々を送っている、というのが精一杯で、人生完全に守りに入っています！　ちょっと情けないですが…。仕事が出来ない状態になり、その結果家族を養えなくなる、というリスクが一番怖いので…。そういう私から見て、安倍氏は勇敢だな、と思います。

でも、安倍氏の勇敢なことの裏には、強固な思い込みがあるのではないか、ということを勘ぐりたくなります。この号外で紹介されていたような政治的心情のみならず、病気に対しても、間違った思い込みをしているような気がします。新薬が画期的に効いた、と思い込むことは、ある意味病気にとってプラスかもしれません。でも、それが不十分な認識であることに変わりはありませんし、この病気に完治という状態がまずありえないことも医学的事実です。

安倍氏が病気に対して、なぜこれほど強く良くなった、新薬が効いた、と言えるのか、またそのような発言に対しマスコミがつっこみを入れることができないのか、非情に疑問です。安倍氏個人が、一人の病人としてそのように思い込むことは勝手ですが、自民党総裁、ましてや総理大臣になるかもしれないという立場の人がそういう状態だと、国民に多大なる迷惑をかける可能性がある、ということを、自分よりも周りも気づかなければなりません。それに気づかなければ、ただの非常識な人、ということになるでしょう。

病気を理由に批判するなんて、というのは極めてナイーブな意見です！　私自身、この病気を存分に体感していますので、はっきりそういうことができます！　潰瘍性大腸炎の患者だったら、総裁に選ばれるな！　総理大臣になるな！　ようはこの一言でこの議論は終わらせられるほど、単純な話です」

守るべきものが自分と家族、そこまででも難病を抱えた身では大変なことだろう。「人生完全に守りに入っている」と言うが、ハンディを抱えて家族を守れるだけでも立派ではないか。**だが、総理になる可能性のある人物となると、守るべきものの範囲と、その責任の重大さと、ストレスの過酷さが、一般人とは全く違ってくる。**

「安倍総裁の病気を批判するのは下品」という、ヒューマニズムに満ちた優しい意見が氾濫している。弱者に優しいサヨク・マスコミは、当然ながら安倍総裁の難病を問題視することはできない。中には同じ難病を抱えた人たちの励ましになればいいという「美談」として、安倍総裁を歓迎している

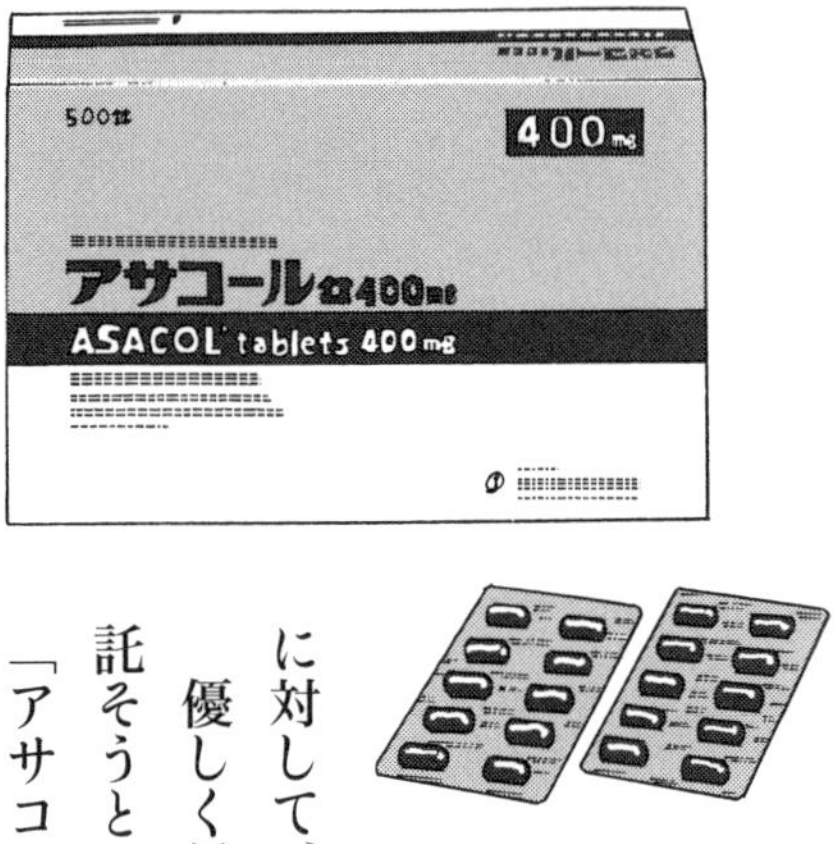

向きもある。パラリンピックなら感動もしようが、国家・国民の命運を託すリーダーには相応しい「美談」とは言えない。

一方、強硬意見が大好きな自称保守論客&ネトウヨはどうか？　呆れたことに、安倍晋三の「国のリーダーの資格」に関わる恐るべき重大問題に対して、見て見ぬふりを決め込もうという腹なのだ。

優しく母性を発揮して「潰瘍性大腸炎」を見守り、「アサコール」を信じてすべてを託そうという合意が、自称保守&ネトウヨの世間で形成されている。

「アサコール」は総理総裁のストレスに打ち勝つほどの画期的な新薬ではないのだ。

なにしろ発売元のゼリア新薬工業のホームページには、**「主な副作用として、腹痛、下痢、腹部膨満、吐き気、頭痛、潰瘍性大腸炎の悪化、大腸ポリープなどが報告されています」**と記載されている。「潰瘍性大腸炎」の薬の副作用が「潰瘍性大腸炎の悪化」というのも訳が分からない矛盾だが。わしは国家を背負うということ、国民の命を預かるということの重責とストレスを想像できない輩《やから》に、天下国家を語る資格はないと考える。

2000年4月2日、当時の**小渕恵三総理大臣**は脳梗塞に倒れ、意識を回復することなく1ヶ月半後死去した。62歳だった。

低支持率からのスタートで政権運営に苦労していた小渕は、執務終了後も膨大な書類、資料、ビデオなどを徹夜でチェックし、さらに外相時代の活動が評価を受けていたため、首相就任後も積極的に外遊を続けた。その上、人気を得るために休日返上で様々な場所に登場したり、一般国民にまで「ブッチホン」をかけたりということまでやり、その甲斐あってか支持率は徐々に上向いていた。

だが、もともと小渕には心臓に持病があった。その身体でこれだけの激務をこなしていた上に、小沢一郎の自由党が連立与党を離脱し、政権運営がより困難になるという局面を迎え、そのストレスが脳梗塞を引き起こしたと考えられている。

その20年前には**大平正芳首相**が現職のまま急逝している。大平も心臓に持病があり、しかも70歳という年齢でありながら、亡くなった年は、年明けから緊急入院した5月30日までの間に休日がわずか2日で、多くの外遊を含む激務をこなした上、衆参同日選挙に踏み切り、その選挙戦に突入した直後だった。死因は心筋梗塞による心不全である。
首相の激務は、難病を抱えながらこなせるようなものではない。無理をすれば、必ず不幸な結果を招くだろう。

先月、野田内閣の現職閣僚だった**松下忠洋金融相**が自宅で首つり自殺を遂げた。原因は女性スキャンダルと言われているが、それくらいで死まで選ぶものだろうか。松下はこの春に前立腺ガンの手術を受けている。健康不安を抱えていると、普通なら乗り切れるようなストレスにも耐えられず、潰れてしまうというのはありうることなのだ。

現職閣僚の自殺は、安倍政権時代の**松岡利勝農水相**以来だが、松岡の自殺は自身の汚職疑惑に対する追及の手が及ぶのを恐れてのことだったと言われている。

ここで思い出すのは、1998年に自殺した衆議院議員、**新井将敬**である。新井は利益供与事件で逮捕状が請求され、衆議院で逮捕許諾請求の議決が行われる直前の自殺だった。生きて汚名を着ることに耐えられない、つまり自らの「美学」を死んでも守りたいという政治家が自殺を選ぶのである。**だが、「美学の追求」とはあくまでも「私的」なものであって、「公的」な使命を果たすというものではない。**

そして、安倍晋三が難病を抱えながらも首相を再び務めようというのも、「美学」である。国の命運を握る立場に就くという公的な使命と、私的な「美学」を混同する者が多すぎるのは、非常に危険なことである。

そして、ここで触れておかなければならないのは、安倍の盟友だった**中川昭一**のことである。わしは生前、中川と同席する機会が多かったのだが、その都度中川の精神面の弱さを感じて、不安を覚えていた。不幸にも予感は的中。中川は「朦朧《もうろう》記者会見」の失態から、政界に入って初の落選という挫折を味わうと、ついに立ち直ることができないまま、酒と睡眠薬の飲みすぎが原因で亡くなってしまった。

中川昭一は頭のいい、愛嬌のある、そして繊細な男だった。だが、育ちの良さゆえのひ弱さを、強硬な愛国的言説を唱えることで隠していたが、やはり「美学」を損なう逆境には弱かったと思わざるを得ない。

そのような危うさ、脆《もろ》さを、安倍晋三にも感じてしまう。

なぜ、自称保守論客&ネトウヨ連中が、国家を難病の政治家の「美学」に委ねることができるのか、わしには全く理解できない。

何も強硬ではない！ 何もマッチョではない！ 単なる「平和ボケ」ではないか！

ごーまんかましてよかですか？

今回の安倍総裁の難病の件では、奇しくもサヨクとホシュの意見が同じになった。「お可哀そうに」の一点で。

この国難の時に、難病指定の総理が誕生しないことを祈るばかりである。

第10回「のりぴーに騙された！」事件

秘書みなぼんによるよしりん先生の観察記「よしりんの日常」です！

先日、車でＡＫＢ48のアルバム「1830m」を聞きながら移動していた時のこと。よしりん先生は、どの曲もふんふん歌いながらご機嫌の様子。『檸檬《レモン》の年頃』という曲を聞いていた時、よしりん先生は言いました。

「これもいい曲やね～。曲調がすごく懐かしい！　それに、あの曲に似てる！」

「なんですか？」

「あれだよ、あれ！　麻薬！」

「麻薬!?」

？？？　麻薬？？？　一瞬、頭の中が？　マークだらけに…。

『檸檬の年頃』って、夕方、グラウンドを走る片思いの相手を、教室の窓辺でカーテンに隠れながら切なく眺めるような、もどかしくて甘酸っぱい恋を描いた曲なのですよ。

そんな若くてピュアな年頃について歌った曲と、麻薬がどう結びつくのか…。

数秒考え、みなぼんは答えに辿《たど》り着きました。

「あぁ、のりぴーね…」

そうです。よしりん先生は、のりぴーの『碧《あお》いうさぎ』が大好きだったんです。のりぴーの曲を思い出すと言いたかったのが、「麻薬！」になってるんですね。

先生と話していると、時々通訳が必要になります（笑）。

この会話で、ふと思い出したことがあります。よしりん先生の、美点にして最大（？）の弱点である**「人を信じやすい」**という性格を炙《あぶ》り出した、あの事件を。

あの事件とは、約3年前に起こった、のりぴーと夫の逮捕事件です。

当時、のりぴーの夫が、渋谷の路上で覚醒剤所持で現行犯逮捕され、その後、のりぴーが息子と一緒に失踪した！　と大騒ぎになりました。

テレビのワイドショーやニュース

では、夫が逮捕された際、渋谷に駆けつけたのりぴーの様子や、のりぴーが所持している携帯電話の電波の位置、親族から出された捜索願など、刻々と状況が伝えられていました。

その時、よしりん先生と奥さんと私は、次の仕事に取りかかる準備のため、箱根にいたのですが、元々のりぴーが好きだったよしりん先生は、一体どうなるんだと随分心配していました。

その日の夕食時、箱根の絶品の会席料理を食べながら、よしりん先生は言いました。

「のりぴー、どうしてるんだろう…」

「それにしても、夫が覚醒剤所持で逮捕されたことを『恥ずかしい』と感じて失踪までするって、のりぴーって古風な女だったんだな！」

え？　失踪したら古風な女なの？

へぽーん顔のみなぼんに、よしりん先生は熱く語る!!

「だって、夫の恥を自分の恥と考えるんだぞ！　馬鹿な男に嘘つかれていたと言えばいいのに、失踪までしてさ〜。しかも、『この辱めをどうしてくれるの！』とか言ったんだろ？　『辱め』とか、恐ろしく日本的な感覚だよな〜」

（『この辱めをどうしてくれるの』というのは、夫の逮捕現場に駆けつけたのりぴーが夫に向けて言った言葉として、当時、報じられていました。）

よしりん先生の妄想…いやいや、心配は止まらない!!

「もしかしたら、本当に絶望して自殺するかも…。ここまで『恥』とかを意識するなんて、可愛い女じゃないか」

「きっとこの箱根のどこかに潜伏しているのでは？」

「すぐそばかもしれん！　いや、この旅館かもしれんぞ！」

「ばったり会ったら、自殺を止めてやらねば！」

一体どこまで妄想するのかな？

私はあきれました。

数日後、事件はだんだん雲行きが怪しくなってきます。失踪前に息子は知人に預けられていたこと、のりぴーには協力者と思われる人物がいて一緒に行動しているらしいことが分かってきます。

そして最終的には、のりぴーの自宅からも覚醒剤が発見されたことで、彼女自身にも逮捕状が出て、その翌日、彼女が警察に出頭、逮捕。

結局、自らも覚醒剤を使用していて、逮捕されないための逃亡だったのでした…。

のりぴーを信じ、あんなに心配していたよしりん。

「ふざけやがって！　何だよ！　薬を抜くために逃亡してただけじゃないか！」

と怒り心頭の様子。

「先生ぼん、『古風な女』とか『日本的な感覚』とか言ってたよね？」と私がつっこむと…

「だからな、顔に騙されちゃいかんのだよ」

「そもそも『碧いうさぎ』の曲がいかん！　誰だってあんな歌知ってたら、のりぴーは悲劇的な女だと思い

込むじゃないか！」

曲のイメージどおりの女と思い込んでる方がおかしいと思うんだけど（笑）。

世間的には、よしりん先生は人の批判ばかりして敵を作りやすいと思われていますが、身近で見ていると（そんなに簡単に信じちゃって大丈夫かな？）と心配になるくらい、すぐに人を信じてしまう人なんです。

人の良いところを見よう見ようとして、何か引っかかる部分が見えても、びっくりするくらい好意的に解釈します。

最終的にこれは看過できない、好意的に解釈しようがないというところまできて、ようやくその人の短所を認めざるを得ない状況になるのですが、そうなっても最後の最後まで、その人にとって悪いようにならないような対処を考えます。

大概の人は、そのよしりん先生の意外な優しさ（？）にとことん甘えて、「立つ鳥跡を濁す」勢いで、傍若無人に振る舞い去っていきます。

そして、当のよしりん先生には、果てしない徒労感が残る…という結末に。

だから私は、よしりん先生の、この「すぐに人を信じる」性格は、「美点」でもあり「最大の弱点」でもあると思っています。

好意的に受け入れてきた人間に、最終的に裏切られる。そんな場面に何度も出くわしてきましたが、よしりん先生のその性格は変わりそうもありません。論敵には超厳しく、世相を斬る時には恐ろしい程の先見の明を発揮するのに、不思議です…。

よしりん先生に余計な徒労を味わわせないために、時に「鬼ぼん」となって、人を見極めるのも、秘書の大切な仕事と思っていましたが、最近の先生は、ＡＫＢ48を通して「**女は少女の頃から女優。簡単に信じるな！**」という教訓を得た模様。

よしりん先生はショックを受けていましたが、私は秘書として、少し安心しました。

でもみなぼんにも騙されているからなあ…（笑）。

ゴーマニズム宣言 RISING ニセモノ政治家の見分け方

第11章 言うだけ番長の亡国連合を叩け!

「ネトウヨなんかを相手にしなくていい」という意見は半分納得できるんだが、もう半分は肯《がえ》んじない。

まず単純にこう考えられないだろうか?

電車の中で騒いでる人がいたら、注意するのが基本的な大人の常識であると。

ネトウヨはノイジー・マイノリティ(五月蠅《うるさ》い輩《やから》だが、あくまで少数者)である。だが世間は無関心な大人が多すぎるからこそ、その「行動する」騒音は存外効果を発揮する場合もあると警戒しておいた方がいい。そして、今やネトウヨは右派言論と共振し、あろうことか自民党の議員にも一定の影響を与える存在になっている。

例えば、片山さつきや西田昌司や稲田朋美や安倍晋三など、ネトウヨとの共闘が疑われる政治家は多い。現に自民党の総裁選では、ネ

トウヨが安倍晋三を強力に支援し、石破茂陣営に「なぜ石破氏を支持するのか?」と詰め寄る電話攻勢をかけたり、石破氏を誹謗《ひぼう》する怪文書まで流して、石破氏の選挙活動を妨害した。そして安倍総裁が決まった時には、自民党本部に集結したネトウヨが歓声を上げ、その声に応えて安倍の側近が出てきて感謝したという。

ネトウヨは自民党タカ派議員のサポーターである。ネトウヨを批判するのも、自民党を批判するのも、自称保守論客を批判するのも、もはや同じことだ。今や自称保守派の言論人は、ネトウヨとほとんど同レベルにまで劣化しているのだから。

櫻井よしこが理事長を務める「原発ブラボー団」こと公益財団法人「国家基本問題研究会(国基研)」が10月2日付で「提言」を発表している。9月23日付の米紙ウォール・ストリート・ジャーナルに載った野田首相のインタビュー記事中に、慰安婦を「Sex slaves(性奴隷)」と説明する記述があるのに、なぜ訂正を求めないのか、直ちに削除を求めるべきだというのだ。

おいおい、抗議する相手が違うだろう。**国際的に「慰安婦」とは「性奴隷」であるという認識を定着させたのは、お前らの大好きな安倍晋三ではないか!!**

2007年1月、米国下院議会に慰安婦問題にする**「対日非難決議案」**が提出された。これは、「日本帝国軍隊が第2次大戦期に若い女性たちを慰安婦として強制的に性奴隷化した」「20世紀最大の人身売買」だと非難する、とんでもないものだった。

決議案を提出したマイク・ホンダ議員は中国系・韓国系団体から多額の献金を受けており、対日戦時賠償訴訟などに関わってきた人物である。慰安婦に関する非難決議案も過去4回提出し、いずれも否決されていた。だが、今回は採択されそうだという観測が流れた。

ところが、当時の日本政府はこれに一切抗議もしなかった。この時の総理大臣が安倍晋三、外務大臣は麻生太郎である。安倍内閣は同年3月、「政府が発見した資料の中には、軍や官憲によるいわゆる強制連行を直接示す記述は見当たらなかった」とする答弁書を閣議決定したが、これは全くの国内向けだった。米下院で元慰安婦に対する公聴会が開かれるなど、「対日非難決議案」の採択に向けて着々と動いていても、安倍政権は何も対策をとらなかったのである。

そしていよいよ「対日決議案」の採択が迫っていた時、安倍は決議案に何も異議を唱えず、なんと「政府としては河野談話を継承していく立場だ」と表明した。だが、あの悪名高い河野談話だって、慰安婦が「性奴隷」だったとまでは言っていない。慰安婦が「性奴隷」だなどという解釈は、むしろ河野談話すらも逸脱しており、たとえ河野談話を継承したとしても、安倍は「慰安婦は性奴隷ではない」と抗議しなければならなかったのである。

ところが安倍は記者会見で慰安婦問題について問われて、「狭義の強制はなかった」と言い出した。「狭義の強制」「広義の強制」とは、慰安婦の「強制連行」がなかったことが明らかになってから、左翼が議論をわざと分かりにくくして煙にまくために作り出したトリック・ワードであり、こんな言葉を使う時点で安倍は左翼の術中に嵌《はま》ってしまっていたのである。

日本国民から見ても、外国人から見ても、「強制」に「広義」も「狭義」もない。

なんらかの「強制」があったのなら、それは人さらい的な「強制連行」があったと解釈されてしまうのだ！

わしは大変な危機感を募らせ、すぐに知り合いの松山政司参議院議員に「狭義の強制という言葉を使うべきではない。性奴隷なんかいなかったと言うべきだ」とメールを送って、安倍総理に伝言してくれるように頼んだ。

この忠告は松山議員によって、首相補佐官の世耕弘也に伝えられた。もちろん安倍総理に伝わったと思うが、結局無視されたのだ。もうその時点では、米国議会の決議など、「事なかれ主義」で黙認するという方針になっていたのだから。

かくして「対日決議案」は米下院議会で採択されてしまい、米国においては、日本は「性奴隷」の制度を持った世界唯一の国と認識されることになってしまったのである！

その決議の内容は、以下のとおりである。

1　日本政府は1930年代から第2次世界大戦終戦に至るまでアジア諸国と太平洋諸島を植民地化したり戦時占領する過程で、日本軍が強制的に若い女性を「慰安婦」と呼ばれる性の奴隷にした事実を、明確な態度で公式に認めて謝罪し、歴史的な責任を負わなければならない。

2　日本の首相が公式声明によって謝罪するなら、これまで発表した声明の真実性と水準に対し繰り返されている疑惑を解消するのに役立つだろう。

3　日本政府は「日本軍が慰安婦を性の奴隷にし、人身売買した事実は絶対にない」といういかなる主張に対しても、明確かつ公式に反論しなければならない。

4　日本政府は、国際社会が提示した慰安婦に関する勧告に従い、現世代と未来世代を対象に残酷な犯罪について教育をしなければならない。

わしはこの時、安倍が「性奴隷」を認めないように働きかけ、それが果たせず安倍が黙認してしまった後は、『ゴー宣』で徹底的に批判した。

しかし櫻井らがこの時、米国における「性奴隷」の認識固定化を阻止すべく動いたという話も、安倍の対応を批判したという話も、寡《か》聞《ぶん》にして知らない。**むしろあの時、親米保守派は揃って「米国議会の決議案なんか年間100本以上採択される法的拘束力もないものなのだから黙殺してかまわない」と言っていたのである！**

そればかりか、米下院外交委員会が「性奴隷」非難決議との帳尻を合わすためのおべっかで、アジア・太平洋地域の安定強化や、テロとの戦いにおける「日本の役割について謝意を示す決議案」を採択し

たことで「日米同盟は盤石だ」と喜んでいたような始末である。

結局親米保守の読みは大外れで、この対日非難決議の中の「強制された性奴隷」という認識が、ついにアメリカでも「市民権」を得て、現在まで大きな禍根を残しており、韓国系米国人団体は米国内で慰安婦の碑を建てたり、公道を「慰安婦通り」と改名させたりと運動をエスカレートさせ、「性奴隷」の既成事実化がどんどん進んでいるわけだが、誰一人責任をとった者はいない。

そして2008年4月、安倍は訪米して、ブッシュ大統領に謝罪してしまった。

これで日本国首相自ら「性奴隷」を認めたことになってしまったのである。

安倍は未だに「謝罪はしていない」と言い張り、日米首脳記者会見の場でブッシュに、言ってもいない謝罪をしたことにされてしまったと言っている。わしがインタビュアーを務めた『希望の国・日本』（飛鳥新社）の対談の場で直接本人から聞いたことでもあり、前回は「ブッシュ大統領（当時）に騙され」と書いてしまったが、これも改めて調べてみたら、全く違っていた。

2007年4月28日の日米首脳共同記者会見で、安倍はこう発言した。

「慰安婦の方々にとって、非常に困難な状況の中で、辛酸をなめられた、苦しい思いをされたことに対して、人間として、また総理大臣として、心から同情を致しておりますし、またそういう状況に置かれていたということに対して、申し訳ない思いでございます。20世紀は人権があらゆる地域で侵害された時代でもありました。21世紀を人権侵害のない、素晴らしい時代とするために、私もまた日本もそのために大きな貢献を果たしていきたいと思っています。このことについて、ブッシュ大統領にお話をした次第であります」

それを受けてブッシュはこう言ったのである。

「従軍慰安婦の問題は、世界の歴史にとって残念な一章だと思います。首相の謝罪を私は受け入れます」

安倍ははっきり「総理大臣として」「申し訳ない」と謝罪している!!

そもそも安倍の発言では、「非常に困難な状況の中で、辛酸をなめられた、苦しい思いをされた」とは具体的に何を指すのか、「そういう状況に置かれていた」とは誰がそうさせたのか、ということが全くはっきりしていない。そして後の安倍の発言を見ると、当人は「20世紀は戦争の時代であり、誰もが非常に困難な状況の中で、辛酸をなめ、苦しい思いをした」という意味で言ったつもりらしいのだ。だが、ここでその発言を、そんな意味に取る馬鹿が世界中に一人でもいただろうか?

誰もが、米下院決議のとおり、「日本政府が」強制連行して、「『集団強姦』や『強制流産』『恥辱』『身体切断』『死亡』『自殺を招いた性的暴行』など、残虐性と規模において前例のない20世紀最大規模の人身売買」をしたという意味に受け取ったに決まっているではないか!!

ブッシュが「首相の謝罪を受け入れる」と言ったのも、当然ではないか!!

これでも本気で本人に「性奴隷」を認めて謝罪したという自覚がないというのなら、これほど無自覚で危険な馬鹿はいない!!

そしてその5ヶ月後に、安倍は総理の座を投げ出してしまうのだ。今慰安婦問題で一番の災厄を招いているのは、「河野談話」ではなく「安倍の米国での謝罪」なのである！

わしや「新しい歴史教科書をつくる会」の面々は、さんざん泥をかぶりながら10年かけて論争を続け、ようやく国内では「慰安婦」とは「強制連行」されたものではなく、古今東西どこの戦争にも存在した戦場の娼婦であるという認識が定着してきたところだった。ところがそんな時に、安倍は海外で「慰安婦」とは「性奴隷」であり、ホロコーストに匹敵する国家犯罪であるという認識を定着させてしまったのである!!

こうなったら、国内だけでいくら認識を固めてもどうしようもない。安倍晋三は、つくづく取り返しのつかないことをやってくれたものだ。

すでに国際常識化してしまった事案を、後を継いだ首相が、そう簡単に「慰安婦は性奴隷ではない」と米国紙に異議申し立てなどできるわけはない。野田首相が「性奴隷」という言葉を使ったわけではないだろう。「慰安婦」という言葉を米国人記者が「comfort woman」と訳さず、「Sex slaves」と翻訳する習慣を、安倍晋三が作ってしまったというのが真相だ。

なのに櫻井よしこら「国基研」は、野田首相だけを責め、安倍晋三の責任は一切不問、それどころか自民党総裁復帰を大歓迎という有様なのである！

ここまで自称保守言論は馬鹿化が進んでいるのだ。リテラシー能力など皆無。安倍晋三が何をしてきたかなど一切検証できず、ただ口先で「美しい国、日本」だの「日本を取り戻そう」だのと空念仏を唱えているだけで大絶賛しているというのがネトウヨだが、今や日本の自称保守層の知能レベルはこれと全くイコールなのだ。ネトウヨを批判することは、自称保守すべてを批判することに等しいという所以である。

ネトウヨ連中の抗議行動は、「愛国心」を隠れ蓑《みの》にして、実際には、ただ騒ぎまくり、攻撃対象と定めた者を叩きまくり、憂さ晴らしをしているだけである。その精神構造は、反日暴動のシナ人と全く一緒だ。

生活保護の不正受給疑惑がネトウヨの攻撃対象となったお笑い芸人の河本準一には、今もテレビに出るたびに300件の抗議メールが届くといい、その結果、河本はこの秋の改編で「リニューアル」の名目でレギュラー番組を降ろされてしまった。こうなると集団暴力による営業妨害以外の何物でもない。

わしだって人ごとではなく、大変な実害も被っている。『おぼっちゃまくん』をパチンコ化しただけで、未だにネトウヨ連中から「朝鮮に魂を売った」の何のと言われ続けているが、漫画のキャラクターの商品化は、連載が終わってもキャラが再生されていく喜ばしい出来事であり、作家にとってはこんなに光栄なことはない。

『おぼっちゃまくん』のパチンコメーカーは日本企業であり、パチンコと言えば朝鮮に結びつけるネトウヨの言いがかりは無視していてもいいと思っていたのだが、ネット内で執拗に攻撃され続ければ、メーカー側にもトラブルを避けたいという意識は出てくるだろう。

パチンコは人気シリーズとなって、第2弾、第3弾と登場することで利益が出てくる。だが『ぱちんこ　おぼっちゃまくん』は、人気もあり、第2弾の話もあったのに、いつしか立ち消えとなってしまった。ネトウヨのお蔭で、わしは儲け損なったのだ!

確かにノイジー・マイノリティに過ぎないネトウヨなのだが、匿名の幻影に怯《おび》えるのか、モンスター・ペアレント的な効果なのか、マスコミはネトウヨの抗議を過剰に意識し、恐れるようになっ

てしまっている。

9月27日放送のフジテレビ「とくダネ!」で、かつての安倍晋三の総理辞任について、コメンテーターの経営コンサルタント、田中雅子が「おなか痛くなって辞めちゃったということで……」と言い、それを受けて司会の小倉智昭が「ちょっと子供みたいだったと思うよ」と発言。田中はさらに、日本は経済も政治も厳しい局面にあるとして「病気で辞めるなんて本当にもう二度と言ってほしくない」と言った。ところがこの何の問題もない発言に、抗議が相次いだというのだ。もちろん安倍シンパのネトウヨだろう。全国に10万人の患者がいる「潰瘍性大腸炎」の患者に対して失礼だなどと言っていたようだが、難癖以外の何物でもない。次期首相候補と一般国民では全く事情が違うということは、わしが「ゴー宣道場」のブログでも、この『ライジング』でも散々指摘してきたとおりである。ところが、抗議を受けて小倉も田中も早々に「お詫び」を表明してしまった。

このマスコミのヘタレぶりこそ、問題である。

こんなことで謝罪してしまうから、ネトウヨどもはさらに増長して、些細《ささい》なことにも抗議や嫌がらせをエスカレートさせ、空気の圧力を強めてしまうのである! それを許していたら、ネトウヨはナチスの突撃隊みたいになって、安倍晋三の批判を一切封じてしまうことだってやりかねない。

皇統問題に関しても、ネトウヨ連中は、本当は皇室の将来になど何の興味も関心もない。ただ自称保守の「世間」が全員「男系絶対」となっているから、そう妄信してるだけで、中には自分の男尊女卑感情を満足させたいだけの者もいる。

ジャーナリストの勝谷誠彦は呆れたことに「男系が絶えるなら皇統断絶してもいい」「心配しなく

産経新聞
10|4[木]
皇室典範改正を断念
女性宮家創設に慎重論
政府 月内「最終報告」
女系天皇 懸念根強く

ても必ず男子が生まれると信じている」と言い放ったが、ネトウヨの感覚もほとんどこんなものだろう。

千代に八千代に、子孫の代まで皇統をつなぐという感覚が皆無で、将来のことなど人ごとであるかのような無責任、無関心なのだ。

10月4日、産経新聞1面トップに「政府は皇室典範改正を断念する方針を固めた」という記事が載った。翌日にはこれが世紀のガセ記事だったことが判明したのだが、この時はまさか産経新聞がそこまで堕落しているとは思わなかったから、思わず本気に受け止めてしまった。

野田政権が皇室典範改正を断念して、女性宮家創設の望みが潰《つい》えてしまったら、もうあとは女性皇族が次々結婚して、悠仁さまお一人が皇室に残るだけとなっていく。そして悠仁さまと結婚相手との間に男子ができなければ、そこで皇統は断絶。皇室の終わりである！

その日、わしは「ゴー宣道場」のブログに「わしはあきらめた」と題した一文を上げた。

「わしはもうやるだけやった。これ以上、やりようがない。わしはあきらめた。あとは『男系絶対固執派』が好きなようにやってみなさい。もうわしに敵意を燃やしてもしょうがないぞ。わしはあきらめたのだ！」

多くのわしの読者がこれを小林よしのりが挫折したと思ったのか、「あきらめないでください！」という激励やら、「私は一人になってもあきらめません！」という決意表明やらを随分もらってしまったが、わしは別に挫折したわけではなかった。

わしが「あきらめた」と言ったら、一番困るのは男系固執

派の連中なのである。トッキーのツイッターに一人、わしの意図を的確に見抜いた者がいた。

「結局彼らは、何かを推すというプラスの精神ではなく、アンチイズムで動く人々なのでしょう。否定の対象となるよしりんが退いた瞬間に、彼らが存在する手段はなくなる。もともと建設的な意見を持っていないのですから」

そのとおりだ。

彼らは皇統の安泰が目的なのではなく、ただ民主党がやっていることに反対したいだけであり、男系でも女系でも皇統が絶えなければよいとする「双系派」に「反対のための反対」「議論のための議論」がしたいだけなのだ。だが「双系派」で影響力が強い小林よしのりが「あきらめた」と言い、「議論の必要はない」と言ってしまったら、彼らには男系男子で皇統を存続させる具体的な方策を提出する責任だけが残るのである。

この具体的な方策が、男系派からはまだ何も示されていない。やってみればいいとわしは思う。

その時、「復帰」する「旧皇族」など本当は存在しないことが分かる。たとえいたとしても、生まれてから一般国民として育った者が、突然皇族になることなど国民の圧倒的多数が賛成しないことが分かる。養子を入れるにしても、誰がわが子を手離し、皇族の誰がその子を育てるのか、具体的には実現しないことが明白になる。仮に男系派の奇策が実現しても、側室がなければ必ず先細りになってしまうことなどが次々明らかになり、「男系派」には現実的・建設的な意見が何もないことが顕《あら》わになるのだ。

だが結局、翌日には産経新聞の「典範改正断念」がガセ記事だったということが明らかになり、しかもその際、ＮＨＫが「宮内庁は、天皇陛下や皇族方の意見を聞いたり、気持ちを汲み取ったりしてきたと見られ、政府に伝えているという」と伝えるなど、典範改正には天皇陛下のご意向が反映されていることが明らかに示した報道が見られた。

やはりこれは天皇陛下のご意思なのだ！

天皇陛下があきらめておられないし、民主党もあきらめていない。それでわしが「あきらめた」と言っているわけにはいかないので、「あきらめた」作戦は中止ということになった。

問題は、安倍晋三もあきらめそうにないということだ。野田内閣の論点整理を受け、安倍が会長を務める自民党有志による「皇室の伝統を守る会」は緊急役員会を開き、会長代行の古屋圭司衆院議員が「天皇制の根幹を揺るがす、看過できない問題だ」と非難の声を挙げたという。

安倍は小泉政権の官房長官時代、典範改正を独断で握りつぶした張本人だ。首相になってからは、日本を「性奴隷」犯罪国家として国際的に認知させた。

万死に値する行為を、二度もやらかしている。「二万死に値する男」だ。さらにこれから、皇室について無関心・無責任で、ただ騒ぎたいだけのネトウヨと一緒になって女性宮家創設を潰して、「三万死に値する男」になるつもりだろうか？

お分かりだろう。安倍晋三も、自民党も、ネトウヨも、自称保守系論客も、どうせ頭脳は同レベルなのである。

ごーまんかましてよかですか？

安倍自民党・ネトウヨ・自称保守論壇ムラは、もはや一体の「言うだけ番長連合」である！天皇陛下に反旗をひるがえし、中韓にだけ罵声を浴びせ、米国には媚びへつらい、馬鹿ゆえに無意識に亡国を促進する連中を許してはならない!!

第11回 待てない男

秘書みなぼんによるよしりん先生の観察記「今週のよしりん」です♪

先日、あるインタビューの前に、お気に入りのカフェで昼食を取った時の一コマ…。この写真、どんな状況か分かりますか？

これは、よしりん先生が、私が頼んだカフェオレを狙っている一瞬を切り取った、決定的証拠写真なのです!!（笑）

よしりん先生は時々、本当にお子さんかと思うようなところがあります。他の人が頼んだ物が羨ましく見えて、それが欲しくなってしまうのです。

あまりに恨めしそうに見て**「わしにも甘さが必要だったかも…」「この疲れた感じは糖分の不足かな？」**としつこく呟くので、結局この後、先生のアイスコーヒーにシロップとたっぷりのミルクを足してミルクコーヒーを作ってあげました。

え…？　私のと交換してやれって？

だって、先生の頼んだのはアイスコーヒーですよ。先生はそれはそれは美味しそうにぐびぐび飲んでたんだから！　交換しちゃったら可哀相だから、一つのアイスコーヒーで2パターンの味を楽しめるように計らってあげたんです♪　私って、なんて気の利く大人な女なんだろう…

（笑）。

　さて、そのカフェで、よしりん先生と今後の仕事について相談していた時のことです。

　ある仕事の確認のため、よしりん先生が関係者にメールを送ったのですが、その返事がなかなか返ってきません。

　電話をしてみても、留守番電話になってしまいます。

　こういう場合、普通だと（あ、今は忙しくて直《す》ぐに連絡取れないんだな）と思って、連絡が来るのを待とうと思いますよね？

　ところが、皆さんも最早ご承知のように、よしりん先生は普通じゃない!!

「なんで直ぐに返事を寄こさないんだろう？」

「もしかして、本当はこの仕事に乗り気じゃないのかも…」

「面倒なことに巻き込まれたくないと思って、居留守使ってるのかも…！」

「もう早めに代わりの人、探した方が良いのかも…」

「誰が良いかな？　○○さんは？　あ〜でも××さんの方がやってくれるかな…」

「いや、そもそも、この企画自体、考え直さなきゃいけないかな…？」

　…と、よしりん先生の想像はどんどん膨らんでいく…!!

　放っておいたら一気に想像は進んで、あっという間に既定の内容とは全く違う決断をしてしまいます！

　私はその度に、

「きっと何か用事があって忙しいんですよ」

「みんなもそれぞれ仕事があって忙しいんです」

「よしりん先生、いけませんよ！　すっかり文明の利器の罠に嵌ってます！　昔は携帯電話なんかなくて、こんな簡単に連絡を取ることとかできなかったでしょう？　すぐに返事が来ないからって焦ってはいけません」

　…等々と言って、よしりん先生を必死に宥《なだ》めなければなりません。

　結局、この日も数時間後に「すみません、電車内でケータイ切ってたもので…」というお詫びと共に、返事が返ってきたのです。

「ね、言ったでしょ？　焦ってはいけませんよ」と私が言うと、よしりん先生は言いました。

「だってわし、待たせる男だよ。待つ女は大好きだけど、待つ男って気色悪いでしょ？」

　…よく分からない言い分だなあ？（笑）

　何はともあれ、よしりん先生は**「待たせる男」**であって、**「待てない男」**のようです。

　ようするに短気なだけなんですね（笑）。

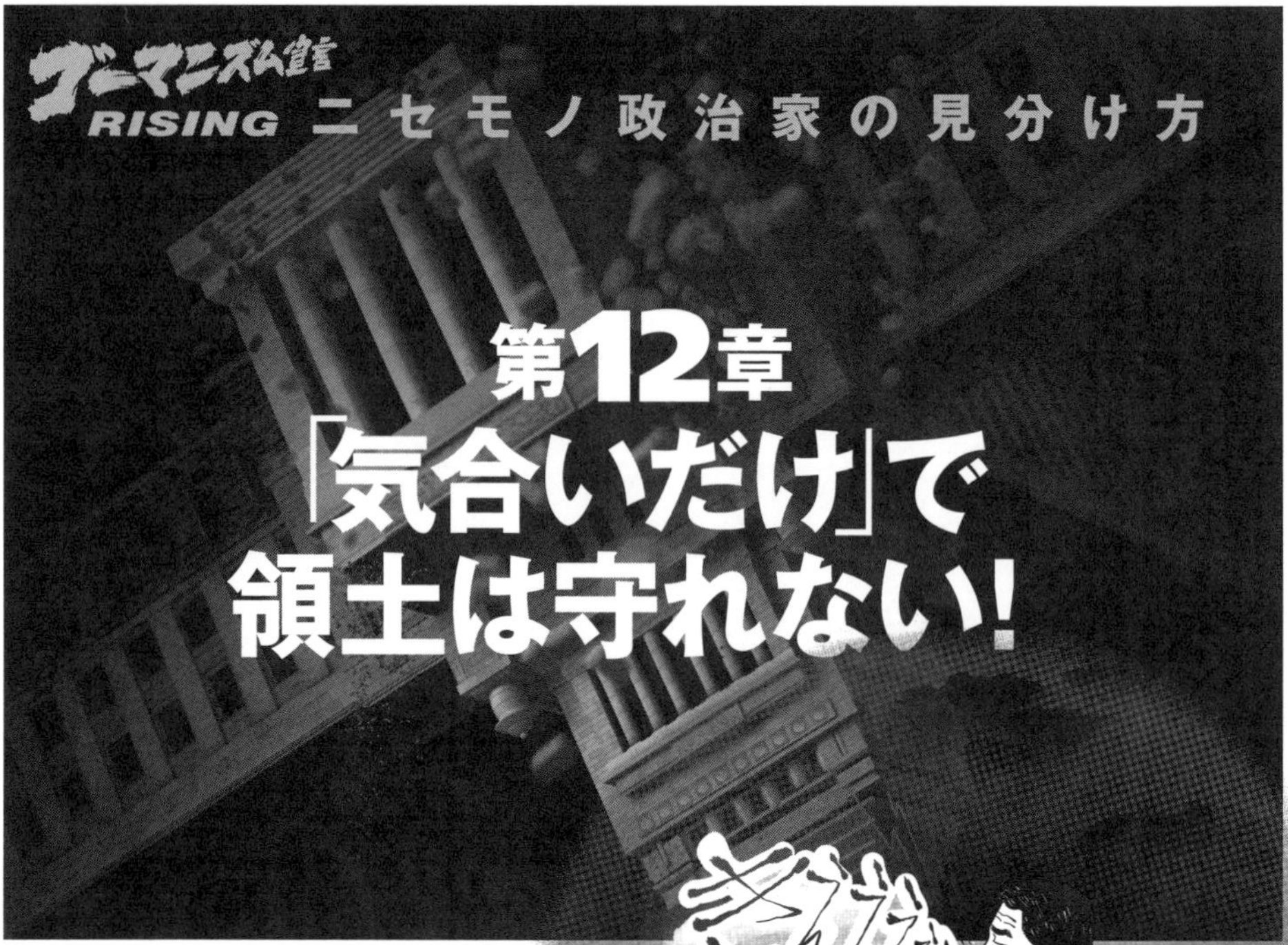

ゴーマニズム宣言 RISING ニセモノ政治家の見分け方

第12章 「気合いだけ」で領土は守れない!

10月11日付産経新聞の社説に、こんな記述が載った。

「尖閣諸島をめぐり、鷲尾英一郎農林水産政務官が『中国政府が所有してもいい』と語った。耳を疑う発言であり、看過できない」

この記事では鷲尾氏が「所有してもいい」という言葉をどういう文脈で言ったのかが分からない。「領有してもいい」と言ったのなら、耳を疑う発言であり、看過できないとわしも思うが、「所有してもいい」なら留保をつけざるを得ない。

「所有」と「領有」は違うからである。

民主党・鷲尾英一郎衆院議員には、今年2月「第22回ゴー宣道場」にゲストで来ていただいたが、印象は人それぞれであれ、責任のとれる

範囲で話をする人のようだった。その時はもう一人、自民党の稲田朋美衆議院議員にも来ていただいており、そこで「女性宮家創設」に話が及んだ。

皇位継承の「男系限定」は日本本来の伝統でも何でもない。側室がない以上、女性宮家を創設しなければ、将来必ず皇統は絶えてしまう。この知識を国会議員に知ってもらうために、わしは神道学者の高森明勅氏をそれぞれの党の勉強会に呼んでほしいと、鷲尾・稲田両氏にその場でお願いした。すると、稲田氏は自身が事務局長代理を務める議連「創世『日本』」に高森氏を呼ぶと即答した。「創世『日本』」は最高顧問が平沼赳夫、会長が安倍晋三で、ゴリゴリの男系派の議員が集結しており、そこに高森氏が呼ばれれば、実に画期的なことである。

それに対して鷲尾氏は言葉を濁し、確約を避けた。会場の参加者の間ではもちろん稲田氏の評判が非常に高くなり、鷲尾氏には少々冷ややかな目が向けられることとなってしまった。

しかし、その後まもなくして、鷲尾氏は民主党議員の勉強会に高森氏を呼び、意見を聞いた。そして、民主党政権は「一代限り」という不完全なものではあるが「女性宮家創設」に向けて動いている。

一方、逆に稲田氏は結局約束を反《ほ》故《ご》にして、高森氏を呼ばなかった。男系絶対固執で頭が固まっている議員たちは、他の意見など聞きたくもなかったのだろう。

潰瘍性大腸炎という完治できない難病を誤魔化して、「気合いだけ」で総理になりたがる安倍晋三の下に、

平然と空約束をして恥じない稲田朋美が育っている。それがこの件で出た結論だった。

鷲尾氏は、その場に集まる人々にウケるために、できるかどうか分からない空約束をしたりはしないが、できることは誠実に実行する人のようだ。まさか鷲尾氏が、「尖閣諸島は中国政府のものになってもいい」という意味のことを言う人ではないだろう。

発言の真意は、鷲尾氏自身がホームページ上で説明している。

http://www.washio-e.jp/communication/2012/pdf/121010.pdf

鷲尾氏が言っていたのは、「所有権」と「領有権」の議論を混同するなということである。これは全くわしの主張と同じあり、わしはこれを「不動産と領土は違う」という言葉で表現していた。

尖閣に関して、政府が所有するか、都が所有するかと「不動産」としての「所有権」の議論ばかりしているが、法的には「不動産」としてなら誰だって所有はできる。中国政府が所有することだってできる。ただ登記簿に「中国政府」と記載されるだけのことだ。それより大切なことは「領有権」の強化であり、民主党政権は、海上警察権を強化している。実効支配を強化するということは、こういうことである。

……というのが鷲尾氏の言ったことであり、話を分かりやすくするためにあえて「中国政府でも買える」という極端な例を「語弊はあるが」ときちんと断った上で言っただけなのだ。

鷲尾氏の「実効支配の強化」を民主党政権が進めているという話は本当で、中国人が魚釣島に上陸した際には、あらかじめ配備した沖縄県警によって、中国人は逮捕されている。これは「日本国土へ

の不法入国」として「外国人」を逮捕したのだから、日本の国家主権を尖閣の島の上で行使した快挙だったのである。日本の実効支配がワンランクアップしたということだ。

そして「海上保安庁法」の改正法が成立し、今後は警察官をわざわざ呼ぶこともなく、海上保安官が無人島などでも不法入国者を逮捕できるようになった。さらに「外国船舶航行法」の改正では、日本の領海で活動家等を乗せた船舶が停泊、徘徊した場合、海上保安官が立ち入り検査なしで退去勧告を行うことができ、勧告に従わない場合は罰則付きで退去命令を発することができるようになった。

もちろん、尖閣諸島を念頭に置いた法改正である。これにより、海保は格段に迅速な対応が可能になったのだ。民主党政権下で、「尖閣諸島の実効支配の強化」は着実に進んでいる。鷲尾議員の言うとおりである。

鷲尾氏も尖閣諸島は国有化するのが一番であると主張しており、中国政府が「所有」してもいいなんて決して思ってはいない。**ただ、「所有権」が誰に移っても、「領有権」は日本のものであって、大切なのは「領有権」を守るための実効支配の強化であり、民主党政権はそれを着実に行っているという話をしただけのことである。**

産経社説では続いてこうも書いている。

「中国を含む外国資本が、政府や自治体が気づかない間に、水源を抱える森林を買収したり、自衛隊の基地周辺の不動産などを所有したりしている。これをいかに食い止めるか。放置している状況ではない」

これも見て分かるとおり「不動産」「所有権」の話であって、「領土」の話ではない。

もちろん外国資本が日本の不動産を買いあさること自体は問題がある。しかしこれは外国資本による日本の「不動産」の売買に制限をかけるよう法整備を進めるべき話であって、あくまでも「領土」とは別次元の問題である。

産経新聞が、民主党政権による実効支配の強化を報道せず、わざわざ「実効統治を貫くことに対する政府の見識が問われる」「直ちに鷲尾氏に発言の撤回と謝罪をさせ、その責任を明確にしなければならない」などと吠えているのは、「民主党憎し」の偏った情報操作だろう。

「Yahoo! ニュース」のコメント欄は今やネトウヨの巣窟と化しているが、そこには「とんでもない失言」「こんな奴クビにしろ」「出た、売国奴民主党の本音が」「久しぶりに真のバカを見た」「議員、いや日本人を辞めろ!!」「在日中国人か?」等々、６０００件超の罵詈雑言が並んでいる!

当然ながら、ネトウヨは鷲尾氏の実際の発言を確かめようともしていないし、おそらく実際の発言を聞いても決して理解はできないだろう。「所有権」と「領有権」の違いなど、彼らに分かるはずがない。

そして他にもネトウヨ並みの脳足りんがいる。鷲尾氏の発言を責め立てた野党、自民・公明の政治家たちだ。

石破茂自民党幹事長は「責任ある立場の人間として、法律、立場の重さをご存知ないようだ」と批判しているが、法律上は「不動産」としてなら中国政府でも所有できるのは事実ではないか! 本気でこんな批判をしているとすれば、国防の専門家を任じているはずの石破も「不動産と領土」の区別がつかない馬鹿だったというしかない。

不動産はカネで買うことができる。しかし領土はカネで買うことはできない。領土は最終的には、軍事力によってしか維持することはできない。

これぐらいのことは、「保守」と言われる人はみんな分かっていると思っていたが、全然そうではなかったようだ。石原慎太郎が尖閣諸島を都で購入すると言い出し、そのための寄付金を集め出した頃から、カネを出せば領土が買えると思い込んでいる人たちが随分多いことが明らかになってきた。

某保守系雑誌の読者欄には、**「自分には、国土を身を挺して守る気概などない。それが、カネを出せば買えるというのだから、ここで寄付をしなかったら非国民だ」**といった内容の投書が載っていて、驚愕した。ここには、「保守」を自称し、憲法改正だ何だと勇ましく言っていたはずの人間が実はすっかり「戦後レジーム」に嵌っていて、軍事を忌避し、万事経済だけでカタがつくという発想に骨の髄まで冒されていることが如実に表れているのである。

尖閣諸島は、個人が「不動産」として所有していた。その不動産としての「所有権」がたとえ東京都に移ったとしても、領有権問題を抱えた国境の島を東京都が守れるわけがない。「領有権」を強化できるのは国だけであり、民主党政権はそれを着実に行っている。

石原都知事の尖閣購入宣言は、国の尻を叩いて国有化に向かわせるという効果はあったものの、あとは寄付金集めなんかやったために、無駄に土地代を吊り上げただけに終わってしまった。

あの時からわしは一貫して「都有化しても意味はな

い、国有化すべきだ」と主張していたが、そうしたらネトウヨから「国なんか信用できないから、都に売るべきなのだ！」と、それこそ「非国民」扱いの罵倒を浴びせられた。

結局、「都有化」の主張は誤りだったことは明白になったわけだが、そのことで誤りを認めたり、謝罪したりした者なんか一人もいない。いつものことである。完全に間違ったことを叫びちらかし、人を罵《ののし》るだけ罵って、その責任は一切とらない。それが保守オヤジであり、ネトウヨである。

こんな連中がいくら「尖閣を守れ！」と叫んだところで、何の力にもなるわけがない。今や尖閣は中国の反日感情を一番刺激する問題と化した。今後も何かと言えば中国から漁船団やら「漁業監視船」がやって来て、緊張が増すことになるだろう。これからは、日本の側も常に尖閣を守り抜くという、長い長い覚悟が必要になってくる。

安倍晋三は自民党総裁選の際に、「尖閣に船だまりを作る」とか、「公務員を常駐させる」とか勇ましいことばかり言っていたが、本当に実行できるだろうか？

安倍の公約は石原慎太郎よりも過激になっている。前原誠司国家戦略相は、「東京都が『尖閣諸島を守ります』と言っても、海上保安庁も自衛隊も持っていない。気合いだけで言ってもらっては困る」と石原氏を批判したという。

この「気合いだけ」という言葉には、わしは大笑いした。まったく前原の言うとおりである。石原は「気合いだけ」で領土が守れると思っている。そのような「気合いだけ」言論は、現在の保守論壇にも、ネトウヨにも、自民党にも蔓延《まんえん》していて、もはや危険な水域に達している。「石原氏は『中国との戦争も辞せず』というような話をして首相はあきれた。都が所有しては大変なことになると首相は思った」とも前原氏は話している。

実際に中国の大船団が尖閣諸島に上陸し、民間人の保護の名目で、中国軍がやってきて、実効支配を奪われる可能性はあるだろう。そうなれば、奪還作戦は行わなければならない。自衛隊の若者の血が流れることも十分あり得る。

野田首相の国有化の判断は正しかったとわしは思う。しかも野田首相は国連で「歴史上も国際法上もわが国固有の領土であることは明々白々だ。領有権問題は存在しないというのが基本で、後退する妥協はあり得ない」と譲歩しない考えを強調している。

そもそも日中の局地戦を一番嫌がるのは米国だ。米国の国益には全然ならないちっぽけな島のために、中国との紛争に巻き込まれたくなんかないと思うのは、米国政府としては当然だろう。親米ポチの安倍晋三が、石原慎太郎より過激な公約を、米国政府も無視して、「気合いだけ」で実行できるはずがない。

ごーまんかましてよかですか？

「不動産」と「領土」の区別もつかない、「領土」とは血を流してでも守らなければならないということすら分かっていない、そこまで劣化した自称保守の「気合いだけ」の言葉に、我々国民は絶対に惑わされてはいけない!!

第12回 休めない男

だんだん気温が下がり、寒くなってきましたね。先ほど、ライジングの編集作業に疲れたので、ちょっとした気分転換にと思って、近くの自動販売機に温かい飲み物を買いに行ったのですが、外がビックリするくらい寒くて、近くだからと薄着で出てきたことを激しく後悔しました。おまけに自動販売機で飲み物を選んでいたら、近くの物陰から突然、黒猫がシャーーーッ!! と飛び出してきて、心臓止まるかと思うくらいビックリしました。

思わず叫び声をあげそうになったのですが、静かな夜の住宅街で叫び声なんかあげて、警察にでも通報されたらマズイと瞬間的に思い、必死で叫び声を押し殺しました…。

あぁ…本当に恐かった…。さすが、猫は夜行性だね。

街は早くもクリスマスのイルミネーションになっている所もあって、ひたひたと年末が近付いてきていると感じます。よしりん先生は年末なんかすっ飛ばして、早くも来年の仕事の計画を練っています。

新しいチーム体制になったAKBの劇場公演も観に行かなきゃならないし、新しく専用劇場ができるSKEを観に名古屋にも行かなきゃならないし、NMBのオリジナル公演も始まるだろうから大阪にも行かなきゃならないし、らぶたんが入ったHKTの公演や、研究生の公演を観に博多にも行かなきゃならない。

「来年は全国行脚しなきゃならないな。巡礼の旅だぞ、みなぼん」

このセリフを言ったとたん、よし

りん先生は何かが憑依したようです。

「どんな困難が待ち受けていても、弱音を吐くんじゃないぞ。名古屋でから揚げが食えなくても、大阪でたこ焼きが食えなくても、博多でラーメンが食えなくても、遊びじゃないんだ。巡礼だ。将来に迷って卒業するメンバーが増えている。我々の祈りで一人でも救うことができるのなら…」

まるで僧のような厳しい顔をしてつぶやいています(笑)。

さて、11月1日からAKB48は新しいチーム体制で再スタートしましたが、旧チームA公演の千秋楽で高橋みなみちゃんが、こんなことを言ったそうです。

「AKB48で学んだことは沢山あります。それは、たくさんの勇気と、立ち止まることの怖さでした。AKB48に居ると毎日がとても早いんです。1年がとても早い。今のこの状況、毎日お仕事があることに慣れてしまっているのかもしれません」

と言いました。

よしりん先生はこの発言を読んで、**「AKB48は漫画界と同じかもしれないな」**

「立ち止まることの怖さ」、それはつまり立ち止まってしまえば、あっという間に周りから置いていかれる、ということだと思います。自分の代わりは他にいくらでも出てきて、自分の居場所などあっという間に奪われる、という怖さなのだと思います。

AKB48では、メンバーが公演を休むと、その穴を埋めるために「アンダー」と呼ばれる代役を、他のメンバーが務めます。

それは、「アンダー」を務めるメンバーからしたら、自分を売り込むための大きなチャンスです。そこで認められれば、新たなファンも付くし、次のチャンスをもらえるかもしれない。一方、公演を休むメンバーからしてみたら、自分の評価が下がって、使ってもらえなくなるかもしれない、という焦りを抱く。

たとえシングルCDの選抜に選ばれても、テレビ出演などを一日でも抜けて、他のメンバーに自分の立ち位置を譲り、そこでそのメンバーが認められたら、もしかしたら次は自分は選ばれないかもしれない…。

AKB48のメンバーは常にそういう競争の中に置かれています。

漫画家もそれは同じでしょう。

連載を一週でも休めば、そこに別の漫画家の作品が載ってしまう。もしその作品が人気を得れば、自分の連載場所は奪われるかもしれない…。

連載がひとまず無事に完結しても、次の新たな作品を一刻も早く生み出さないと、読者に忘れられてしまう。

漫画家も常にそういう厳しい競争の中に置かれているのです。

よしりん先生は、本当に一年中、休むことなく働いています。日曜日も祝祭日も、ゴールデンウィークもお盆も年末年始も関係ありません。朝も起きてすぐに仕事を始め、夜寝る直前まで仕事をしています。

それは、先生の創作意欲が果てしなく湧き続けていて、休んでいる時間が勿体ないというのが、一つの大きな理由だとは思います。また最近は、切迫した社会状況を見て「時間がない」という焦りも感じていると思います。

しかし私は先生を見ていて、もしかしたら、漫画家として長いことやってきて、「休むことの怖さ」…たかみなの言葉で言い換えれば「立ち止まることの怖さ」を潜在意識に持っているのではないかと思います。

今、自分が与えられている場所が、決して永遠に与えられたものではなく、常に他の誰かに脅かされている恐怖…。日々、競争の中に置かれ、並大抵の個性や実力では、代わりなど他にいくらでも見つかってしまうという恐怖…。

よしりん先生やＡＫＢ48を見ていると、競争社会の中で個人の才能や実力で生き残ることの厳しさを、まざまざと感じさせられます。そんな、「休むことの怖さ」を潜在意識に抱えたよしりん先生にとって、ＡＫＢ48に嵌ることがいかに救いになっていることか…!!（笑）

先日、ニコニコ生放送でよしりん先生が岡田斗志夫さんと対談した際に、「事務所のスタッフとして、小林先生がＡＫＢに嵌っていることは、正直なところ、どうなんですか」と聞かれて、戸惑ってうまく答えられなかったのですが、私は秘書として、よしりん先生が何でもいいから楽しみを見つけて、それを持続してくれたら、安心します。

なにしろ、言論の世界ではあまりにも孤立して、批判やバッシングにさらされ、厳しい闘いをしている存在ですから。

ゴーマニズム宣言 RISING ニセモノ政治家の見分け方

第13章 熟女ブームを斬る!

熟女ブームらしいのである。

ピース綾部（34）が若乃花・貴乃花の母親の藤田紀子（64）と30歳差熱愛などと報道されたり、男性週刊誌が熟女ヌードを載せたりして、ブームを煽っている。

お笑いタレントが、熟女が好きというのは、確実に「ネタ」である。実際は若い女と付き合って、結婚するはずだ。まさか藤田紀子や、70歳過ぎの五月みどりと結婚するはずがない。

「週刊ポスト」に熟女ヌードが載っていたので確認してみたら、36歳や33歳、31歳である。

冗談じゃない!

30代なんか還暦間近のわしにとったらまだ若い女の部類に入る。

熟女って、少し顔が老けて見えるが、ちょうど食べ頃の女のことか？ 「週刊ポスト」の読者ってそんなに若いはずがない。40代、50代だろ

う。だったら30代の女が熟女ってのはオカシイ。熟女の定義が相当あいまいだ。

わしの感覚から言うと、昔は40歳過ぎた女はセックスの対象外だったが、今なら40代でも若く見える女はOKで、50代はさすがに勘弁という感じだ。まさかわしが70代になったら、50代の女もOKになるのだろうか?

ないないないないない!

わしは70代でも、上限40代とする。だが、そもそもわしが男として終わっちゃうかもしれないけどね。

人間の自然の摂理として、男が女として意識するのは、子供が産める年齢までのはずである。

そうでなければ、人類は滅んでしまう。どうやら熟女ブームって、30代で年増《としま》に見える女か、40

代以上でアンチ・エイジングの成果のある女に性的興味を持つ男が増えた現象であって、50代60代以上で年相応のお婆さんに見える女を好きになる男が増えたわけではないようだ。

藤田紀子や五月みどりは若作りが上手いが、やはりお婆さんであって、熟女ではない。だからピース綾部は本気で口説くつもりなどなく、「ネタ」にしているだけである。

熟女の定義を決めよう。

熟女とは、40代のことである！

よっしゃ！　決まった！

熟女ブームは「日本に蔓延する女性側の『幼さの偽装』に対する『反動』ではないか」という分析がある。AKB48などの少女が活躍していることへの反動だという意見もある。タレント兼モデルのローラみたいに成人女性も幼稚になっているし、文化全体がロリコン化しているから、その反動で熟女ブームも起きているということか？

だがそれならば、円熟を好む男が増えてきたのかと言えば、そんな話でもないだろう。
熟女AVが流行ってるのが原点のようだし、熟女キャバクラや熟女パブなど風俗店も隆盛らしい。要するに最近の男は、熟女にエロを知り尽くした積極的な淫乱生物という妄想を抱いていて、とことんサービスを受けたいのである。
今から20年くらい前、ヤング誌はラブコメ全盛時代で、受動的な主人公の男子の前に、とびっきり可愛い女の子が現れ

て、偶然にも彼女がころんで自分の上に倒れ込んで来てキスしてしまったり、偶然にも彼女が裸のシーンに遭遇してしまったり、偶然にも彼女のおっぱいをわしづかみしてしまったり、偶然にも彼女が自分に惚れてしまって、偶然にも抱き合って一夜を過ごすはめになって、偶然にも性交してしまったりというストーリーが流行っていた。

そんな受動的な主人公に感情移入する読者に対して、わしは「いい加減にしろ、馬鹿野郎!」と思っていたが、その時のラブコメ世代が今ちょうど、熟女が好きと言ってる世代だろう。

要するに手取り足取りセックスもやってほしいという、怠惰なマザコン願望の男が繁殖してしまっているだけのことだ。

一方で少女が相手なら、自分が傷つかずに済むと思っている、ロリコン趣味の男もいるのだろう。この不況下では、同世代の女性は稼ぎのいい男しか眼中にない。ロリコン趣味も若い女性から見放された男の現実逃避なら、熟女ブームも若い女性の元気についていけない男の現実逃避に過ぎないようだ。

先の見えない疲れる時代だから、男に「もっと元気になれ!」と言うのも酷な気がする。

ごーまんかましてよかですか?

元気のない男は、元気のある熟女に慰めてもらうがいい。
わしが若い女性のお相手をしよう!

セレブのわしとしては、アイスクリームは好きだが甘いのだ。冷えたと思うのは一瞬だけで、喉が乾いてくる。アイスコーヒーはブラックで飲めば甘くはないが、コーヒーそのものが喉の渇きを覚える飲み物で、あとで水を飲みたくなる。

1品目 セレブのスイーツ

暑い時に水分を補給して、涼しさを感じるには、もっと文化的に高度な食品の登場をセレブは待ち望んでいた。

そしてある夏の日、わしの前に降臨したのがセレブのスイーツ…**「ガリガリ君」**である！

袋には頭がガリガリで威勢の良さそうな職人気質のセレブのおっさんが描いてあると思っていたが、これが実は「永遠の小学生」だというのだからぶったまげた。

なんてヘタクソな…いやクセのある芸術的なセレブの絵なんだ！ 忘れられない富裕層の小学生ではないか！

ビックリした目、ゴリラみたいな鼻、カバみたいにでっかい口、ガリガリのハゲだらけの頭、社交界で評判をとりそうなセレブなクソガキである。

「ガリガリ君」といえば、わしは普段ソーダ味を賞味していたが、本日、梨味をしゃぶり舐《な》め、セレブ噛みしてしまった。

なんとゆうほろ甘酢っぱいさわやかなトレビア～～～ンな味！

下層民の羨望を招くかもしれないが、わしとしては毎日一本食したい。当たりが出たらコンビニに怒濤《どとう》の如く駆けて行って、二本目をガリガリしたい。贅沢《ぜいたく》とは分かっているのだが、罪悪感に苦しみながらも、梨味の高級感に溺れそうな残暑である。

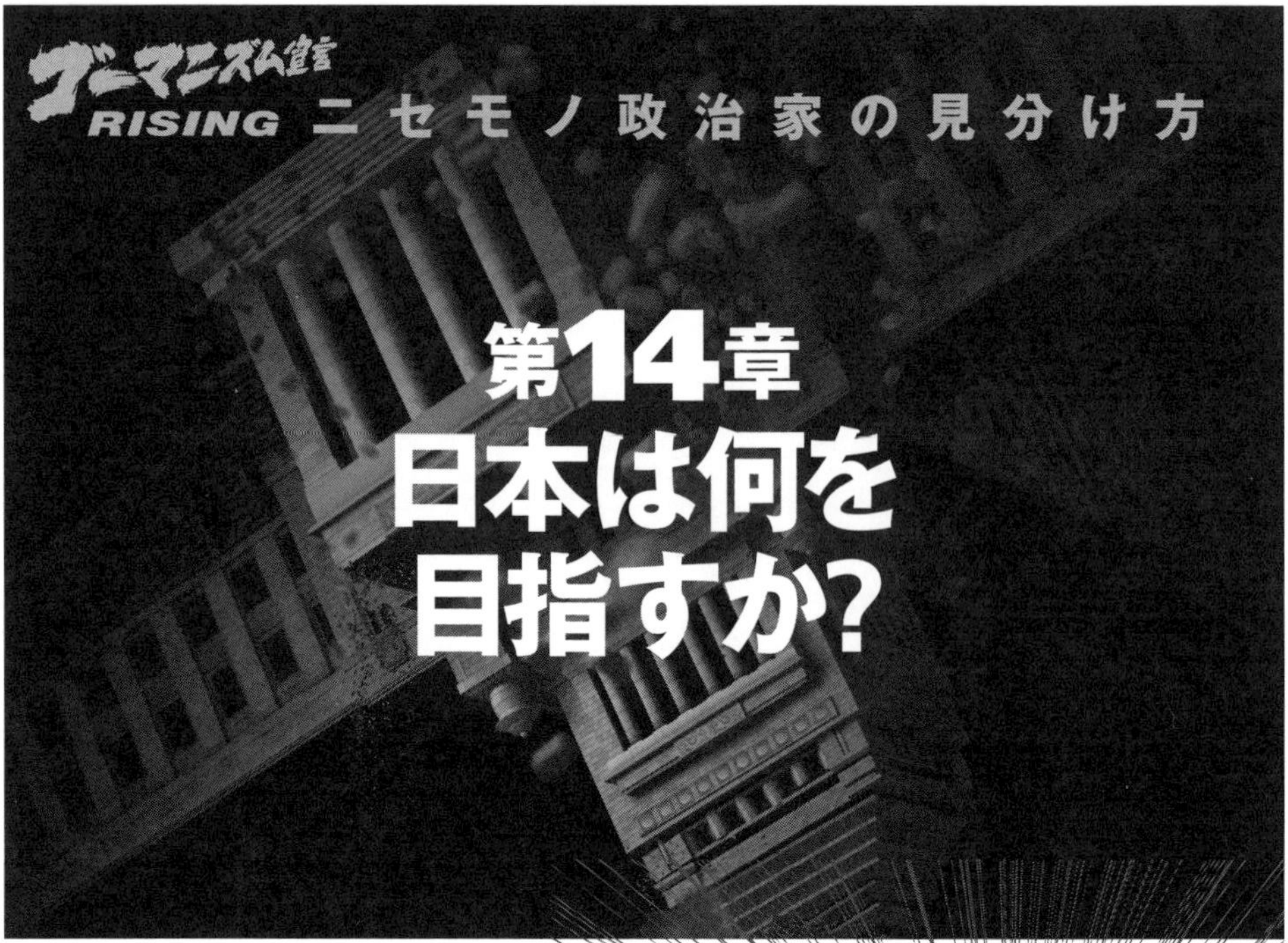

ゴーマニズム宣言 RISING ニセモノ政治家の見分け方

第14章 日本は何を目指すか？

安倍晋三が例大祭に靖國参拝していた。

２００７年、安倍が首相時代に米議会で行われた慰安婦に対する「対日非難決議」に何一つ異議を唱えず、「河野談話」を継承したこと。

２００８年、訪米して慰安婦問題についてブッシュに謝罪したこと。これによって「性奴隷（Sex slaves）」という言葉が国際社会で市民権を得た。

英霊たちに「性奴隷」を使用した兵隊という汚名を着せたことについて、安倍は何の痛痒《つうよう》も感じていない。未だに靖國神社を利用して、保守層を取り込むことを考えている。そして無知蒙昧《もうまい》な保守論客やネトウヨどもが、この安倍のタカ派パフォーマンスにイチコロ状態なのである。

解散総選挙になれば、ストレス次第で発症する難病「潰瘍性大腸炎」を抱えた総理に、国民の生命を託すことになるのかと思うと、暗澹《あんたん》たる気持ちになる。

その上、女性宮家創設も潰され、生まれた時から国民に過ぎない男子を4人も皇族にでっち上げる奇策が実行されるのだろうか？　もちろんそんな計画は不可能だと、いずれ判明することになるが、眞子さま・佳子さまがご結婚されて民間に下ってしまわれたら、その時点で皇統の断絶はすでに決まったようなものだ。もはや君が代を国歌にしておく意味がない。

さらに原発は続々再稼働され、高レベル核廃棄物が、処分する場所もないまま、各原発の真上のプールに、どんどん溜まっていく。自分の大小便を、頭上に抱えた人間みたいな馬鹿馬鹿しい原発の様相を見て、疑問を抱かぬ者は頭がおかしい。

次の地震・津波、あるいは自ら招く事故によって、巨大な破局を招くのは必至と思われる。福島第一原発4号機プールが倒壊したら、もはや首都東京には住めない。浜岡原発が再稼働されたのちに事故が起これば、日本は東西に分断され、むろん東京にも放射能は届く。東京目線で語るのは偏っているが、首都機能が失われること、皇居に影響があることを考慮してしまうからである。当然またしても原発立地地域の故郷が失われることも想定内のはずだ。

尖閣諸島の問題では、「所有権」と「領有権」の違いも分からぬ自称保守やネトウヨどもが安倍を支持している。民主党政権が尖閣諸島の「実効支配」を着々と強化していることすら知らないネトウヨと安倍は蜜月関係だ。

その安倍が首相になって、総裁選で公約したとおりに、「気合いだけ」で尖閣諸島に港を作り、公務員を置こうとしたら何が起こるだろう？

中国は習近平体制になって反日が度を増し、たとえ軍を胡錦濤が掌握する体制がとられようとも、中国軍の暴走を抑えられなくなる事態は十分にあり得る。そんな時に日本側で、国内法の充実以外の、これ見よがしの実効支配を進めたら、中国軍としては面子を守るために、漁民の大船団を盾にした軍事侵攻を実行するしかなくなるだろう。

戦争はちょっとした暴発によって起こる。いよいよ先の大戦以降、初の本格的局地戦の開始だが、その時ストレスが最大に達した自衛隊の最高指揮官の腹具合がメルトダウンするリスクは計り知れない。

我々は2つのメルトダウンを覚悟せねばならない。原発のメルトダウンと、安倍晋三の大腸のメルトダウンである。

「近いうちに解散」という言質《げんち》を取られて追及される野田首相が、嘘つきと言われたくないというおセンチな意地だけで解散総選挙に踏み切ったら、民主党惨敗、自民党圧勝は確実。野田首相がなんと言われようと、センチメンタルな判断を一蹴する悪人になれるか否かに国運はかかっている。

①女性宮家の創設。
②脱原発による、破局の除去、国土の保全。
③脱原発のための公共投資による内需優先の景気浮揚。

この三つが実現できれば、日本の活力が再生する。

女性宮家の創設によって、新たな女性の時代の象徴が生まれれば、少子化の歯止めにも、皇室の国際的な評価にも結び付くだろう。

脱原発のための公共投資で内需が拡大すれば、若者の雇用が増え、出生率が上昇し、グローバリズムの失速による世界恐慌を、日本だけが乗り越えて世界を主導していく立場になる。その時ＥＵ崩壊、中国共産党崩壊、ロシアと米国が日本に媚びを売り始めた時点を見計らって、**まず国連の敵国条項から日本を外す。**

そこから東京裁判史観を脱却する国際世論の形成に向かい、国際秩序を日本主導で組み替えてしまう。

わしはそのようなプランを思い描いている。

ごーまんかましてよかですか？

これをやれる政権はないだろうか？
胃腸が丈夫で、悪人になれる政治家はいないのか？
女性宮家と脱原発で、日本の活力を甦らせる政治家は、まだ現れないだろうか？

2品目 わしの朝食

「朝食・その1」

朝食はご飯がいい。ときどきパンの時もあるが、わしはおかずの中に、納豆かとろろ芋を見つけたら、朝から嬉しくなる。

今日のメニューは…

金目鯛の煮つけ
大根と油揚げの味噌汁
ルッコラ、トマトのサラダ
納豆
味付け海苔
低塩梅干し
きゅうりの漬物
白桃

食事の栄養バランスは10年、20年、30年経つと、如実にその効果が表れてくる。子供の場合は、朝ご飯をしっかり食べる子と、抜きの子では、圧倒的に成績に差が出るだろう。集中力が全然違ってしまうからだ。アンチエイジングを目指して、無理な食事制限したり、筋トレしたりするよりも、毎日の食事を楽しんだ方が、若さも健康も保てるのは当然だと思うんだが。

「朝食・その2」

また**朝食**である。

実はモノに全然こだわりのないわしは、一品を見つけるのが大変なのだ。思いつかなかったら朝食を載せよう。

メニューは「**なめこ茸ご飯**」「**あさりの味噌汁**」「**ごま豆腐**」「**玉子焼き**」「**大根おろし**」「**アスパラガス**」「**れんこんのきんぴら**」「**南瓜《かぼちゃ》サラダ**」「**きゅうりの漬物**」「**ヨーグルト**」である。

わしの目にはまず「あさりの味噌汁」が飛び込んでくる。大好きなのだ。次に「なめこ茸ご飯」。ご飯に味がついてると、全部食べてしまうからお腹一杯になる。といっても、わしのご飯の量は茶碗に半分くらいだ。

「れんこんのきんぴら」が好きで、この中では「ごま豆腐」が嫌い。なんで普通の冷奴《ひややつこ》にしないのか不満だ。

「南瓜」は妻が好きだから毎日のように出てくるが、しばしば味噌汁に入ってる時があって、大嫌いだ。わしは味噌汁の汁そのものが好きなので、汁が汚れる具材が入っていると失望する。

毎日、わしの好きなものばかり出てくるわけではないのだ。点数をつければ、この日は85点である。

ゴーマニズム宣言 RISING ニセモノ政治家の見分け方

第15章 安倍自民党はネトウヨと寝とうよ!

わしが『ゴーマニズム宣言』で慰安婦問題の戦いを始めたのは、もう16年も前のことだ。その直後、7社から出版されていた中学歴史教科書すべてに慰安婦の記述が載ることが判明したのを機に「新しい歴史教科書をつくる会」が設立され、わしも参加した。

あの頃の言論空間はサヨク全体主義というような状態だった。慰安婦は強制連行の被害者ではないと言えば、「セカンドレイプ」だと非難され、慰安婦問題で日本政府が謝罪する必要はないなどと言おうものなら、「レイプ魔の擁護者」のような極悪人扱いをされ、社会的に抹殺されかねないほどの「空気のこわばり」があった。

そんな中、わしも「つくる会」の面々も大変なリスクを抱えながら闘っていたのだが、それに対して八木秀次

ら若手の保守知識人は高みの見物を決め込み、「慰安婦問題なんて、そんなに大層な問題か？」と冷笑していた。

わしは「これを描いたら『右翼』のレッテルを貼られてオシマイになる」と言われながら『戦争論』を描き、奇跡的なベストセラーとなった。

『戦争論』は個人の購読だけでなく、一家で読まれ、図書館で読まれ、毎年増刷が続き、親から子へと世代を超えて読み継がれてきたので、16年経ったら国内の言論状況は一変してしまった。

ところがその後、小泉首相の靖國参拝や日韓ワールドカップで湧き上がった嫌韓感情やらで「保守バブル」と呼ぶべき現象が起き、「ネット右翼（ネトウヨ）」なる連中が出現してきた。

保守系雑誌が過激なタカ派見出しで売れるようになり、ネットで何のリスクもなく極右言論が横行し、まるで左翼団体のようにデモを繰り返す圧力団体が複数出現し、一般週刊誌までがタカ派主張を特集するようになって、もはや何のリスクもなく誰もが「慰安婦問題何するものぞ！」と息巻く「保守バブル」の時代が到来してしまった。

その「保守バブル」を象徴する「行動する保守」の現象について、今回は分析しよう。

そもそも保守は「庶民」の感覚であって、**デモや行動を起こすものではない。デモや行動は、情報によってヒマ人が群れて街頭に出てしまうもので、それはもはや「庶民」ではなく、「大衆」という塊りである。**

「行動する保守」を最初に提唱した人物、西村修平氏は、思想や言論は唱えるだけでは「アクセサリー」のようなものでしかなく、「直接行動」だけが世の中を変えるという信条を持ち、抗議行動で「お前はシナ人か！」

「朝鮮人は出ていけ！」などと罵声を飛ばし、その様子を動画サイトにアップロードして、いち早く運動にネットを活用した。

そして、西村氏の口汚い排外主義のアジテーションや、ネットを活用した運動スタイルをそっくり真似し、「行動する保守」を標榜《ひょうぼう》し、ありもしない「在日特権」を攻撃して差別感情を煽り、勢力を拡大した団体が「在特会（在日特権を許さない市民の会）」である。

10月14日の「ゴー宣道場」は、『慰安婦問題、アゲイン！』というテーマで開催した。そしてその客席には、現在62歳の元祖「行動する保守」西村修平氏がいた。西村氏から道場への応募はがきが届いたので、高森氏の助言を得て、参加させたのである。西村氏は一時行動を共にしていた在特会とも完全に決別しており、「脱原発」を主張し、皇統問題では「女系容認」の意見だというから、少しは話が分かるのかと思ったが、第1部が終わったところで不機嫌そうに帰ってしまった。

そして、提出していったアンケート用紙には……

1　道場で習練した結果を実践でどう生かすのか。

2　歴史・社会科学は自然科学と違い、実験ではなく、声の圧倒、大きさで真理が定着する。閉鎖的空間で歴史の捏造を糾《ただ》したとしても状況打開は不可能である

……と記していた。

結局この人は、圧力団体こそが真理を定着するという発想から、一歩も出ることができないのだ。

昔の左翼運動がそういう始末だったわけだが、安田浩一著『ネットと愛国』によれば、西村氏はもともと左翼の学生運動家で、今でも毛沢東の『実践論』をバイブルのようにしているそうだ。**いかに保**

守に「転向」したといっても、「行動」「圧力」で世の中を一気に覆そうという「革命」のイデオロギーへの情熱は何一つ変わっていない。左翼が右翼に反転しただけである。

真理は声の圧倒、大きさで定着すると西村氏は言う。「声の圧倒、大きさ」で真理が定着するのなら、中国・韓国に敵う訳がない。「反日」をアイデンティティとして教育された国民と、「声の大きさ」で戦っても勝ち目はなく、その論法の帰結は「戦争」によって真理を定着させるしかないというところまで行きつくに決まっている。ましてやアメリカを主軸にする旧連合国の歴史観（日本悪玉論）に、「声の大きさ」で太刀打ちできるわけがない。

それでも旧連合国の歴史観（日本悪玉論）は真理ではないのである！

日本国内の大衆運動では、内弁慶として吠えるだけで、海外で定着した「慰安婦とは性奴隷（Sex slaves）である」という認識を変更させることはできない。

しかしなぜわざわざ自分が忌み嫌っているはずの中韓と同次元にまで堕《お》ちて、「声の大きさ」で歴史認識を張り合おうとするのか、滑稽としか言いようがない。

革命思想で頭が固まった人には、わしの『**脱正義論**』は決して理解できないだろう。思想を捨て、主観だけで「正義」と思い込んだもののために運動することの快感に嵌ると、果てしなくカルト化していくという警告を描いたのが、『脱正義論』である。

わしはその本で**「日常に戻れ！」と説いた。つまり「庶民」に戻れということであり、国内を、そして国外を変えられる「現場」に戻**

れと説いたのである。

馬鹿は「現場」を持たない。「現場」では尊敬されない。だからこそ馬鹿の結集で圧力かける方法しかなくなるのだ。だが、『ゴーマニズム宣言』シリーズを読んで政治家や外交官という「現場」を取ったエリートになら、国際世論も変える力を発揮できるではないか！　実際、すでに政治家にも官僚にも自衛隊にも公務員にも企業にも、『ゴー宣』の読者は入って活躍している。

「ゴー宣道場」で修練した結果は現場で生かす。たったそれだけでいい。家庭で、友人、知人で、職場で、人に信用される人物になって伝えていけばいい。すでに自ら「ゴー宣道場」を卒業して、海外に雄飛した企業人もいる。そういう者たちにデモなんかやってるヒマはないのだ。

普段、自分の「現場」を持ち、忙しく働いて、家族を養いながら、地方からも来てくれている常識ある人々を、運動に駆り立てて遊ぶような無責任なことを、わしはする気はない。

さて西村修平氏は現在、在特会を厳しく批判しているが、『ネットと愛国』によれば、批判の要点は「在特会は罵声そのものが目的化している」「覚悟がない」「都合のよい時に、都合のよい場所で、気持ちよく発散させたいだけの運動にも見える」ということらしい。もともと朝鮮人に対する罵声は、西村氏が始めた運動手法のはずだが、まあこの批判は正しいだろう。

在特会や、それに共感するネトウヨには革命思想すらない。本気で世の中を変えようという意志など元からないのだ。ただ「現場」に打ち込めない空虚な自分を慰めるための烏合の衆なのだから。自分は恵まれていないという「不遇感」を、自力で克服する努力も怠り、すべては「在日特権」が悪いのだと責任転嫁し、日常では決して使えない差別語・侮蔑語をわめき散らかして憂さ晴らしをして

いる。それだけの人間たちである。そんなネトウヨ連中は、ありもしない「在日特権」への攻撃が行き詰まると、新たな標的を作るようになる。

その代表が「反・脱原発」、そして「反・パチンコ」なのである。

連中は、脱原発運動は「反日左翼の陰謀」と決めつけ、大規模な脱原発デモがあると押しかけて、日の丸を振りまわしてデモ参加者に罵声を浴びせて「原発を守れ！」と叫んでいる。同様に、パチンコ産業を「朝鮮人の民族産業」と決めつけ、勝手に憎悪を燃やしている。

もちろん「パチンコは朝鮮人の民族産業」というのも、「自分が不遇なのは在日特権のせい」「脱原発運動は反日左翼の陰謀」と同じ、妄想の域に近い言いがかりである。パチンコ産業は、日本企業も多く参入している。「新しい歴史教科書をつくる会」で教科書の採択を熱心に手伝ってくれたＪＣの知人はパチンコホールの経営者だった。わしの知人には、他にもパチンコ関係の知人がいるが、全員日本人である。

パチンコホールは在日コリアンの経営者の割合が高いというが、それは焼肉屋も同じではないか。だったら「反焼肉デモ」もやったらどうなのか？

「北朝鮮の資金源になっている」などという者もいるが、どのように、いくら資金が流れているかといった、具体的な話を彼らから聞いたことがない。どうせ例によって思い込みだけで勝手に言ってるのだ。**すでに北朝鮮に対しては経済制裁で送金規制が行われている。それでもパチンコが北朝鮮の資金源になっているというのなら、パチンコ産業を攻撃するよりも政府に送金規制の強化を求めるのが筋だろう。**

こんなバカどもの、言いがかり以外の何物でもないネガキャンのせいで、「ぱ

ちんこ おぼっちゃまくん」のシリーズ化は消え、わしは儲け損なってしまった。そして未だにこの「小林よしのりチャンネル」や「ゴー宣道場」の生放送のコメントで、パチンコがどうのこうのと言ってくる奴がいる。

そんな中、「ネトウヨとサブカルとパチンコの関係」について、興味深い報告をもらった。「ゴー宣道場」の門弟には様々な職業・経歴の人がいて、それぞれの現場からの報告をしてくれるのだが、これはフリーで色々な現場を経験しているCGデザイナーの報告である。ここで、ぜひ紹介しておきたい。

報告によれば、**「日本のゲーム、アニメ、CG業界はパチンコ・パチスロがなければとっくに崩壊している」**という。

まずゲームの場合、中小の開発会社はかなりの割合でパチンコ開発も行っているそうだ。

任天堂はパチンコをやってないというが、任天堂も自社だけでゲーム開発をしているわけではなく、その下請けの開発会社が何十とある。ゲーム開発はゲーム機の性能が上がるほど開発費もかかり、リスキーになっていく。しかも近年はスマートフォンやソーシャルゲームの台頭もあって「ゲーム機を買ってゲームをやる」というスタイルにもかげりが見え始めた過渡期ということもあり、中小にはそう簡単に大きな仕事も入らなくなっている。

そんな中で、パチンコ開発は本来の業務を続けるためにもリスクヘッジとしてありがたい存在なのだそうだ。パチンコをやってない会社は、強力なタイトルを持っていない限り、まず給料が安く待遇が悪いと考えてよく、実際、頑《かたく》なにパチンコを拒絶する会社に勤めたこともあるが、月収が8万円下がって毎日終電帰りだった……と、実体験による実にリアルな報告である。

さらにアニメの場合は数多くパチンコ化されているので、その関係性は一目瞭然だが、中でも最近のテレビアニメ『アクエリオンEVOL』『輪廻のラグランジェ』『エウレカセブンAO』などはパチンコがなければ存在せず、『エヴァンゲリヲン新劇場版』も、パチンコマネーがなければ、あれほどのクオリティを最初から出すのは不可能だったのではないかという。つまりそれは、『おぼっちゃまくん』の再アニメ化も十分あり得たということでもあるのだ!

そしてCG業界に至っては、もっとパチンコに依存しているという。CGプロダクションは、主にテレビの仕事をやっているところが多いそうだ。時折、メイキングなどで見たことがある。最近ではロケ地の確保が困難になっていて、特に時代劇なんかはCGがなければ作れないぐらいになっているようだ。ところが今は、もうテレビ業界自体が斜陽なので、予算が削られる一方で経営がかなり厳しいそうだ。映画やゲームは当たり外れもあり、発注の時期も一定しないので、やはりパチンコはありがたいということになるという。

そうは言っても「パチンコマネー」というのはやっぱりギャンブルでのお金、あぶく銭であり、お金はよくて仕事がラクということなので、そればかりやっていると、本来の業務での技術力や熱意が削がれる結果にもなる。そこで、明確な意志のある会社はパチンコもやりつつ、そこで稼いだお金で自分たちの作りたい作品を作ったりしているそうだ。

それはすごくよく分かる。わしだってパチンコに限らず、キャラクターグッズで、ある程度の収入を確保できれば、余裕をもって自分の描きたい作品を描くことができるはずだ。しかしそれがないならば、まず稼げる仕事を考えるしかなくなってしまうのである。

とにかく、オタクコンテンツとパチンコは、切っても切れない関係にある。報告では、最後にこう言っている。

「パチンコ・パチスロを否定するのであれば、アニメもゲームも邦画も一切見ない、やらないのが筋

だと思いますが、こういう事実をネトウヨに突きつけると大抵見て見ぬ振りをします。ゲーヲタ、アニヲタとネトウヨの層は同じではありませんが、かなり重複している結果だと思っています。また極端な人は『朝鮮の片棒を担ぐようなゲームもアニメも消えろ』などと反応してくるのですが、ここまでくると日本のＡＶを見て反日デモをする中国人と同じにしか見えません」

全く同感である!!

ネトウヨ連中は、何ら社会に貢献することも、生産に加わることもなく、逆に足を引っ張ることしかしていないのに、社会の恩恵だけは受けようとしているのだ。中国人、韓国人を「ウジ虫」だの「ゴキブリ」だのと罵っている連中こそが、実は日本の「寄生虫」なのである!!

ところがこんな連中を、安倍晋三は自分の「親衛隊」として取り込もうとしている!

「ライジング」Vol.8の『ゴー宣』で触れた、フジテレビ「とくダネ!」で安倍批判をしたキャスターの小倉智昭らが、ネトウヨの抗議を受けてあっさり謝罪した件について、安倍は自身のFacebookで小倉に対して「テレビに出て来る資格無しです」とまで言い、そして呆れたことに、小倉が発言を謝罪・撤回したことについて「多くの方が番組に抗議して頂いた結果でしょう。これは正にネットの勝利ですね」とネトウヨを褒め称えたのだ!

片山さつきは支援者のネトウヨに「皆さんは本当に素晴らしい愛国者」と媚《こび》を売ったが、安倍晋三も全く同じだ!

はっきり言って、小倉の発言には何の問題もなかった。それをネトウヨの圧力で言論封殺してしまい、そのことを安倍は絶賛したのである!!

これはもう、中国の文化大革命の際の「紅衛兵」みたいなものである。失政によって実権を失っていた毛沢東は、権力奪還のために「文化大革命」を発動。何も分かっていない10代後半の子供を煽動して、実権を持っていた者は「反革命」勢力だとして攻撃させた。それが「紅衛兵」である。紅衛兵は「造反有理（造反にこそ道理あり）」「革命無罪（革命に罪なし）」のスローガンの下、ひたすら破壊衝動をエスカレートさせ、一方的に「反革命」と決めつけた者を容赦なく吊るし上げ、虐殺した。古いものはすべて「反革命」と見なし、貴重な文化財をことごとく破壊した。やがて紅衛兵は毛沢東にも制御できなくなり、内ゲバによる殺し合いも始まった。文化大革命による死者・行方不明者は６０００万人とも言われるが、そのうちかなりの割合が紅衛兵の手によるものだろう。

実権を奪還する手段として馬鹿を煽動したりしたら、どんな大変な事が起こるか分かったものじゃない。そんなことも分からない安倍晋三・自民党は、貧すれば鈍するを地でいく劣化保守に成り下がっている。

ごーまんかましてよかですか？

安倍自民党はネトウヨと寝とうよ！
大衆化した運動・行動保守でなく、現場を持って思想し続ける庶民のための保守を再生させるために、まだまだわしは闘わねばならない!!

わしって甘いものが好きだ。脳を使うから糖分を欲してしまうのだ。ずっと座ってばかりだから腹が出て、あごに肉がついてるが、メタボにはならない。まあ、このくらい太ってないと、海外に行った時にボスに見られないから、わしは貫禄を取ることにした。

わしが一番好きなケーキは、某パティスリーの「**スーパーメロンショートケーキ**」である。

写真では分かりづらいが、高さが

3品目 スーパーショートケーキ

10センチ程もあるボリューミーなケーキなのに、ペロリといただける。なにしろ糖度14度の極上マスクメロンを使用し、低温殺菌クリームと、砂糖は和三盆等、すべての素材にこだわった、パティシエ渾身《こんしん》の逸品なのだ。だが問題がある。

一度知ってしまった極上の美味さは、それ以下の味で満足が得られなくなる。

そういえば、わしを知った女も、そんなことを言っていたな。

ゴーマニズム宣言 RISING ニセモノ政治家の見分け方

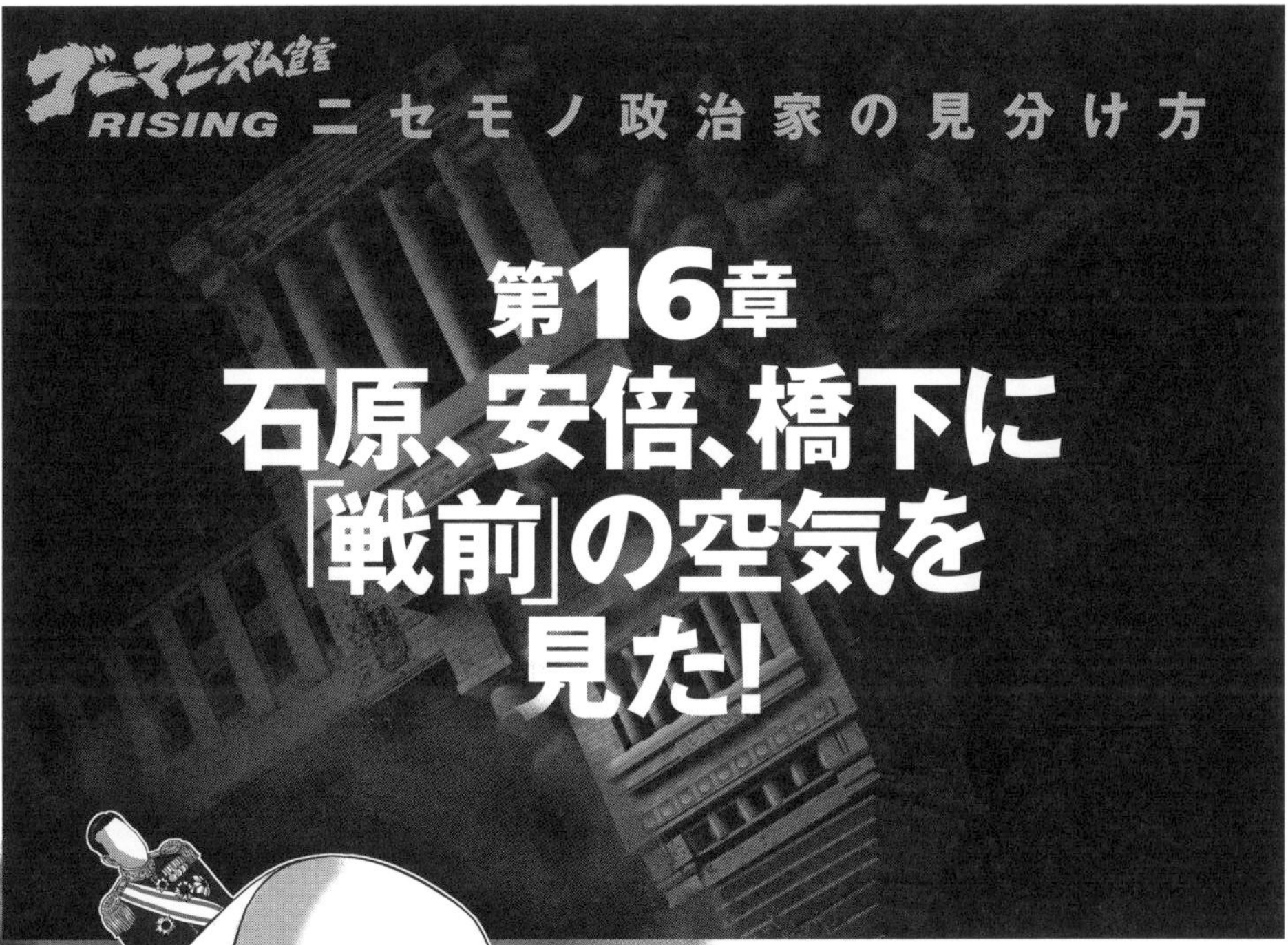

第16章 石原、安倍、橋下に「戦前」の空気を見た!

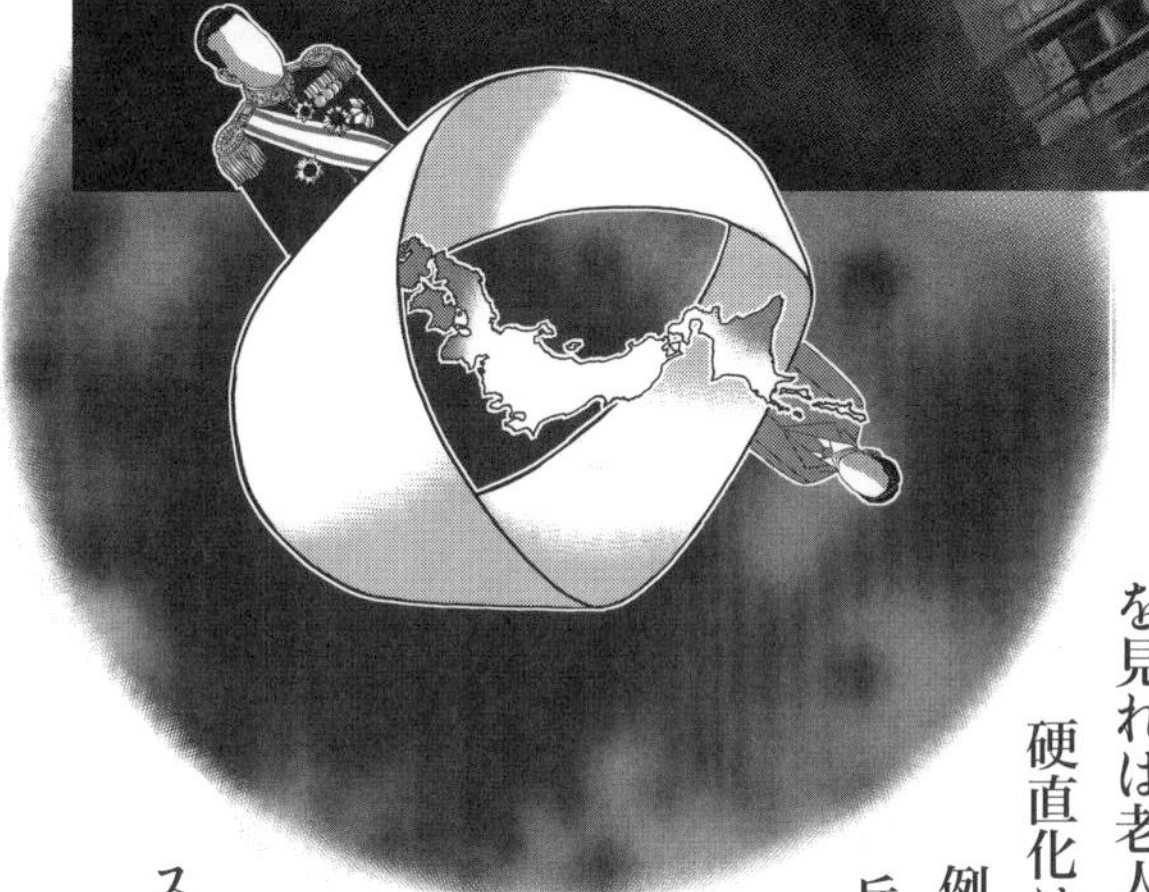

石原慎太郎が突如東京都知事を放り出し、立ち上がれなかった「たちあがれ日本」の老人たちを引き連れて新党を結成し、国政に復帰するという。

80歳にしてそのバイタリティーには驚くが、田中真紀子が言った通り、暴走老人で終わる可能性も高い。健康面は問題ないというが、さすがに身体を左右に揺らしながら歩いている様子を見れば老人だなと思うし、頭脳の硬直化は隠しようがない。

例えば石原は未だに「徴兵制」を主張している。

今の日本で徴兵制なんか復活させたら、自衛隊が迷惑する。ハイテク兵器が主力となる現代戦に求められるのは、電子機械工学や情報工学などのエキスパートである。いまど

きのニートやネトウヨのような連中を徴兵して大量に抱え込んだって、邪魔にしかならないのだ。むろんニートやネトウヨが徴兵忌避するのは目に見えているが。今の若者の精神を鍛え直すためにも、徴兵制の復活が必要だとか老人は言いたがるのだが、自衛隊は国防のために存在するのであって、役立たずの若者の矯正施設ではない。

そもそも、いま石原が小政党を作ったところで、それだけでは国政には何の影響力も発揮できない。

次期総選挙で自民党が勝利しても、単独過半数を取れない場合は、「ねじれ」国会を避け、「決められる政治」にするために連立政権を組む必要がある。石原としてはその時に自民党政権の補完勢力となり、キャスティング・ボートを握ることこそが必須であり、そのためには、どうしても「日本維新の会」や「みんなの党」と「第三極連合」を組んでおかなければならない。

もしこれが成功して自民・第三極連合の右派連立によって安倍晋三政権ができれば、その次の首相は、「石原新党」からも「維新の会」からも出すことができる。石原や橋下自身が首相になることだって可能になってくる。石原新党が弱小政党に終わらない方法は、それしかないのである。

しかし「第三極連合」を組むとなると、真っ先に問題になるのは各党の政策の隔たりである。

そこで石原はなりふり構わず、**「薩長土肥も、関心、考え方は違ったけど、幕府を倒して新しい国家をつくるということで大連合があった。一緒にやったらいいんだ」**だの、**「政策が違うとかじゃないんだ。大眼目は官僚支配を壊していくことだ。原発をどうするとか、消費税をどうするとかはある意味、ささいな問題なんでね」**だのと言い出した。

さすがにこれには「たちあがれ」の議員から、「政策が違う」「譲歩しすぎたら政党の意義がなくなる」との声が続出し、石原は「もうちょっと大きな視野で考えられないか」と説得する一幕もあったという。

とにかく石原は第三極連合の実現が第一で、政策は二の次、三の次といった様子である。それで、「石原新党」と「維新」、「みんな」の政策すり合わせは可能なのだろうか？　「維新」と「みんな」は先に連携協議に入っているから、そこに乗っかりたい石原は、あらゆる政策で妥協していく可能性もある。

石原は「現憲法破棄」を主張しているが、それに「維新」「みんな」が賛成するわけがなく、「憲法改正」に留めることになるだろう。

TPP参加は「維新」の最重要政策であり、「みんな」も賛成だから、反対している石原の方が折れるしかない。反対を通せば、「維新」「みんな」と連携できなくなる。**かくして賛成の「第三極」ができ上がることになる。**

安倍晋三は「親米・自由貿易論者」であるから、今のところJAの票を取り込むためにTPPに関しては「聖域なき関税撤廃には反対」くらいの言い方をしているが、これは「聖域があれば関税撤廃に賛成」つまり「条件付きなら賛成」と同義語であって、どうせTPP参加に転ずるはずなのだ。つまり自民党も民主党もTPPに関しては大した違いはないのだから、もはやTPP参加の流れは

止められないかもしれない。

消費税に関しては、三者とも意見が違っている。「みんな」は増税反対。「維新」は全額地方税化するという条件で増税に賛成。石原は増税賛成で、しかも地方税化は無理と言っている。

しかしこれに関しては、**自民も公明も民主も、既に増税を容認してしまっている状態なのだから、もう全額地方税化も増税反対も無理で、現状追認的にそのまま容認するしかないだろう。**

問題は**原発**である。

「みんな」は2020年までに原発全廃を主張している。「民営化」「市場万能主義」が「みんな」の政策なのだから、市場主義に徹すれば、コスト計算から原発を作る民間企業はなくなっていくと考えるのは理にかなっている。

石原は真逆で、原発推進である。

「維新」は「脱原発依存」ということになっているが、かなり怪しい。**橋下は、「維新」の国会議員団が公約案に「2030年代の全廃を目標」としたのを「全然駄目だ」と言ったという。**これはどういう意味なのか？　2030年代でも全廃はできないというのだろうか？　なお、「維新」の国会議員団の公約案では、終戦から100年にあたる2045年を目標に、「外国軍の国内駐留を全廃し、国土と国民を自力で守る」と記していたという。これは実に画期的な案であり、これを掲げるなら応援していいとも思えるのだが、橋下は「日米同盟があるわけだから」と言ってこの案を却下したという。

橋下は「日米同盟」が永遠のもので、日本は100年経っても200年経っても外国の占領軍が駐留し続ける国でいいと思っているのだろうか？　だとしたら、やっぱり橋下も単なる内弁慶だったと判断するしかない。

経済界の要請にあっさり折れて大飯原発再稼働を認め、その時に言っていた「夏場のみ期間限定」

の主張も立ち消えになっているのを見ても、橋下の「脱原発」は信用ならない。

先日、わしは脱原発派の飯田哲也氏に会ったので、「橋下徹の脱原発は大丈夫なんですか？ 怪しいでしょう」と聞いたら、「それをこっちに引っ張って来るんですよ」と答えた。だが、政党を立ち上げて、候補者を出して、選挙をするには、巨額の資金が必要である。財界とのコネを断ち切ってそれがやれるとは思えない。だとすれば、「維新」は石原との中間あたりで折り合いをつけ、脱原発はそれほど強力には打ち出さなくなるだろう。

そうなれば、「みんなの党」もそっちに歩み寄って「脱原発依存は徐々に進めていく」というような「あいまい戦略」で妥協ということになる。一見、政策をすり合わせるにはあまりにも無理があるように思えるが、バラバラの小政党では何もできない。こんなところで手を打つのではないか。

憲法改正は賛成、消費税増税は建前だけで反対だが容認可能、ＴＰＰは交渉に積極的に賛成、脱原発依存という建前だが、見直し可能のあいまい戦略。そんな政策の「第三極」ができることになるだろう。

そして、この政策なら安倍自民党と連携できるわけである。

最も妥協を強いられるのは石原慎太郎であって、実質、石原は骨抜き老人と化す。長年の盟友だった亀井静香が共闘を断り、「石原よ、お前ひとりで死ね！」と言ったくらいだから、「維新の会」と組めなかったら完全に孤立する。惨めな孤独死となるか、あるいは橋下のコマと化して生き残るかだ。しかし、こうして個別の政策で妥協しあって右派勢力が結集したとしても、何を国家ビジョンにするつもりなのだろうか？ 「保守」といったって、日本の何を保ち守るつもりなのか、どんな国にするつもりなのかが、全く見えてこない。

「官僚支配の打破」だの「地方分権」だのというのは、何の国家ビジョンにもなっていない。彼らには、国家の理念というものがないのである。「道州制」を目指している「地方分権」なんてものは、単にアメリカのモノマネをしたがっているに過ぎない。この小さな国土には必要ないアメリカの制度をまねて、国家を分断していくだけである。

現在は、中央が富を再分配しているために、地方間格差が抑えられている。もしこれが「地方分権」になれば、北海道などはたちまち破綻してしまう。あれだけ広大な土地に、東京の半分の人口しかなく、その広い土地に張り巡らされた道路のメンテナンス、そして冬は除雪が必要になる地方が「独立採算」になって、東京と同水準の生活を確保できるだろうか？ ちょっと考えればわかる話である。

現在、東京都のように裕福な地方の富が、貧しい地方に再分配されてもさほどの不満が出てこないのは、日本国、日本人としての一体感があるからだ。これがEUだったら、いくら人工的に共同体の一体感を作ろうとしたところで、なぜギリシャの経済危機をフランスやドイツが助けなきゃならないんだと不満が噴出して、たちまちEUは存続の危機となる。で、それをなだめすかすためにノーベル平和賞が授与されたりするのである。

日本はノーベル平和賞などなくても、当たり前のように富の再分配を行って地方間格差を抑えているのに、それをなぜわざわざ分断して、EUみたいなぎくしゃくした共同体にしたがっているのだろうか？

道州制になれば、都道府県よりももっと権限の強い中間搾取のシステムが作られる。そしてますます地方が衰えていくばかりとなる。さらにTPPに参加して、グローバル経済にさらされてしまったら、さらに地方は疲弊していく。地方都市はどこへ行っても同じ「ミニ東京」的な光景になり、地方の特色は一切守られないことになるだろう。

連中には、そんな貧しいビジョンしかない。故郷の特殊性や個性を守るという保守思想も失っている者が、保守であるはずがないのである。

安倍晋三と石原慎太郎が組んだら、ゴリゴリのナショナリズムを押し出して対外強硬策を唱える政権ができることになるが、それで何をしようというのか？　強硬策は唱えるが、強硬に何を守ろうとしているのかがちっともわからないのだ。どうせ考えていることといえば、憲法改正、地方分権、原発推進、それに皇統の「男系絶対」が加わるくらいだろう。

目指しているのは「男系絶対」の天皇のいる、軍隊の強い国という程度で、皇統の永遠を守るという保守思想さえ失われている。

一切思想のできない老人と難病患者が、老人と難病だからこそ、勇ましく過激にナショナリズムを鼓舞しているだけなのだ。その程度のナショナリズムに過ぎないのに、ただ「シナ・朝鮮なにするものぞ」と勇ましく言うだけで、熱烈に支持する国民が増えているのは、かなり危険な状況なのだが、気づく者はほとんどいない。

この状況は、極めて戦前の感覚に近いのだ。

なにしろ安倍晋三は、近衛文麿にそっくりである！

昭和12（1937）年、近衛文麿は首相に就任した。華族の筆頭・近衛家当主という家柄、しかも45歳の若さだった長身の貴公子・近衛は当時、圧倒的な国民的人気があった。

しかしその就任直後に支那事変が勃発。当初、軍は不拡大の方針だったが、近衛は強硬に戦線拡大を主張。やがて軍も拡大派が主導権を握る。そして南京陥落の後、近衛は「国民政府を対手とせず」という声明を発表した。

戦っている相手である蔣介石・国民党の政府を相手にしないのだから、もう終戦交渉はできない。交渉をせず、徹底的に国民党を殲滅し、新たに親日政権を樹立しようという、強硬策の極みだった。

そしてこれを、国民もジャーナリズムも強く支持したのである。

ところが、すぐ決着がつくと思われた戦争は泥沼化してしまった。すると、育ちの良さゆえに性格が弱かった近衛は耐え切れなくなり、無責任にも政権を投げ出してしまった。

ところがその後、再び「近衛首相待望論」が盛り上がり、そんな国民世論の後押しを受けて、近衛は首相に返り咲くのである。

そっくりではないか!!

東京新聞の「論壇時評」で京都大学准教授・佐藤卓己氏が、興味深い指摘をしている。近衛文麿が再度首相に就任する半年ほど前、「文藝春秋」昭和15(1940)年新年号に「国民はかう思ふ」という世論調査が掲載されている。これは、泥沼化した支那事変を打開すべく「国民の意思を反映する良き政治」をめざして実施された読者アンケートで、「事変下に於て内閣が屢々《しばしば》変るのは良いか」「近衛文麿公を今一度出し度いと思ふか」などの問いもある。

だが特に注目すべきは「対米外交は強硬に出るべきか」という問いで、

「強硬に出る」62・1%

「強硬に出るのはよくない」36・6%

「不明」1・3%

という結果だったという。当時、総合雑誌を定期購読する「知識人階級」は一般世論よりも理性的だったと思われるが、それでも強硬論が6割を超えていたのである。

そんな世論を受けて再登板となった近衛文麿は相変わらずの強硬論で、支那事変を解決するには積極的に南方に展開すべしと主張した。**そして三国同盟締結、南部仏印進駐によって、アメリカとの関係を決定的に悪化させたところで、またしても政権を投げ出すのである！**

敗戦後、近衛は進駐軍に取り入って戦後の政界に復帰しようと画策。しかし進駐軍が自分を「A級戦犯」として逮捕する方針であることを知ると、青酸カリを飲んで自殺してしまった。

その報を聞いた昭和天皇は一言、「近衛は弱いね」とおっしゃったという。

「第二次安倍政権」が誕生したらどういうことになるか、ここに予言が出ているような気がしてならない。

安倍晋三が近衛文麿なら、石原慎太郎は、陸軍の強硬派みたいなものだ。

先の見通しも何もなく、とにかく「ヤッチマエ」である。尖閣購入も結局は、後先なにも考えていない行動だったではないか。

こんな人間が政権の中枢に入ってきたら、危険極まりない。中国もこれから習近平体制になれば、より対日強硬路線になっていくのだ。戦争というのは、ほんの些細なことをきっかけに、偶発的に勃発することだって珍しくはない。尖閣を巡る現在の日中間は、何が起きても不思議ではない状況である。

戦前は、世論が全部タカ派になっていた。そして「文藝春秋」読者の6割が強硬派となってから2年後に、アメリカとの戦争が始まった。

これからの日本だってわからない。2年後にはシナとの戦争が始まっているかもしれない。なにしろ今は、サヨク雑誌で戦争が大嫌いだったはずの「週刊朝日」や「週刊現代」までが『尖閣を制圧するのはどっちだ』だの『自衛隊のほうが中国海軍より強い』だのという好戦的な記事を載せているのだ。

どうせいま強硬論を唱えている連中は、「そうは言っても実際に戦争になるわけがない」とか、「もし戦争になっても、すぐ勝てる」とか、虫のいいことしか考えていないはずだ。だがそれは、戦前も同じだったのだ。強硬論を唱えながら、「弱気に出るから付け込まれるのだ。強硬な態度を示せば、かえってアメリカは日本に手を出せない」とか、「アメリカ人は軟弱だから、いざ戦えば必ず勝てる」とか、虫のいいことを考えていたのだ。

誰も何も歴史から学んでいない。**今こそがまさに「戦前」であるかもしれない。**

ビジョンも何もない。ただ口先だけで「対中強硬」を叫んでいるのが心地いいというだけの理由で、国民がみな極論大好きなタカ派を支持している。これは非常に危ない状態である。

「皇統の男系絶対主義」「国軍への情熱」「原発推進」「市場万能主義」、これらのマッチョイズムへの傾倒が、「保守」ではなく、「極右」であると見抜く常識も、もはや国民から失われてしまった。

ごーまんかましてよかですか?

左翼が無力化してタカ派の暴走に抗えないのなら、わしがこの危険な空気と闘わなければならないのだろう。無意味に若者を死へ追いやらないために。

4品目 斬新なメガネ

9月17日に初めてネットで生放送をした。その時かけていたのがこのメガネである。

デザインの斬新さが気に入って買ったものの、これをかけて外出したら、わしを見ない人はいないというほど、注目の的になってしまった。結局、使ったのはその一度の外出と、「わしズム」の表紙撮影だけ。ネットなら違和感ないかもと、久しぶりにかけてみたら、やっぱり視聴者がメガネに釘付けになっていたらしい。

ファッションショーで、「あんなもの普段着られるか？」と思うような女性服がある。

後ろ丸裸の貧ぼっちゃまみたいな服を着たモデルを見たこともある。

日常性があるか否かのぎりぎりの斬新なデザインのメガネ…。果たしてまたこれをかける日は来るのだろうか？

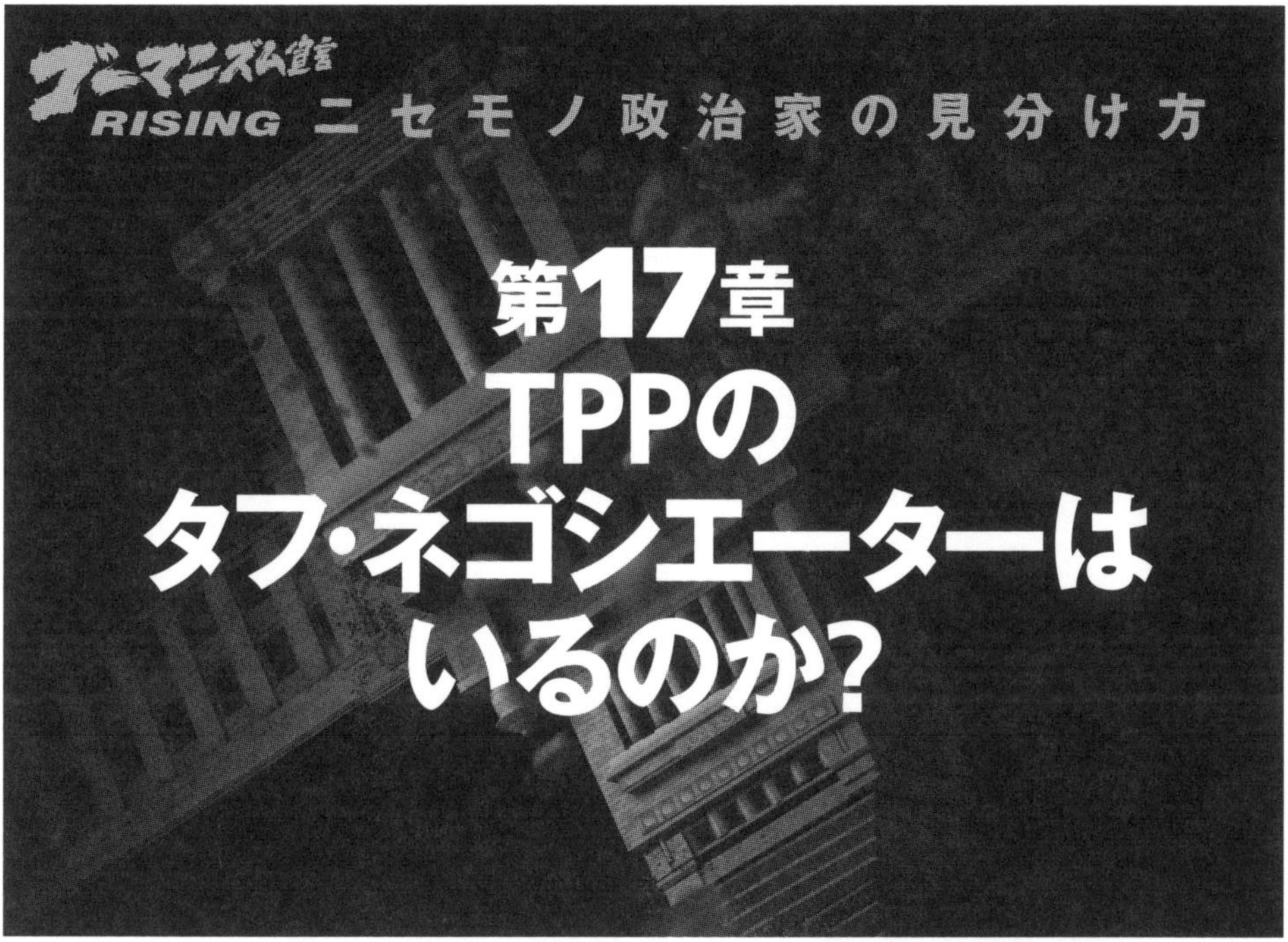
ゴーマニズム宣言
RISING ニセモノ政治家の見分け方
第17章
TPPの
タフ・ネゴシエーターは
いるのか?

『反TPP論』(幻冬舎)の帯を見てスタッフが青ざめていた。
あちゃちゃ〜〜っ…
誤解されそ〜〜〜っ。
TPP論
もう政治家も官僚も頼りにならないなら、国民自身の手でなんとかするしかない!
国を守る最後の手段を一人の男が教えてくれた。彼の名は、来島恒喜
定価:本体1500円+税
せっかく『脱原発論』でサヨクに好感もたれていたのに…
むう…
来島《くるしま》恒喜《つねき》のことは今の若い人は知らないだろう?
わしはちゃんと「選挙で落とせ」とあとがきに書いてるからな。

今回はそのTPPについての新情報を描いておく。

産経新聞が社説(平成24年2月6日付)でTPPの「事前協議」について、

「日本側の態勢はいかにも弱い。事前協議とはいえ、各国の利害が複雑に絡む駆け引きとなる」

「タフな『司令塔』がなによりも必要である」

と書いている。

TPP前協議
「司令塔」が必要だ
!?はあ

この漫画は2012年2月時点の話である。同年末の総選挙では、野田・民主党は「守るべきものは守って」の参加、安倍・自民党は「聖域なき関税撤廃には反対」を掲げたが、いずれにしても外務省・経産省の「交渉」の実態はこんなものだという事実は変わっていない。

産経新聞らTPP推進派は、「交渉で勝てばいい！」と繰り返していた。

そういうからには勝てる見込みがあるのかと思ったら、いざ交渉が始まるという段になって「タフな交渉人が必要だ」と言い出すのだ。

行きあたりばったりね～。

…で、どこにいるんだ、そんな人材は!?

平成24年2月8日、加藤紘一衆院議員が会長を務める自民党総合農政・貿易調査会と「TPP参加の即時撤回を求める会」が合同会合を開いた。

そこで明らかになったのは政府側、外務省・経産省のあきれ果てた「交渉」の実態だった！

そもそも政府は現在、「TPPの参加交渉に入るかどうかを決めるための事前協議」をしていると称している。

そして「事前協議」の結果を踏まえて全国各地でシンポジウムを開催し、「国民的議論」をした上で、国益に沿わなければ交渉に参加しないと説明している。

だが、「こんなこと言ってるのは、実は日本国内だけなのである！

他の参加国には、日本が「参加交渉の前段階」だなんて意識は全くない！

すでに「参加交渉」が始まったという認識であり、アメリカは参加を前提にどんどん要求を突きつけているのである！

交渉以前にもう負けている。

そして政府は負けていることを隠蔽し、誤魔化すことにのみ必死になっている。

この日の会合では、1月に行なわれたベトナム・ブルネイ・ペルー・チリとの「協議」の結果を外務省経済局・林禎二経済連携課長が報告した。

仮にこれが本当に「参加交渉の前段階の事前協議」ならば、日本側からは「こういう条件が満たされれば、我々は参加交渉に入る」と提示したはずだ。

ところが林課長の説明は、相手国から何を言われたかという報告に終始し、日本がこういう主義主張をしたという報告が全くない。

それで「日本側は何を言ったのか」を問いただすと…

基本的にはAPEC前に総理が11月11日に記者会見で仰られた内容の説明、それからTPPも含めた、いわゆる包括的経済連携の基本方針というのを2年弱前に閣議決定してございます。そちらについて内容を説明してございます。

要するに、条件は何も言ってないのだ!

そこで重ねて「どういう条件が満たされれば交渉参加を決定するのか?」と問うと…

総理も申しあげているとおり、国益の観点から協議を進めていくということでございまして、
こういう条件が満たされればというものが、現時点であるわけではございません。

はあぁ!?

今この時点で「無条件」!?

だが「国益の観点」で協議する!?

何言ってんだこの人!?

これが外交の現場の責任者といえる外務省の経済連携課長だ。

「タフ・ネゴシエーター」どころか、ガキの使い以下じゃないか！

さらに信じがたい話がある。

ニュージーランド政府のホームページに、「TPP交渉内容は4年間非公開」と書かれていることが明らかになっている。

FOREIGN AFFAIRS & TRADE
しーっ!!

つまりTPP交渉で何が話し合われても、4年間、一切国民には知らされないということなのだ！

TPP
これについて問われると林課長は、あっさり「事実」と認めた。

交渉中のテキスト、あるいは各国からその関係で出て来た文書は公開しないということでございます。

この手の外交交渉では、相手国との関係等もありますので、通常行なわれている事でございまして、他方、透明性の確保にも努力していくと…

要するに文書は出せないが、口頭で都合のいいとこだけ説明して進めるという意味だ。

基本的に相手国との信頼関係、つまり交渉途中で相手が何を言ったかを言ってしまうと、相手がもう日本を相手にできないということになってしまいかねませんので、
そういうところを踏まえまして、可能な限り、情報公開には努めたいと思いますので…

日本国民に対する信頼よりも、「相手国」との信頼の方が大事なのだ。

しかしそんなに「信頼関係」が重要なら、アメリカは野田が隠そうとした「全品目を交渉対象にする」という方針を勝手に発表したのだから、その時点で「アメリカは信頼できない」と言ってよかったのじゃないか!?

結局、日本はやられ放題やられるだけ。

そして、その情報は隠されるということだ。

なんという情けない！

野田首相は「守るべきは守る」「国民的議論をする」と言ったが、全くの嘘っぱちだ。

何を守るつもりかも主張せず、交渉内容は公表せず、それで何の「国民的議論」をしようというのか？

これで「国民的議論」のアリバイ作りのために、全国各地でシンポジウムなんか開いても、単なる税金の無駄づかいでしかない。

会合は自民党議員による林課長の「つるしあげ」の様相を呈するが、情報公開について、「どんな努力をするの？」と聞いても林課長は一切答えられず、「出せるものは出すということで努力していく」と答えるだけだった。

事実上、「都合の悪いことは国民に隠して参加する」と認めたに等しい。

だがまだ話は終わりではない。加藤紘一氏が「爆弾質問」を用意していた。

TPPで米国側の交渉窓口となっているのが米通商代表部（USTR）である。

『反TPP論』でも、USTRが業界団体の後押しを受けて異様に張り切っている状況を描いた。

ずんずん
TPP論
だが実はそのUSTRが今、リストラの対象になっているというのだ！

シャキッ！

シャキッ!!

オバマ大統領が1月13日、上下両院に文書を出し、USTRを始めとする6つの輸出関連機関を整理統合、さらに商務省を廃止して、輸出促進のための単一機関を新設すると発表したのだ。

もちろん、ここに至るまでには少なくとも数年は熾烈な抗争があったはずで、USTRがTPPに前のめりなのも、実はリストラの筆頭に挙げられた組織の必死のアピールだったようだ。

ところが日本政府側は、この情報を一切つかんでいなかった！

加藤氏は交渉におけるUSTRのカウンター・パートである経産省の通商政策局・渡辺健経済連携課長を問い詰めた。

USTRはまだ存在するの？今後もそこが窓口なの？

私どもも、1月中旬にアメリカ大統領の議会に対する…

1月中旬って言ったね？

それ、共同通信が配信した日だよ。

大臣を頭にした、国の行政組織がひとつ統合されるなんてことは、すごい大ごとだよ。

だからアメリカ政府内部ではここ2・3年、ものすごい暗闘があったと思いますよ。

それ、ちゃんとわかってた？共同通信が報道する前に情報つかんでた？

………

つかんでないでしょ！

はい、その、今回の…

そんな基本が不安定な所を、アメリカの意見を代表する場所だと思って、経産省は交渉してたのか!?

まだ統合は、案の段階と聞いてますので、そこはしっかり注視していきたいと思いますし、当面はUSTRで交渉の窓口は変わらないので、本件につきましては…

そんな答弁聞きたくないよ！子供じゃねえんだからわかってるよ！

普通、交渉相手のトップの機関がリストラされるなんてなったら、そんな交渉やめろってことになるんだよ！

し〜〜〜〜ん…

やめなさいよ！リストラされる機関を主な窓口にした日米交渉なんか！

し〜〜〜〜ん…

やめないで、やり続けるんなら、経産省の根本が問われる動きになるよ！

そんな情報も集められない、動きもわからないで交渉してたなんて。

それで日本国中が国論二分してやってんだ。

かわいそうだと思わんか？日本の国民を！

カッコよく描きすぎたか？。

加藤紘一、なかなかやる。中国に甘く、自虐史観だが、パトリオティズムはあるからTPP参加には反対になる。

パトリなきナショナリズムは保守雑誌やネットではウケるが、本物の愛国心ではないということにそろそろ気づくべきである。政治家の評価は単純にはできない。

前夜
特集 放射能、どんだけ怖い
TPPを阻止せよ
日本の故郷を守る
加藤紘一
「交渉で勝てばいい」威勢のいいことばっかり言ってみても、実際の日本の外交能力はこの程度なのだ。

TPPで何を得たいのかも判然としない。

ごーまんかましてよかですか？

リストラ機関が手掛けていた交渉が潰れたところで、日米関係が壊れるわけもあるまい。

撤退はとにかく早くやるべきだ！

負ける戦争にバクチで突入して引き返せなくなる愚を繰り返してはならない。

グローバリズムに無防備で国家の役割を放棄する新自由主義者を民主・自民両党から、一掃する必要がある！

男児一たび死を決すれば、胸襟落々、一つの塵も留めざるがごとく
これ以上の爽快はない！

何、あれ？

八百屋でしょう？

TPP論

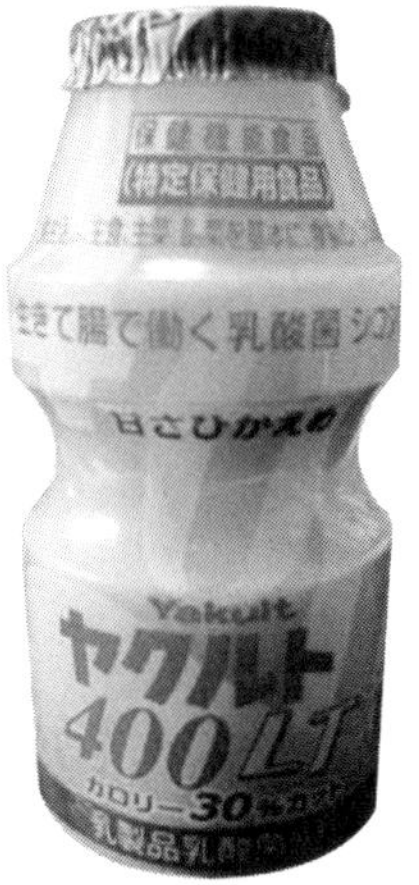

5品目 ヤクルト

実に適量で、口の中がさっぱりする飲み物である。朝目覚めたらまずこれを飲むのがクセになった。甘酸っぱさが心地よくて脳が活性化され、ただちに書斎に籠って仕事に没頭できる。朝食後にもう一本飲むこともある。

その名は**ヤクルト**、見た目に可愛いらしい飲み物である。

夏の暑い午後には、ガリガリ君かヤクルトで喉を潤す。たまに寝る前に腹が減ってることがある。そういう時もヤクルトを飲むと、空腹を誤魔化して寝ることができる。便利な飲み物だ。さすがに冬になればガリガリ君の出番はないが、ヤクルトは一年中飲み続ける。

昔はヤクルトを配るのはヤクルトおばさんだった。だが今はヤクルトお姉さんである。

就職状況が厳しいからか、若くて結構可愛い女性が配っている。

ありがとう。ヤクルトお姉さん。わし、助かってます。

ゴーマニズム宣言
RISING ニセモノ政治家の見分け方
第18章
橋下さまに捧げる言葉

わたくし、大変反省していることがございます。
橋下徹さまを、畏れ多くも「橋下徹」と呼び捨てにしてしまったことです!
橋下さまは『SAPIO』のわたくしと中野剛志との対談を見て、ツイッターで「面識のない相手を呼び捨てにするな!」とブチ切れられました。
「橋下徹の愛国度」を仕分けする
小林よしのり
公人は敬称ぬきで論じても構わないはずですが、橋下さまに限ってはその常識は通用しないということを、わかっていませんでした。

橋下さまは市長なのに
マスコミが
「橋下総理」「橋下首相」と
書きはやすほどの
大人物なのです。
『SAPIO』が
『橋下首相なら日本をこう変える』という特集を
組んだら大売れ！
これをきっかけに
各週刊誌で
「橋下首相」特集が
相次ぎました。
櫻井よしこ特別講演CD
橋下首相
日本をこう変える
今まで散々、橋下さまに
「バカ文春」と罵られた
『週刊文春』でさえ、
『あなたは橋下徹総理を支持しますか？』という
記事を組み、
批判の論調をぐっと
トーンダウンさせる有り様。
総力特集14ページ
あなたは
橋下徹総理を
支持しますか？
本誌読者緊急アンケートで
支持率63パーセント
『週刊現代』に至っては、
『橋下徹内閣に「あの男たち」が入るらしいぞ』と、早くも
組閣人事にまで着手しています。
ヘタレ政治家と
腐れ役人どもは
首を洗って待っておけ
橋下徹内閣に
「あの男たち」が入るらしいぞ
橋下首相！
橋下総理！
橋下内閣！
もう街ゆく人に
「今の日本の首相は誰？」
と尋ねても、「野田」なんて
名前は出てこない
のではないでしょうか？
こんな
どえらい大物には、
本当は「首相」と
呼んでもまだ
足りません。

だって首相なんて、腹痛で政権投げ出したコンプレックスから、右派強硬派で固まってしまった安倍晋三でも、
常に心が異次元に飛んでいるかのように目が泳いでいる鳩山由紀夫でもなれるのですから！

おっと安倍晋三は橋下さまと組みたくて、あなたの子分の大阪府知事・松井一郎と意気投合されてるのでしたね。

けったくそ悪い！なんて言いませんよ。

あの元首相が今や橋下さまのご威光にすがらなければ、自民党の中で威信を回復できないのです。

もはや元首相も橋下チルドレンですね。おめでとうございます！

しかし、どの政党も橋下さまにはすり寄ってすり寄って恥を知れと言いたくなりますが、
橋下さまにとっては入れ食い状態で釣れて愉快でございましょう。

民主党
そうだ、そうだ！石原慎太郎も橋下さまと連携したがっておりました。

じじいが新党作ったって、たちあがれないことはもう証明されましたからね。

尖閣諸島購入パフォーマンスで注目をひき、橋下さまと人気で同格になったとでも思い込んでいるのでしょうか？

失礼なじじいです。思い上がりもはなはだしい！

石原慎太郎は、橋下さまをうらやんで、石原チルドレンを作ろうとしてますが、そりゃ筋違いだ。
石原が橋下チルドレンの一員になるべきですよね？
橋下さまの存在は唯一無二！何しろ『SAPIO』の特集によれば、橋下首相ならば日教組支配を潰す、憲法を改正する、中国にNOと言う、年金破綻を止める、歴史教育を正す、公務員特権を奪う、…バラ色の未来がやってくるのです！
なら
変える
日教組支配を潰す
憲法を改正する
中国にNOと言う
年金破綻を止める
歴史教育を正す
公務員特権を奪う
橋下メシア！
橋下尊師！
そうお呼びしたいくらいです。
大飯原発の再稼働問題でも、橋下さまの手腕はお見事の一言に尽きます。
元々財界寄りの原発推進論者で、府知事時代は関西電力の元役員を副知事に据えるほど関電と蜜月関係で、本当は「脱原発」なんか毛頭考えてもいないのに、
政権打倒してでも再稼働を阻止するだなんて、大ウソの啖呵《たんか》を平然と切るその度胸！
副知事
『SAPIO』もすっかり騙されて、「原発再稼働NOで野田民主党と全面対決！」と煽りたて、いとも簡単に「脱原発の急先鋒」という虚像をでっち上げてしまいました。
日本をこう変える
維新の会「船中八策」の主な項目

そうなりゃもう
こっちのもの。
「原発容認」に転じても、
「あの橋下さんが
そう言わざるを得ないのなら、
仕方ない」とみんな
言ってくれるわけですものね。
大飯原発再稼働の
最大の功労者は
間違いなく
橋下さまです。
経済界もさぞかし
お喜びのことでしょう。
しかもこれだけの
「豹変」をしても、
誰も「裏切り」だと
非難しないのだから
すごいです！
テレビは橋下批判は
しませんものね。
なにしろ
橋下さまを出せば
視聴率がとれますから！
橋下さまは自ら
「敗北宣言」してみせる
ことで、有権者は
「こんなに潔く負けを
認める政治家は今まで
見たことがない！」
と拍手喝采！
いさぎよ——い！
負けてもえら——い！
よっしゃ——！
パチパチ
パチパチ
これから橋下さまが
「再稼働は期間限定」
「他の再稼働は認めない」
という新たなラインを
引いて抵抗を挑むなどと、
ありもしない
「第2ラウンドの闘い」が
始まると信じています！
次はたのむよ——っ
ドンマイ
ドンマ——イ
明日があるさ——
リベンジ
リベンジ——
夏の間だけ再稼働して、
秋になったら止めるなんて、
笑っちゃう話ですが、
橋下さまの大衆操作の
マジックにかかれば
マスコミも大衆も
イチコロです！
秋に止まるのか——っ
さすがだな——っ
ひと夏のがまんだ——っ
やってくれるね——
大したもんだ——

なにしろ人のいい脱原発論者の飯田哲也や元官僚で官僚批判する古賀茂明などを騙してブレーンにつけたりしているところなど、憎いほど巧妙です！

そうやって時間稼ぎしておけば、どうせ一般大衆どもはそのうち原発問題なんか関心失って、ガンガン再稼働したところでな〜〜〜んとも思わなくなる時が来るでしょう。

そうなりゃ飯田も古賀もハシゴ外してポイ！

さすがは橋下さま、人の使い方をよく心得ておられる！

学校行事における国歌の起立斉唱について、橋下さまが記者会見でMBS（毎日放送）のサヨク的な女性記者と30分近くやり合った時も、常人には決してマネのできない巧みな情報操作を見せていただきました。

あの時、MBSの記者は「一律に斉唱を強制するということについてどう思うか？」と質問しました。

つまり、思想信条に関する質問です。

ところが橋下さまはその質問に答えず、「起立斉唱命令は、誰が誰に出したのか答えなさい」と、記者に逆質問なさいました。

さすが！電光石火の論点スリカエです！

橋下さまは「思想」の議論を「制度」の議論にすり替えたのですが、あまりの早業に誰もそれに気がつきませんでした。
しかも記者が答えられないと見るや橋下さまは、「誰が誰に命令したのですか！」の質問を一点集中砲火、執拗に浴びせ続けました。
ドズ…ン
ドドドォン
ドドン
見ている人は何が論点なのかも見失い、「不勉強な記者が逆質問に答えられず、しどろもどろになっている」という印象だけが植え付けられていきました。
さらにＭＢＳが報道番組でその映像を使用した際、橋下さまをエキセントリックな人物だと印象づける「恣意的な編集」をしたと非難したのも、実に効果的でした。
なわけがない。世間に発信して十分と思えばここまでやらなきゃならないんです
橋下徹
僕はこのような記者でも有権者のためにと出来る限り応じました。それで約30分となりました。まあネットでやり取りが全て流れて、あとは有権者の判断に任せます。ＭＢＳのボイスではやり取りは全てカットされて、僕だけが頭のおかしい市長のように放映。これがテレビ。くわばらくわばら。
橋下徹
「私が質問しているのだから私の質問に答えよ。私は答える必要はない。」こんな取材姿勢が通るはずがない。ＭＢＳは一体どんな
上杉隆は、「恣意的な編集」をする既存メディアは信用ならないが、橋下さまは記者会見を大阪市のＨＰ上でノーカットの「ダダ漏れ」の状態で流していると評価しています。
ノーカットの「ダダ漏れ」なら情報操作ができず、公明正大であると上杉氏はおめでたくも思い込んでいるわけですが、その錯覚を利用する橋下さまの策略に、わたくし脱帽です！

長時間にわたる「ダダ漏れ」映像を全部見て、しかも橋下さまの方が論点をすり替えて議論をごまかしていることまで見抜ける、リテラシー能力のある人なんか滅多にいません。

大抵の人は、橋下さまがサヨク記者をやりこめている映像に、ただ快哉を叫ぶだけです。

特にネットで橋下さまを支持するのは、ネトウヨ・バカウヨの「B層」ですからね。

もちろん橋下さまは、それを全部計算ずくでやっておられる！

B層だましの神業テクニックです！

結局、この会見で橋下さまは、「国歌の起立斉唱命令は、教育委員会が全教員に対して行なっているのだから、教員なら命令に従うのが当然」という、制度上の主張に終始なさいました。

それで愛国心が育まれるのかという本質的な問題など一切考慮せず、ただ「命令だから従え」です。

でもこれでいいのです！

サヨクの巣窟である教育の場で国歌を歌わせる。それだけで単純なボンクラ保守や、ネトウヨ・バカウヨの「B層」は万々歳で支持してくれる、人気が出る！

必要なのはそれだけなのです！

愛国心がどーたらこーたらなんていう眠たい話なんか、かまってるヒマなどありません。

ふあぁぁぁぁぁ
そんなムダなこと考える時間があったら、ツイッターやんなきゃ！

あいつもこいつも手当たり次第口汚なく罵倒しなきゃ！

そうですよね、橋下さま？

え？

国旗国歌については天皇陛下が「強制でないことが望ましい」とおっしゃっていた？

関係ねーよ、そんなこたあ！

強制以外の手段で、どうやってサヨクのクソ教師どもに「君が代」なんか歌わせることができるってんだよ！

強制がいけないなんて、大阪の教育の現場を知った上で言えよ！

現実を知らない天皇ごときが、何を言ってようが知ったことか！

…って、橋下さまはお思いですよね？

わかってます。わかってますよ！

政治家以外の批判なんか、机上の空論！

だーれも橋下さまの批判をする資格なんてありゃーしません！

わたくし、以前、日本で「都」とは天皇がおられるところであり、「大阪都」はおかしいなんて言ってしまい、申し訳ありませんでした。

天皇の言うことなんか知ったこっちゃなくて、国歌斉唱を強制する橋下さまですから、天皇のいる所が「都」だなんて、チンケなことにはちっともこだわらないのは、とーぜんですよね！それに気がつかなかったとはお恥ずかしい限りです！

ぜひ「大阪都」をつくってください！

大阪府と大阪市を再編して「府市合《ふしあ》わせ」になる不幸せ構想の実現に期待しております。

大阪都
わたくし、ようやく気づきました。

ようするに橋下さまは、オレのいる場所が「都」だと仰るわけですね！

橋下さまの狙いは「易姓《えきせい》革命」だ！

そうか！そういうことか〜〜〜〜〜っ！

しかし橋下さまは、「大阪都」の先に「道州制」を実現なさるおつもりです。
どうせその時は大阪を解体せねばなりません。
この点に大阪府民が気づいていないのが滑稽ですよね？
そのあかつきには、兵庫県、京都府と共に大阪都も廃止！
「関西州」の誕生となるわけです！
関西州
「関西州」誕生後は、関西を代表する都市は神戸市と京都市になるでしょう。
京都
神戸
ですが、その前に「府市合《ふしあ》わせな大阪都構想」に堺市が参加しないと抵抗していますね？
大阪府
大阪市
堺市
次は橋下さま、堺市長に立候補しなければ！
堺市も解体しなきゃダメですよ！
しかし道州制にして「地方主権」となると、ほとんど独立国家に近いですね。
要するに道州制ってアメリカの連邦制にあこがれているだけのことなのですからね。

いっそのこと、とことん
アメリカを真似っこして、
法律も教育も
道州ごとに独自にやれる
ようにしちゃいましょう！
関西州は独自に
「銃所持」を認めて、
「自己責任」の州に
したらいかがで
しょうか？
もちろん、財政も
独立するはずです！
東京都民の税金を、
絶対に地方になんか
回さないように
してくださいませ！
稼ぎが少ない地方なんか、
疲弊しきって潰れていっても
仕方がないのです！
完全に地方が独立せずして、
何のための道州制か!?
そして目指すは
首相公選制です！
本当は、自己顕示欲だけは
やたら強いけれど、
間接民主主義のシステムでは
勝ち抜く政治的実力が
まるでない石原慎太郎みたいな
人が首相になるには、
この方法しかないから導入したい
と言ってるだけなのに、
愚民どもはコロッと騙されて、
公選制さえ導入すれば
立派なリーダーが選べると
思い込んでいます。
もちろん橋下さまも、
直接民主主義でなければ
首相になれないタイプの
お方です。
もっともっと
首相公選制はスバラシイと
宣伝しましょう！

首相公選さえ実現すれば、日本はパラダイス！

もっと早く首相公選制を実現していれば、青島幸男も横山ノックも首相になれたはずです！

あおしまだーあ
どうせ選挙民は、たった3年前に、「政権交代すれば、何もかもうまくいく」と思い込んで民主党に票を入れたことすら、コロッと忘れています。

いつもいつでも、新しい人や、党が現れ、システムをいじくれば明るい未来が開けると安易に信じ、何度騙されても決して懲りないのが大衆というものです。

だからこそ、橋下さまのようなお方が、脚光を浴びることができるのです。

でも、飽きられたらおしまいです。

一時は舛添要一や田中真紀子が「首相にふさわしい人」トップの人気を誇っていたことなんか、今では誰も覚えていません。

もちろん頭のいい橋下さまのこと、そこは手抜かりありません！

マスコミです。マスコミを喜ばせる話題を次から次に作るのは得意中の得意！

「朝鮮学校の補助金問題」から「大阪市音楽団の廃止」から「君が代強制」から「入れ墨調査」へ。

橋下さまの言葉は朝令暮改ですが、検証する余裕なんか人に与えない！

話題の「回転ずし」作戦！これがすごい！

橋下さまの記者会見では、全記者の半数が、橋下さまにお尻を向けて、ひたすらパソコンに発言内容を打ち込んでおります。

失礼じゃないかと思ってしまうわしが浅かった！

あれこそが橋下マジックなんですよね？

記者たちは市政ネタには関心がなく、必死で全国ネタを待っている！

回転ずしの中から全国ネタを探すために全部の皿をチェックしてるのです！

ネタそのものの精査が追いつかない状況です！

それでうかつなことを記者が聞けば橋下さまにぶち切れられるし、ネットで名指しでバッシングされるから、記者たちはもう逆らわない方がいい！

さらに橋下さまがツイッターを使って一方的に流す情報も押さえねばなりません。

「橋下さまのご機嫌をそこねないように」

「ネットで叩かれないように」

「全国区の情報をつかむこと」

それだけが記者の考えていることです。

橋下さまは府知事を1期も務めあげずに市長に転身！

「大阪維新の会」結成で国政進出をにおわせ、とにかく飽きさせないことだけには万全の態勢をとっておられます！

船中八策
そうです。衆愚有権者どもは、政治でも何でも「面白ければいい」としか思っていないのです。

橋下さまの公務員叩きも、大衆の溜飲を下げる「面白い」見せ物として大成功です！

不況で閉塞感のある時代には「魔女狩り」は必要です！

橋下さまが標的にした既得権益者としての「公務員狩り」によって、残忍な大衆が拍手喝采しております！

経済の素人である橋下さまの周りに、時代遅れの新自由主義者が寄ってたかってブレーンに収まり、小泉構造改革の夢よもう一度と蠢《うごめ》いていることなんかに、大衆は一切関心がないのです。

橋下さま！この調子でどんどん突っ走ってください！

TPPにも参加して、グローバルな弱肉強食市場主義に突入です！

そしてさらに貧富の差を拡大していきましょう！

その時、いま橋下さまを応援している人の多くが貧困層に追いやられることになるでしょう。

でも、小泉構造改革によって貧困層が増加したのに、今でも小泉純一郎が人気者でいるように、
橋下さまも、何があっても人気者でいられることでしょう。

いざとなれば、また「茶髪のタレント弁護士」に戻れば、この人が政治家として何をやらかしたかなんて、みーんな忘れてくれますものね！

橋下首相！

…いや、やっぱり「首相」じゃ足りない！

ごーまんかましてよかですか？

橋下大統領さま〜〜〜〜っ！

マスコミと「B層」ネトウヨと、
最も卑しい政治屋どもが、あなた様に媚びを売るからご安心を〜〜〜〜っ!!

6品目 錆びたギター

ニコニコ生放送で、ＡＫＢ48の曲を歌ってみようと思い立ち、10年ぶりくらいにギターを出して弾いてみたら、コードの押さえ方も分からなくなっていた。

Cを押さえたら人差し指の腹が6弦に当たって、きれいな音が出ない。指のまめが完全消滅してるからだ。なんとか基本的なコードを思い出して、誤魔化しつつ一曲弾いただけで、指が痛くて痛くてたまらない。

どうせ夜にギターの音が大きく響いたら、隣近所から苦情が来る。ピックも使わず、控え目な伴奏で、声だけで聞かせるしかないと思い、生放送で「ギンガムチェック」を歌ってみた。

その後、楽器屋に弦を買いに行ったら、弦って一ヶ月くらいで替えないとすぐ錆びるらしい。するとわしは10年分の錆が付いた弦で弾いていたことになる。弦を替えなければならないのだが、実はわしは自分で弦を替えたことがない。横着に友達にやってもらったりしてたからだ。

めんどくさいので買ってきた弦を放ったまま、仕事仕事で時が過ぎていく。次にニコニコ生放送する時までに弦を張り替えなければ。

わしはＡＫＢの曲の良さを伝えたいんだよ。面倒だなあ〜〜〜。誰かやってくれないかなあ。

ゴーマニズム宣言 RISING ニセモノ政治家の見分け方

第19章 許容できるデモ、愚劣なデモ

だったらクーラーも消せ！

深夜のテレビも消せ！

いや、夏の電力消費のピークは1時～4時だからそこでテレビを消せばいいんじゃない？

『脱原発論』が発売中である！

これは、あくまでも「電力は必要」という立場で描いた本だ。

ゴーマニズム宣言 SPECIAL
脱原発論
原発をなくせば経済成長できる！

倫理と豊かさは両立する！

小林よしのり
国土を守り、自然と共生し、成長と豊かさを目ざすのに、文句があるのか？

毎週金曜日に首相官邸前で行なわれる「反原発デモ」は好意的に見ているが、自称保守の「原発ブラボー団」ならこれをどう批判するかはわかっている。

60年安保闘争でも岸信介首相は、
銀座や後楽園球場はいつも通りだ。

…と言い放ち、日米安保条約の改定は阻止できなかった。

その時反対していた学生たちは、安保改定の条文を読んだこともなければ、内容も知らないまま、「感情的」に暴れていたのである！

あんぽはんたい、あんぽはんたい♪

あんぽはんたい

年寄りや政治家は
そういうことを知っているから、
「ポピュリズムに屈してはならない」と
冷ややかに言い放つだろう。
「感情的」だと決めつける。
「代替案がない」と決めつける。
「左翼だ」と決めつける。
わしが情けなく思うのは、
若手の知識人が
「二項対立では原発問題は解決しない」などと言って、
自分の立場をごまかす例が
目につくことだ。
昔からこういう、
高みに上って、知識だけ
ひけらかすヘタレがいた。
泥をかぶって
戦わない知識人を
ケーベツせよ！
自分が一番エライと
言いたいだけの
知識人はいらない！
「反原発デモ」は、忘れっぽくて、
すぐ諦める日本人の性質に
警鐘を鳴らし続けるという
意義があるのだ。
毎週金曜日に
ニュースであのデモを
報じている古舘伊知郎も
えらい。
デモの人数を2万人と
正確に報じる
姿勢に感心した。
だが、デモだけで
権力は動かせない。
反対
はんたーい！
民主主義の基本は
議論だ！
どす！
議論に必要な情報と
論理を身に付けなければ、
結局は負ける。

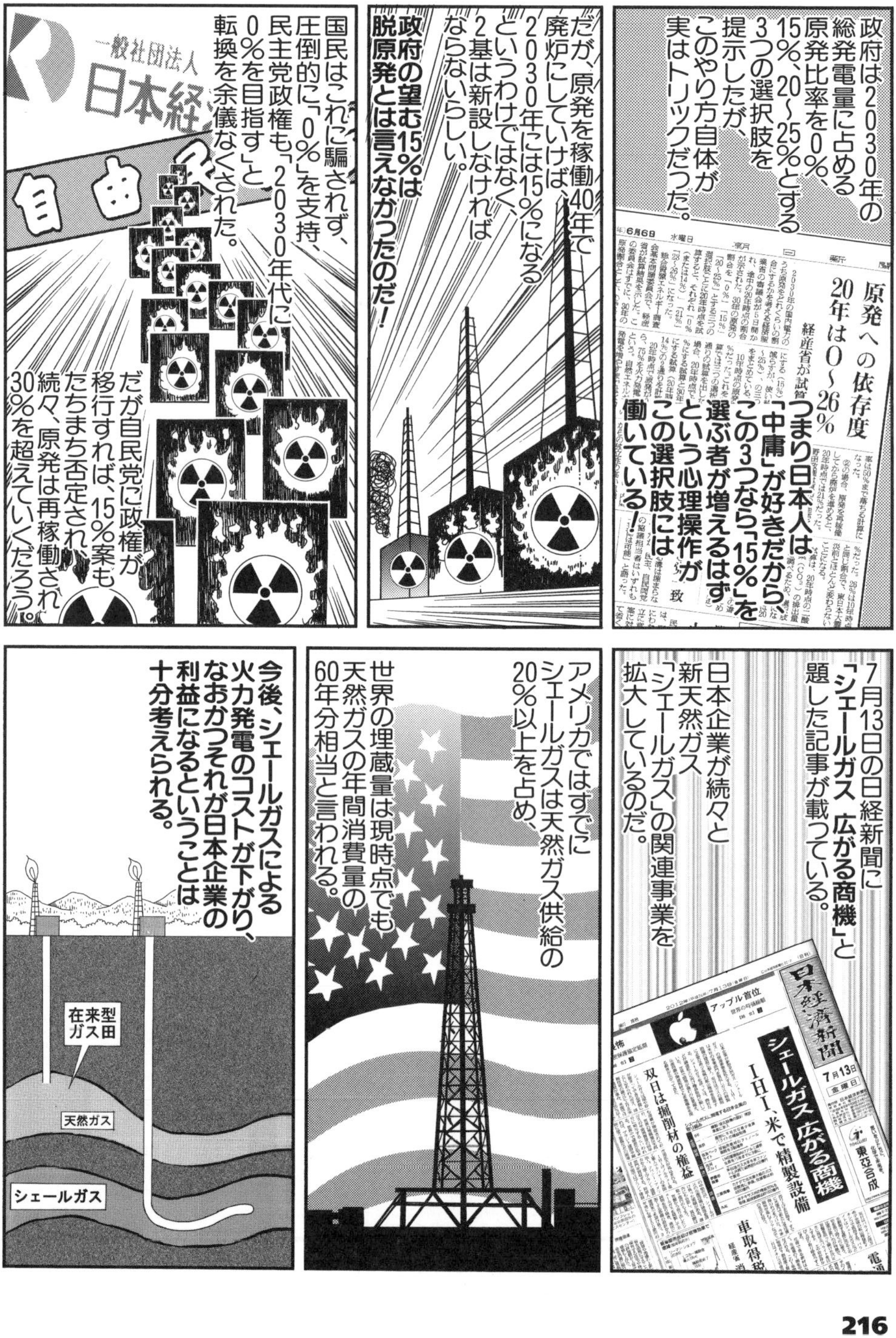

政府は2030年の総発電量に占める原発比率を0%、15%、20〜25%とする3つの選択肢を提示したが、このやり方自体が実はトリックだった。
原発への依存度
20年は0〜26%
経産省が試算
つまり日本人は「中庸」が好きだから、この3つなら「15%」を選ぶ者が増えるはずという心理操作がこの選択肢には働いている!
だが、原発を稼働40年で廃炉にしていけば、2030年には15%になるというわけではなく、2基は新設しなければならないらしい。
政府の望む15%は脱原発とは言えなかったのだ!
一般社団法人
日本経
自由民
国民はこれに騙されず、圧倒的に「0%」を支持、民主党政権も「2030年代に0%を目指す」と転換を余儀なくされた。
だが自民党に政権が移行すれば、たちまち否定され、15%案も続々、原発は再稼働され30%を超えていくだろう。
7月13日の日経新聞に「シェールガス 広がる商機」と題した記事が載っている。
日本企業が続々と新天然ガス「シェールガス」の関連事業を拡大しているのだ。
日本経済新聞
7月13日
金曜日
アップル首位
シェールガス 広がる商機
IHI、米で精製設備
双日は掘削材の権益
東亞合成
アメリカではすでにシェールガスは天然ガス供給の20%以上を占め、
世界の埋蔵量は現時点でも天然ガスの年間消費量の60年分相当と言われる。
今後、シェールガスによる火力発電のコストが下がり、なおかつそれが日本企業の利益になるということは十分考えられる。
在来型ガス田
天然ガス
シェールガス

そうなれば、原発は「不良資産」となり、既存の電力会社の経営が危うくなるかもしれない。
しかしそれは、原発依存度を高めてしまった経営判断のミスとしか言いようがない。
一般市民は忙しいから、誰もが勉強しろとは言わない。
原発に反対する者の10%でも『脱原発論』を読むリテラシーがあれば、それは大きな力になるのだが…。
ゴーマニズム宣言SPECIAL
脱原発論
原発をなくせば経済成長できる!
倫理と豊かさは両立する!
小林よしのり
「感情的」なのは「脱原発派」か?
それとも「原発ブラボー団」か?
それをはっきりさせようじゃないか!
国を変える正当な手段は『議論』である。
それが「物理的な威力」や、議論を封じる「空気」であってはならない!!
だからわしは「デモ」というものに本来は懐疑的なのだ。
「反原発デモ」は好意的に見てるが、着地点が見えないし…。
再稼働反対!
原発やめよう
再稼働反対!
大飯原発の再稼働に断固反対
原発やめよう
日の丸掲げた維新気どりの「ウヨク市民デモ」はヒマ人のお祭りだし…!
本解体断固阻止
民主党政権打倒!
在日特権許さない
「行動するネトウヨ」の「嫌韓・反在日デモ」に至っては、まるでカルト集団だ!

8月15日は終戦記念日だが、わしはこの日が憂うつである。

「郷土（パトリ）」を守るために戦った多くの若者たちが、敗戦で報われぬままになった失望の日だからだ。

英霊の中には、今や放射能で住めなくなった郷土から出征した者もいるだろう。申し訳ないと思う。

立入り禁止
靖國神社では、毎年、鎮魂とは程遠いエキセントリックな光景が繰り広げられる。

極右排外主義の「行動するネトウヨ」が、騒ぎに来る。

反天皇の極左集団もやって来る。

衝突を防ぐために機動隊も現れる。

ぶっ殺せ〜〜〜っ！

朝鮮人め〜〜〜！

売国奴、守銭奴、朝鮮人を絶対に許すな———！

在日朝鮮人を列島から叩き出せー！

日本人を侮辱していい気になっているクリプタ野郎は一人残らず日本から出ていけー！

許さない市民の会
許さない市民の会
パチンコマネーに汚染された警察官よ、ただちに立ち去れー！

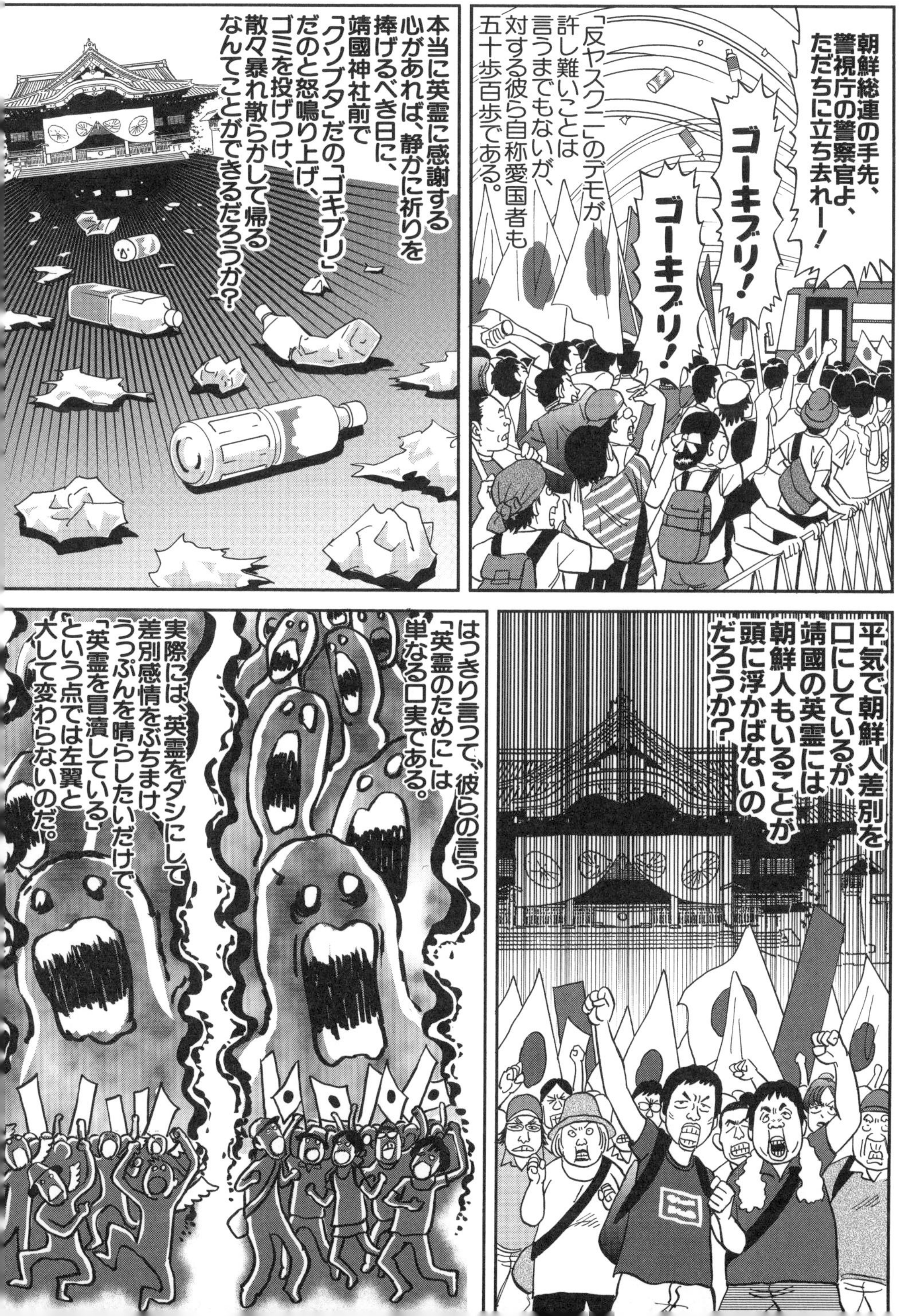
朝鮮総連の手先、警視庁の警察官よ、ただちに立ち去れー!

ゴーキブリ!

ゴーキブリ!

「反ヤスクニ」のデモが許し難いことは言うまでもないが、対する彼ら自称愛国者も五十歩百歩である。

本当に英霊に感謝する心があれば、静かに祈りを捧げるべき日に、靖國神社前で「クソブタ」だの「ゴキブリ」だのと怒鳴り上げ、ゴミを投げつけ、散々暴れ散らかして帰るなんてことができるだろうか?

平気で朝鮮人差別を口にしているが、靖國の英霊には朝鮮人もいることが頭に浮かばないのだろうか?

はっきり言って、彼らの言う「英霊のために」は単なる口実である。

実際には、英霊をダシにして差別感情をぶちまけ、うっぷんを晴らしたいだけで、「英霊を冒瀆している」という点では左翼と大して変わらないのだ。

一体あの「行動するネトウヨ」は何者なのか？

安田浩一氏の『ネットと愛国』を読んで本当にあきれた。

彼らは、こう信じているのだ。

在日朝鮮人が日本社会における「特権階級」であり、自分たちはその「特権」のために虐げられた存在となっており、「在日特権」に対して「階級闘争」を挑んでいると！

本気でそう信じてるらしい。

安田浩一
ネットと愛国
在特会の「闇」を追いかけて
完全な「陰謀論」だが、彼らは自分が気に食わない者は誰でも「在日朝鮮人」と決めつけ、気に入らないことがあれば何でも「在日の陰謀」にしてしまう。

だから靖國前でも、相手は日本人の左翼団体なのに「在日が入り込んでいる」と決めつけ、在日朝鮮人差別のシュプレヒコールを上げている。

警察官僚とパチンコ業界団体の癒着が一部で指摘されたからといって、警視庁を「朝鮮総連の手先」と言うに至っては、その飛躍のすさまじさにあきれる他ない。

そういえば、一度『おぼっちゃまくん』をパチンコ化したことで、いまだに「小林は北朝鮮に魂を売った」とネットに書く者がいるそうで、単に嫌がらせかと思っていたのだが、どうも本気で信じている馬鹿がいるらしい。

しかし「パチンコに関わった者は全員北朝鮮の手先」なんていうバカバカしすぎる陰謀論を信じ込むほど頭の悪い連中が、愛国者を気取って8月15日の靖國神社に押しかけたり、「朝鮮人を叩き出せ！」と叫んでデモ行進したりしているのである。

守銭奴、人を絶対に許すなーー！！

在日朝鮮人を列島から叩きだせー！

日本人を侮辱していい気になっているブタ野郎は一人残らず日本からでていけーー！

パチンコマネーに汚染された警察官よただちに立ち去れー
彼らの主張する「在日特権」も根拠は甚だ怪しい。

『ネットと愛国』では、かつて「在日特権」を告発してきたジャーナリストの野村旗守氏がこう語っている。

「民団や総連といった民族系組織が強大な力を誇っていた時代ならまだしも、いま現在、在日にどれだけの特権が残っているというのか。そんなもの、ほとんど消滅していますよ。仮にその残滓《ざんし》があったとしても、目くじらたてるようなものじゃない」

「私の眼から見れば、『在日特権を許さない』という※在特会の活動は、『在日特権』なるものがほとんど消えてなくなった後になって始まったかのように見えて仕方がないのです」

「『ない』ものを『ある』と言い、あるいは『小さくある』ものを『大きくある』と言って相手を責め立てるなら、これは不当な言いがかりであり、チンピラヤクザの因縁の類と変わりがないでしょう」

彼らは「在日特権」がなくなってから「在日特権」を叫び、「愛国」を主張することに何のリスクもなくなってから「愛国」を叫び、それを口実に、自分の差別感情を正当化しているにすぎないのだ。

※「在日特権を許さない市民の会」

かつてわしは『差別論』で、
競争社会の中で敗れた者、
愛情を受けられぬ者、
そんな「絶対弱者」が
自分の誇りを回復したくて
他者を「差別」する構図を
描いた。
弱者こそが
人を差別する。
ゴーマニズム宣言
差別論スペシャル
小泉構造改革が弱肉強食社会を
急速に促進した結果、
若者を中心に膨大な「弱者」が
生み出されてしまった。
ネットの関係でしか
他者から承認されない
寂しい「弱者」たち…
そんな人間をネトウヨは
吸収し、拡大してきたのだ。
「在特会」というネトウヨの
活動は過激化し、
2010年にはメンバーが
京都の朝鮮学校に
押しかけた件などで、
合計8人の逮捕者を
出している。
さらには、奈良県の
「水平社博物館」に押しかけ
出て来いよ!
エッタども!
ここはドエッタの
聖地らしいですな。
エッタ博物館!
などと連呼する者まで現れた。
博物館の展示に、
慰安婦を「性奴隷」とする
展示があったことに
抗議するためというが、
それが「エッタ」「ドエッタ」を
連呼していい理由には
ならない。

『差別論』を描いた17年前は
「解同こわい」という感覚が
浸透していて、
差別に反対する作品だと
いうのに、いちいち解放同盟に
「この文脈で『エッタ』を使って
いいか？」と確認しなければ
ならなかったのがウソのようだ。
なんじゃい 優しいおっちゃん やないか！
この言葉と この言葉は マズイんですけど……
まァ 最後は 作家の方の 感性の問題 ですから…
自主規制も されずに載って ホント 良かったわ
ところが今回 皇室関係 描くと 一本丸ごと 落とされて しまったわ
さらには2011年8月、
ネットの呼びかけに呼応して
お祭り気分で集まった
6000人もの一般市民が
フジテレビ本社を取り囲んで
デモを行なった。
韓流なんて見たくないぞー
フジテレビを解体しろー
「在特会」は先鋭的なネトウヨだが
その背景には、欲求不満を溜め込んだ
シナ人みたいなネトウヨが大勢いるのである。
ネットで集まった市民が、
フジテレビが韓流ドラマ
ばかりやっているとか、
「好きな鍋料理」の1位が
キムチ鍋だったとか、
どうでもいい話に難癖をつけ、
フジテレビを「媚韓」だ
「売国」だと決めつけ、
ネットで6000人も集まって
デモをやるとは！
なんという気色悪い連中だ!!
このデモもやはり
8月15日の靖国前の暴徒と
全く同じで、
「反韓」を口実に騒ぎまくって、
「絶対弱者」が優越感を得る
「お祭り」に過ぎなかったのだ。

1年経った今、フジテレビの
韓流ドラマは激減した。
しかしそれは
デモの成果ではない。
韓流ドラマも
視聴率がとれなくなって、
情報番組に
とって代わられただけだ。
K-POPは、そもそも
流行ってもいなかった。
幻想だったのだ。
わしが予想した通り、
国民的アイドル
AKB48に
撃退されてしまった。
ネトウヨはマスコミを
「マスゴミ」と呼んで侮辱する。
確かに左翼偏向したマスコミが
反日自虐史観を蔓延させ、
「弱者権力」を作り上げ、
世の中を歪めていたのは間違いなく、
わしもそんなマスコミと戦ってきた。
しかし、マスコミを
「マスゴミ」呼ばわりする
ネトウヨ連中の考えや行動は、
これまでのサヨクメディアが
言っていたことを180度
ひっくり返しただけであり、
これでは単なる反動にすぎない。
「マスゴミ」の反動で、
「ネトゴミ」ができ上がっただけなのだ！
在特会の動きは、最近ますます
過激化している。
ありもしない「在日特権」を攻撃する
やり口に行き詰まったためか、
「原発を守れ！」だの、
「パチンコ撲滅！」だのと攻撃対象を広げ、
そしてつい最近見つけた新たな「敵」が、
「生活保護不正受給」だ。

もともと在特会は、在日に生活保護が優先的に支給されていると主張し、それが「在日特権」だと言っていた。

だが実際は、在日に生活保護が優先支給された事実はない。

「在日韓国・朝鮮人に対する給付率が異常に高い」と彼らは主張するが、それは本当に在日韓国・朝鮮人に困窮している人が多いからである。

それでも以前から「生活保護」を攻撃材料にしてきた在特会にとって、お笑い芸人の母親が生活保護を不正受給していた疑惑は、格好の標的だった。

彼らは、その芸人が出演する劇場に近い新宿駅東南口で抗議行動を起こし、例によって口汚くあたりかまわず怒鳴りまくっていた。

たぁたき出せー!

そこに通りがかった老人が、うるさいと抗議すると、デモ参加者の一部はたちまちその老人を取り囲み、引き倒し、殴る蹴るの暴行を加え、罵声を浴びせた!

そしてネットでは、この老人も、不正受給疑惑の芸人も、「朝鮮人だ」とする噂がまかれた。

一方、芸人の不正受給疑惑を自分の政治的パフォーマンスに使った国会議員が、片山さつきである。

これはさすがにやり過ぎた。あざといといった批判が噴出していた。

しかしそんな中で、断固片山さつき支持を表明し、応援のデモまで行なった人たちがいる。

私が日本を立て直す
そのデモの現場には片山さつき本人が登場。

日本版ティーパーティーが始まった。皆さんは本当に素晴らしい愛国者。

…とほめ称えて激励。

約30分にわたり対話した。

私に対しても、いろいろ嫌がらせがあったが、どこから来ているかはわかるんですよね。

私たちの日本を愛するマグマの方が強いことを教えよう。

参加者に「私の新しい友達」と名刺を配り、「がんばって」と送り出し、横断幕の前でVサインをしている。

保護は必要な人
正す議員を応援
デモ隊はシュプレヒコールを上げながら、新宿駅周辺を約1時間行進したという。

片山議員と私たちはともに戦うぞーー

実はこのデモ隊の主催は在特会と行動を共にしてきた団体であり、他にも在特会と関係の深い人物が参加していたことが確認されている。

片山さつきは、そういう者たちと蜜月関係に入ったのだ。

片山さつき、レイシスト（排外主義者）の味方である。

しかし片山さつきは、小泉チルドレンのネオリベ（新自由主義者）だ。

ネトウヨたちは、自分たちを下層に落とした張本人を支持してるのだから、全くめでたい連中だ。

馬鹿は死ななきゃ治らないという言葉がぴったり当てはまる。

片山さつきだけではなく、最近の自民党の一部の議員は、ネトウヨの暴言に影響を受けているのではないかと思える者がいる。

尖閣諸島はカネで買える！都が守る！国には売らん！

皇統は男系Y染色体じゃろがーっ！

原発断固推進じゃーい！

放射能は健康にいいーっ！

在日の陰謀！チョーセンの陰謀！中国の陰謀はあるぞ――！

ネトウヨ・ニートに影響される政治家って、史上最低のヘタレだ！

「愛国心とはならず者の最後の砦である」

このサミュエル・ジョンソンの言葉がこうも説得力をもって聞こえる日が来るとは思わなかった。

デモも色々ある。
生死がかかった真剣なデモもあれば、
組織動員の反体制左翼型デモもあれば、
愚劣な差別デモもあれば、
お祭り気分の着地点のないデモもある。
本気ならば議論に堪えるリテラシーを身につけなければ、この国を変えることなどできない！
脱原発論
小林よしのり
倫理と豊かさは両立する！
原発をなくせば経済成長できる！
『脱原発論』の発売からほぼ1か月後には、「ゴー宣道場・拡大版」として『倫理と成長の脱原発』を開催した。
玉川区民会館
もちろんこれはデモではなくて、シンポジウムだ。
電力は当然必要である！
あくまでも愛国者の立場から脱原発の公論をつくりたい。
ごーまんかましてよかですか？
倫理を手放さず、真剣に議論して、国を変えることはできないだろうか？
破局は今でも予感できるはずだ。
3・11以前のてきとーにただれた終わりなき日常に戻っていくかどうか、ここが分水嶺だと思う！

7品目 コーヒーフロート

夏の間、朝食後に必ず**コーヒーフロート**を飲んでいた。今も飲み続けている。

朝食後にすぐ新聞をチェックし始めるのだが、その時に飲むのがクセになった。アイスコーヒーだけでは甘みが足りないし、はちみつを入れるだけではカロリーが足りない。アイスクリームだけでは却《かえ》って喉が渇く。

濃いめのアイスコーヒーにアイスクリームを入れれば、苦さと甘さと冷たさが、バツグンのハーモニーを奏でる味になる。アイスを溶かしながら食べて、全部溶けたら、ごくごくコーヒーを飲み干すと、喉の渇きがすっかり潤って、アイスの甘みが脳を俄然活性化させ、書斎に飛び込んでパソコンを打ち始める。

ただこれを飲む時は、デザートが食べられない。おなか一杯になる。冬は暖かいコーヒーに、ケーキなどを食べるのだが。

甘いものは朝のうちに摂取した方がいい。脳で糖分を全部消費してしまうからだ。

今年はいつまでコーヒーフロート飲めるかなあ？

ゴーマニズム宣言
RISING ニセモノ政治家の見分け方

第20章
専門家の信用が失墜して『脱原発論』が有効!

現在、この「神3冊」が出ている。
国家の命運を握る超真剣な最終兵器、『脱原発論』！
AKB48を通して資本主義と人間の実存と宗教に迫る『AKB48白熱論争』！
一流作家による古事記のオムニバスを実現させた『わしズム──真夏のまなざし号』！
脱原発論
小林よしのり
原発をなくせば経済成長できる!
倫理と豊かさは両立する!
GS
AKB48白熱論争
小林よしのり
中森明夫
宇野常寛
濱野智史
頼む。悦に入らせてくれ。
世にこの「神3冊」が流通してると思うと自然に笑いがこみあげてくる。
うくくくく…

だが、財界ポチ保守の
一部マスコミと知識人が
「原発再稼働」の世論を
必死で作ろうとしている。
原発ゼロでも
無理なく節電しつつ、
クーラーも使いながら
猛暑を乗り切っている
賢明な国民に向かって、
「電力が足りなくなる」という
恥ずべきデマを流布しながら。
奴らを挫折させるには、
『脱原発論』が
売れるしかないっ！
脱原発論
原発をなくせば経済成長できる！
小林よしのり
これは郷土を守る
「パトリオティスト」の
戦いなのだっ!!
2012年
9月16日には
「ゴー宣道場 拡大版」で
『倫理と成長の脱原発』
というテーマで
祭りを行なった。
玉川区民
ゲストは4名。
まず自民党・中堅・若手議連の
代表として「脱原発の実現」を
目指す河野太郎衆議院議員！
自民党内で「脱原発」を
旗幟鮮明にしていて、
しかも理論を持っている
政治家の代表である。
「脱原発」は、空気を読む
「ムラ社会」的な政治家には
期待できないのだ。
女優・木内みどり氏。
以前「ゴー宣道場」に参加され、
今は脱原発デモに
参加されていると聞き、
お誘いした。
腹の据わった女性に、
女性と母親の感性を表明
してもらうことは大事である。

そして意外なゲストだが、城南信用金庫の理事長、吉原毅氏！

この人を知っているか？

吉原理事長は、原発事故の翌月に早くも「脱原発」を宣言し、東電からの電気購入をやめてPPS（新電力会社）に切り替え、さらに全店を挙げて節電に取り組み、各種の節電商品サービスまで開始した。

まさに「経世済民」の理念を貫く見事な経営者なのだ。

城南信用金庫
城南信用金
吉原氏は、企業は社会貢献が目的であるべきで、利益はそれを維持させるために出すのであって、利益追求を目的と履き違えてはいけないと言い、市場原理主義には反対だと明言している。

こんな経営者がいたとは！

城南信用金庫は東京・神奈川に85店舗を持ち、その起源は明治35年創立の「入新井信用組合」まで遡る。

創設者の加納久《ひさ》宜《よし》子爵は「一にも公益事業、二にも公益事業、ただ公益事業につくせ」という言葉を遺している。

昭和20年に15の信用組合が合併して城南信用組合(後の金庫)が創設されて以降、理事長、会長などを歴任した小原鐵五郎氏は「貸すも親切、貸さぬも親切」「カードは麻薬」「裾野金融」など「小原哲学」と呼ばれる言葉で信用金庫の社会的使命を示した。

城南信用金庫
その後も城南信金は代々加納子爵の言葉と「小原哲学」を受け継いで「社会貢献」を理念としており、バブル期も投機に手を出さず、現在もリスク商品や消費者向けカードローンは一切扱わないという姿勢を貫いている。

バブルに踊って全ての銀行が不良債権を抱えていたとき、城南信用金庫だけが堅実な経営をしていたのだ！

拝金主義に陥らない経営の哲学を持つ吉原毅理事長の「脱原発」の取り組みを聞いた。

××銀行
城南信用金庫
そしてもう1名、全く新しいソーシャルメディアを駆使するジャーナリスト、津田大介氏。

反原発デモも、ツイッターで拡がったというしメディア論として語る意見は重要である。

当日は4名のゲストを迎え、「ゴー宣道場」の師範方と、『倫理と成長の脱原発』について、議論した。

お祭りとしてわしが描いたイラスト入りグッズのプレゼントや販売をして賑やかにしながら、

「情」からも「理」からも脱原発以外にないと確信が持てるステージとなり、CSでも放送された。

現在も「ゴー宣道場チャンネル」で配信中だ。

ゴー宣道場

今や「脱原発」を掲げる企業の方が客の「信用」を勝ち得る時代である。

「信用」という言葉がこれほど重要に感じられる時代はなかった。

なにしろ3・11以降、「専門家」の「信用」が徹底的に失われてしまったからだ！

電力会社はもちろん、政治家、官僚、財界、マスコミ、科学者、言論人に至るまで、「原子カムラ」という利権コネクションに日本が蹂躙《じゅうりん》されていた現実が発覚し、彼らに対する「不信」は国民大勢の常識となった。

それなのにまだ財界ポチの産経新聞は「原発ブラボー」に居直って、醜いデマを飛ばし続けている。

電気が足らん、電力が足らん、足らん足らん
地獄が来る、不景気になる
死人がでる〜

金経新聞
毎週金曜日、首相官邸前で行なわれている反原発デモは、2012年3月に300人ほどで始まった抗議行動が、ツイッターなどで情報を知った普通の人々の参加で回を追うごとに人数を増していった。

参加者はマナーを守ってやっているが、主催者は大変だろう。

震災でボランティアに行った若者たちと変わらぬ公共性を持っている。

着地点が見えないのが心配なのだが…

NO!

大飯原発 再稼働反対!

NO 原発
反原発
止めよう 原発 再稼働

ところが、このデモについて産経新聞の「産経抄」はこんなことを書いている。

「確かにデモ参加者には、普通の主婦やサラリーマンら"一般人"も少なくないが、要所に陣取っているのは過激派の活動家や労組員、政党関係者がほとんどだ。疑われる方はツイッターに踊らされず、自分の目で確かめることをお勧めしたい。」

要所に陣取っているのは過激派？

おいおい、これってデモに対するデマじゃないか？

スタッフのトッキーが取材に行った。

そもそも主催者は「団体・グループ」での参加を認めている。

だから労組や市民団体の旗も出ていたが…

「要所に陣取っている」などというのは大嘘！

トッキーは過激派や政党関係者とはっきりわかる人には出会わなかったという。

No Nuke No Noda
産経抄は、このデモを左翼が牛耳っているかのように、極めて悪質なデマで印象操作をしたのだ。

この財界ポチ新聞は、原発推進のためならパトリ（郷土）を放射能で汚し、住民を土地から引きはがすことに何の痛痒《つうよう》も感じない。

立ち入り禁
シャー
反原発デモの中には、日の丸を持って参加している人もいる。

天皇陛下の写真を貼り「陛下にご心配をかけるな」と書いたプラカードを持って参加する人もいるのだ。

止めよう原発!!

陛下にご心配をかけるな

この反原発デモは「60年安保以来」と形容される。

だがそれはあくまでも規模の話で、その中身は全く異なる。

すでに触れたとおり反原発デモは60年安保闘争のように最初から政党や労組、学生運動が主導していたデモとは全く違う。

原発いらない
再稼働反対!!

NOだ野田再稼働
しかも60年安保で反対を叫んでいた学生のほとんどは「感情的」に暴れていたにすぎない。

安保改定の内容も知らないまま騒いで憂さ晴らししていただけである。

一方、官邸前の反原発デモは、どんなに猛烈な勢いで原発反対を叫んでも、終了予定時刻である午後8時には必ず終了し、参加者たちは粛然と引きあげていく。

20:00
それはあっけにとられるほどの撤収だという。

彼らは単に「感情的」に騒いでいるのではないのだ。

参加者ひとりひとりが、このデモは「目的」ではなく、「手段」であることを自覚し、原発を止めるまで抗議行動を継続しなければならないということがわかっていて、理性的に秩序を保っているのである。

こんなデモは前例がない。

だからこそ恐ろしいのだが、鈍感な政治家や財界ポチ保守の連中はまったく感じ取る気配もなく、どうせ60年安保のケースと同じだと高をくくっている。

産経新聞7月28日の論説がその典型で、筆者の論説委員・皿木喜久は、60年安保闘争で岸信介首相がデモに屈せずに信念を貫いたことを挙げ、こう書いている。

「結局、岸の不退転の決意が安定した日米同盟関係を築いたのである。逆に反対のデモは政治的には何も得ることなく終わった。」

野田首相もおそらく安保改定を行なった岸信介と、自分を勝手に重ね合わせているのではないか?

だが、安保改定と原発再稼働は全く性格が異なる。

60年安保は冷戦激化の真最中という時代の出来事であり、日米安保に対する賛否は日本が西側につくか、東側につくかの選択でもあった。

「安保反対」は「日本の共産化」に繋がっていたのである。

冷戦構造が崩壊した今、あのとき日本が共産化するべきだったと思う人などいないだろう。

しかもこの安保改定は、従来の安保条約で「被占領国」扱いのままだった日本の立場を「独立国」に改めるものだった。

旧安保条約は、日本国内の
内乱に米軍が介入することを
許していた上、
日本は米軍に基地使用を
許すにもかかわらず、
米軍は日本を
守る義務がないという
片務的不平等なものだった。
安保改定は、内乱への介入条項を
削除し、
日本国内での日米の共同防衛を
宣言、
在日米軍の配置・配備について
両国政府が事前協議する
制度を設置するなど、
一応形式的には対等な
独立国同士の条約とする
ものではあった。
安保改定には
確かに大義があり、
だからこそ岸は
反対に屈せず、
信念を貫いたと
言える。
だが、原発再稼働には、
こんな大義は一切ない。
「電力不足になるぞ、
計画停電するぞ」と
脅しつけて、
大飯原発2基を
再稼働したこの夏、
猛暑にはなったが、
関西電力管内では
連日、原発3基分の
電力が余っていて、
安定供給が行なわれている。
しかも関電は
大飯原発再稼働に合わせて
火力発電所を8基
止めているのである!
原発なしでも、
電力は足りているのだ!

ではなぜ原発を再稼働したのか？

それは巨額の費用をかけて建設した原発が動かせず、1円の利益も生まない「不良資産」になってしまったら、関電の経営が危なくなるという「企業エゴ」だけが理由である！

関電は、次は高浜原発3、4号機を動かすと言い出した。

もう「電力不足」はウソだとばれてしまったので、平然と「エネルギー安全保障のため」と理由をすり替えているが、もちろんこれもウソである。

ただ単に「最低4基は原発を動かさないと、関電の経営が苦しい」という以外に理由はない。

薬害エイズ事件の際、製薬会社は輸入血液製剤が危険だと知っていながら、仕入れてしまった製剤が売れなくなって、会社に損失を出すのはイヤだという「企業エゴ」を優先した。

製薬会社と癒着した官僚や学者がこれに加担した。

それと全く同じことが起きているのだ。

危険なものでも、仕入れてしまった以上、損したくないから売る！

これが関電の本音である。とんでもない悪徳企業だ。

その後、総選挙前に野田・民主党は「2030年代に原発ゼロ」を明言したわけだが、その背景には反原発デモをはじめとする民意の力があったことは間違いない。しかし自民党政権になれば確実に脱原発は後退する。まだまだ息の長い「不信」の表明が必要である。

野田首相は単に悪徳企業の御用聞きをしているだけであり、もし自分を岸信介に重ね合わせているとしたら、おこがましいとしか言いようがなく岸に対してこれ以上の侮辱はない。

この反原発デモの「集合無意識」を甘く見てはいけない。

このデモは間違いなく怒りを持続させるための静かなる「不信」の表明である!

脱原発
未来のために原発NO!

子供たちを守れ!

原発NO!

原発廃炉!

原発いらない
再稼働やめろ!!

民主党も自民党も、いまだに「脱原発」を鮮明にしていない。

忘れっぽい日本人の習性に期待して、「脱原発」の熱が鎮まるのを黙って待っているのだ。

自由民主
The Democratic Party of Japan
民主党
だが今回は政治家の思惑通りにはいくまい。

そのような政治家への「不信」は、必ず選挙での報復となって証明されるだろう。

橋下徹が嫌いなわしだって、「維新の会」が本気で「脱原発」を公約にするなら、支持するかもしれない。

堺屋太一や大前研一がブレーンにいるから、橋下の「脱原発」は、迂《う》闊《かつ》に「信用」できないのだが。

わしの『脱原発論』が出る前に、

「専門家の監修は受けているのか?」だの
「専門家の相談役を置いて、プロの知見を基に描いているのか?」

だのと執拗に聞いてくる奴がいた。

完全なるアホである!

極限のアホがいる!

永遠のアホが生息している!

まだわかってないのか?

3・11以降、専門家の「信用」など完全に失墜したということが!

これだけ「御用学者」が跳梁跋扈《ちょうりょうばっこ》するのを見せつけられれば、そう感じるのが当然である。

それは決して大衆の「感情論」ではない!

「原発ブラボー」の科学者・専門家を信用しないのは、もはや国民の「常識」である!

常識のない、国民失格のアホがいまだに日本に住んでいる!

追放すべきである!

根本的に「専門家」が「信用」を失っているからこそ、この『脱原発論』が必要だったのだ!

ゴーマニズム宣言SPECIAL
脱原発論
原発をなくせば経済成長できる!

倫理と豊かさは両立する!

小林よしのり

『ゴーマニズム宣言』とは
そもそも何か？

学者でもなく、何の権威もない一漫画家が、自分の直感とリテラシーと常識を根拠に、ごーまんかまして20年が経過した。

学者・知識人と戦いカルトと戦い、マスコミと戦い、国家と戦い続けた結果として身につけた洞察力だってあるのだ！

権威主義なんかくそくらえだ！

ゴーマニズム宣言
小林よしのり
権威よ死ね!!

脱正義論
天皇論
原発が危険か否か？

コストが安いか否か？

代替エネルギーへの転換が可能か否か？

それはわしの「常識」で判定する！

国民も「常識」で『脱原発論』を読んでくれるだろう！

「常識」とは日本人の歴史的叡智《えいち》である伝統というバランス感覚のことだ！

しかし最近の若手知識人の中には、相変わらず、ヘタレな奴らがいる。

「原発に賛成か反対かの二項対立では解決しない。善悪で判断できる問題ではない」などと陳腐な相対主義で誤魔化す奴がいる。

ふざけてるんじゃないぜ！

それなら50基の原発のうち、何基を動かすべきと主張するのか!?

核のゴミはどうやって処分するつもりか？

倫理的にも、経済合理性からも、答えは決まっている！

激しく二者が対立していると、必ず「どっちもどっち」とか言って、自分だけ高みに登るサルがいる。

ボクは一部の極端な意見には与しないのさる。

また高見猿だっ…

デジャヴデジャヴの既視感だ。

どちらかの立場を選べばリスクを負うことになるから、高見猿になるだけ！

どうせ何も実績を残さずにすぐトシをとって、「信用」という財産を築けずに忘れられるだけだ。

高見猿が選ぶのはどうせ「中庸」という凡庸しかない！

ボクは一部の極端な意見には与しないのさる。

要は対立している両者を「足して2で割る」だけ！

与しないのさる。

与しないのさる。

猿の脳はその程度でしかない。

ところが日本人は空気を読む「ムラ根性」が強くて、「中庸」を選ぶのがクールで高尚だと思いがちである。

はっきり言ってそれは倫理なき日本人の習性だが、悪癖である。

政府は原発推進のために、この日本人の悪癖を巧妙に利用してくる。

政府は2030年における原発依存度について「0%」「15%」「20～25%」の3つの選択肢を出している。

原発への依存度 20年は0～26% 経産省が試算示す
3つ示せば「中庸」で真ん中を選び、政府が考えている「15%案」に落とし込めるだろうという日本人の習性を利用した企みなのだ。

しかし「15%案」というのは、実は「中庸」の意見ではない。

当初この案は、「40年経った原発を廃炉」という方針を守れば達成されると言われていた。

▲朝日新聞2012年6月6日付

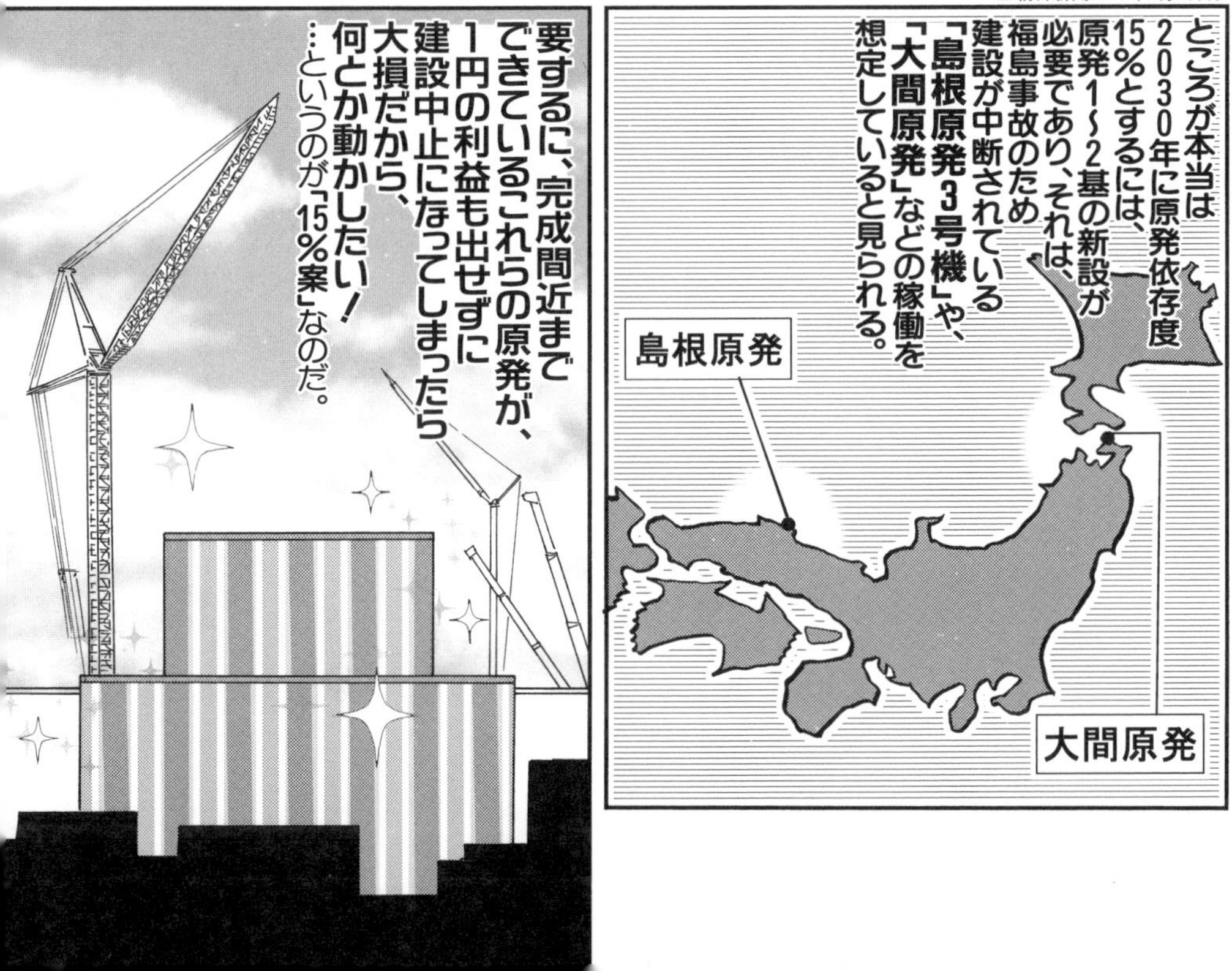

ところが本当は2030年に原発依存度15%とするには、原発1～2基の新設が必要であり、それは、福島事故のため建設が中断されている「島根原発3号機」や、「大間原発」などの稼働を想定していると見られる。
島根原発
大間原発
要するに、完成間近までできているこれらの原発が、1円の利益も出せずに建設中止になってしまったら大損だから、何とか動かしたい！…というのが「15%案」なのだ。

中庸ぶりっこの知識人、中庸おやじの政治家、日本人の「ムラ根性」をこそ、相対化して、「脱高見猿」したらどーなんだ？

脱
ぬ
しかも、「15％案」ですら経団連は反対していてもっともっと原発を動かしたがっている！

さすがグローバリズムの経団連！「中庸」なんか選ばない！

強欲資本主義の連中だ！

このままでは「脱原発」どころか、さらなる原発増設にまで持っていかれかねない。

ドガガガガ
ごーまんかましてよかですか？

『脱原発論』を読んで、ゴー宣道場チャンネルの「ゴー宣道場　拡大版」を見よ！

『倫理と成長の脱原発』は可能である！

デマに騙されない国民になれ！

「ムラ根性」を捨てて倫理を立ち上げるのだ!!

脱原発論
小林

8品目 歯間ブラシ

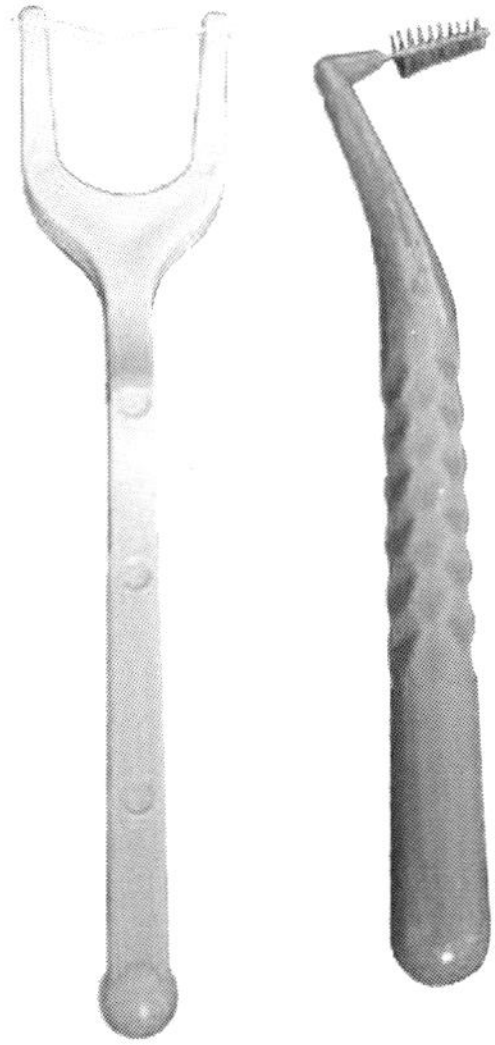

朝昼晩の食後、歯を磨く。さらに風呂に入って歯を磨き、仕上げに歯間ブラシとフロスを使って、完全に歯垢《しこう》を除去してから寝る。

一日4回、歯を磨くが、それでも歯医者に行ったら、歯を赤く染められてチェックされ、至らぬ磨き方を修正される。100%完璧と言われたことがない。「速く磨こうとして、腕に力が入っているから、この辺の歯肉が腫れているんですね。歯ブラシを柔らかいものに替えて、力を抜いて磨いてください」等々言われながら、歯を磨く奥の深さを噛み締めているのだ。

今では外食したあとに歯を磨けないのが苦痛でたまらない。わしの歯は人より頑丈で、一生自分の歯で食っていけるそうだ。子供の頃から「歯を磨きましょう♪みんなで♪一緒に♪」と歌いながら、習慣をつける教育をされていたが、身につかなかった。

それが50代後半で身についたのは、歯科衛生士さんが優しい女性だったからである。初めて歯の間にブラシを入れられた時は、くすぐったいような、痛いような、エロい行為をされてるようで、弛緩《しかん》したMな気持ちになった。男の衛生士だったら、痛さと不快感しか感じなくて、ぶん殴っていたかもしれない。女の衛生士だったから、快感として受け止める気になったのだ。

自分で歯間ブラシ使っても快感はないが、衛生士さんに叱られないように頑張ろうという気力が湧いてくる。

女次第だ。女次第で男は生まれ変わるのだ。ありがたいなあ、女って。

ゴーマニズム宣言
RISING ニセモノ政治家の見分け方
第21章
靖國参拝だけではもう評価しない

わしは劣化した保守論壇と縁を切った。

これ以上、ネトウヨと同レベルの紋切り軍団と付き合っても無駄だ。

自称保守どもは、「Y染色体・男系固執」「原発ブラボー！・全稼働」の号令で一斉に「右へ倣《なら》え」するカルト集団と化した。

彼らは、宮内庁の陰謀や、共産党の陰謀や、在日の陰謀を唱えて、真実から目を逸らすばかり。

オウム真理教もそうであったように、真実から目を背けたいときに持ち出すのが「陰謀論」なのだ。

残念ながら西部邁氏はバランス棒を右に傾かせすぎて原発ゴロボー団に墜ちてしまった。残念なことだ。最近、年寄りの保守系知識人が全部ダメになった。かと言って若い奴はリスクを背負えぬヘタレばかりだし。優子やマリコさまの気持ちがわかるよ。

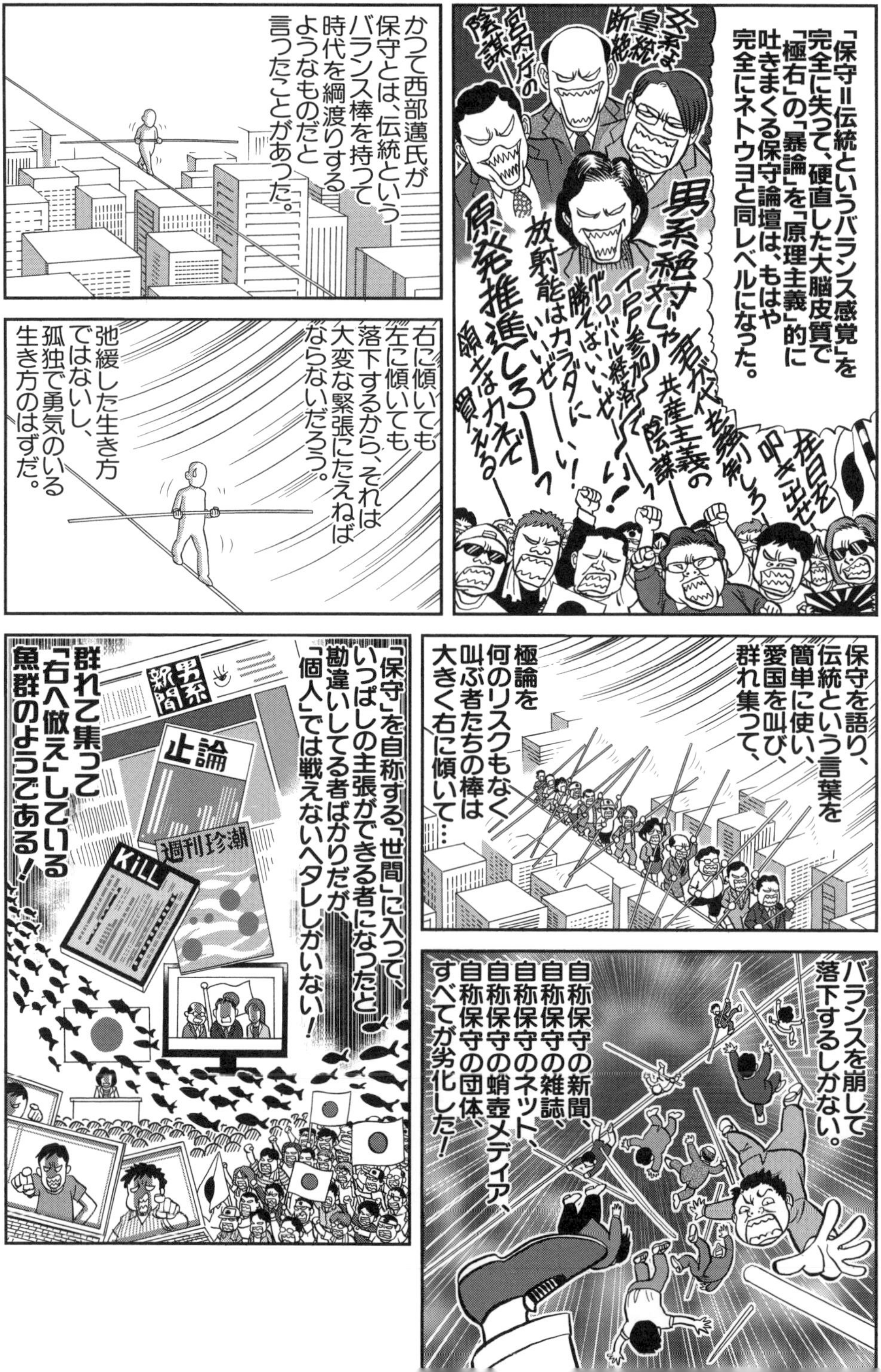

「保守＝伝統というバランス感覚」を完全に失って、硬直した大脳皮質で「極右」の「暴論」を「原理主義」的に吐きまくる保守論壇は、もはや完全にネトウヨと同レベルになった。
女系は皇統断絶
宮内庁の陰謀ー
男系絶対じゃ
TPP参加でグローバル経済で勝てばいいぜーい！
放射能はカラダにいいぜーい！
原発推進しろーっ
領土はカネで買えるー
在日を叩き出せ、
君が代を強制しろー
共産主義の陰謀ー
かつて西部邁氏が保守とは、伝統というバランス棒を持って時代を綱渡りするようなものだと言ったことがあった。
右に傾いても左に傾いても落下するから、それは大変な緊張にたえねばならないだろう。
弛緩した生き方ではないし、孤独で勇気のいる生き方のはずだ。
保守を語り、伝統という言葉を簡単に使い、愛国を叫び、群れ集って、
極論を何のリスクもなく叫ぶ者たちの棒は大きく右に傾いて…
バランスを崩して落下するしかない。
自称保守の新聞、自称保守の雑誌、自称保守のネット、自称保守の蛸壺メディア、自称保守の団体、すべてが劣化した！
「保守」を自称する「世間」に入って、いっぱしの主張ができる者になったと勘違いしてる者ばかりだが、「個人」では戦えないヘタレしかいない！
群れて集って「右へ倣え」している魚群のようである！
男系新聞
止論
週刊珍潮
KiLL

保守の基本は一人で強風にたえながら伝統という知恵で必死にバランスをとって生きぬく姿勢を保つことだ!
従って生きて戦う姿勢を見せることでしか人に伝えることはできない!
自分こそが保守だと思い込んでいる者が、いくら「保守」の概念を説明したところで、ほとんど意味がない。
「姿勢」でしか証明できないからだ!
右に傾いて落下した自称保守論壇もネトウヨも、しょせんわしが『戦争論』で左右の形勢を逆転させた言論空間の中にいる。
「新しい歴史教科書をつくる会」を設立する時の賛同者に、櫻井よしこなんて入っていない!
リスクが大き過ぎて女性はほとんど逃げたのだ。
リスクがなくなったから自称保守のメディアに登場するようになった者をわしはちゃんと知っている!
市販本
新しい歴史教科書
小林よしのり
戦争論
わしはリスクなき場所で大言壮語するような「姿勢」は見せない。
劣化保守の世間を捨てまたリスクの大きい道を歩み出すことに決めた。

2011年11月23日の産経新聞一面トップに、安倍晋三元首相のインタビュー記事が載った。

首相在任中に、靖國神社に参拝すべきだったと今は思っているんだそうだ。

秋の例大祭には行くつもりだったが、その前に首相を辞めてしまったので、春の例大祭か終戦記念日に行くべきだった、と。

産經新聞
11/23（水）

「靖国参拝すべきだった」

安倍元首相、辞任で時機逸する
日米首脳会談で慰安婦問題を「謝罪した」件については、ブッシュが会談前に「面倒だから話したことにしておこう」と提案し、会談で全くその話はしなかった。

だが記者会見でブッシュが「首相の謝罪を受け入れる。大変思いやりのある率直な声明だ」と言っちゃったのだそうだ。

ほんとかいな？

それが本当なら、言ってないことをでっち上げてまで国益を守るのがアメリカの外交だということだ。

安倍氏は自分が嵌められたことにまだ気づいてないのだろうか？

「今、相当の時間が経ったので言えるが、すぐに訂正を求めればよかった」

日本人の純情さはすごいね。

腰が砕けそうだよ。

結局未だに訂正を求めていないのだから、慰安婦問題で安倍晋三氏が首相として謝罪したというのは、もう国際的な既成事実である。

この記事を読んで既視感を覚えたのはわしだけだろうか？

野田首相のハワイでのTPP参加意欲表明でも、似たようなことが繰り返されたではないか？

野田首相とオバマの会見後、アメリカは、こう発表した。

「全ての物品やサービスを貿易自由化の交渉テーブルにのせるとの野田首相の発言を歓迎した」

これに対して野田首相は「言ってないが、訂正は求めない」のだそうだ。

…

実はこの発言、枝野経産相が、カーク通商代表と会談した際に手渡した資料にはこう書いてあったらしい。

日本は非関税措置を含め、全ての品目・分野を交渉の対象とする用意がある。交渉の中でしっかり議論していきたい
「日本は、非関税措置を含め、全ての品目・分野を交渉の対象とする用意がある」

野田が言ってないと強弁しても、大臣が資料を渡して伝えている。

直ちに公表してしまうのが、アメリカの外交交渉の俊敏にして狡猾なところだ。

純情な日本外交などひとたまりもない。

さて、産経新聞はなぜこの時期に緊急性のないこんな安倍晋三氏のインタビュー記事を一面に載せたのだろう？

「首相になったら靖國参拝しなかった」と思われている安倍晋三氏の再評価を促そうという意図は見える。

産経新聞
だが、わしはもう政治家が靖國参拝したからといって、そのことだけで保守政治家だとは評価しない！

もちろん靖國参拝はしないよりはした方がよい。

しかし、靖國参拝を「保守騙し」の手段にしている政治家がいることはもう明らかではないか。

小泉純一郎がまさにそうだった。

参拝を続けたことで、自称保守派はみんな小泉を支持した。

その支持を背景に小泉が行なったのが「構造改革」である。

「一億総中流」と言われた日本型の社会を破壊し、貧困層を拡大させ、ハケンやリストラは当たり前の労働環境を作ってしまい、
日本を米国型の「株主資本主義」に改革してしまったのである。

日本がこんな社会になることを、果たして靖國の英霊たちが望んだだろうか？

わしは一刻も早く政界再編してほしいと願うが、そのときの政党の価値観の基軸は……

一つは、「故郷・パトリ、それと天皇・国体」これを保守する政党。

もう一つは、「グローバリズム・新自由主義、そして構造改革」を推進する政党。

自民党の中にも民主党の中にも、右の二つの勢力が混在しているので、どっちを選んでもいっしょだとしか思えない。

民主党も自民党も二つに割って、「パトリ・国体派」と「グローバリズム・構造改革派」に分かれてしまえば、我々は投票しやすいのだ。

そしてもちろん靖國の英霊が守ろうとしたものは、「パトリ・国体」である。

欧米列強の植民地争奪戦という時代の波にさらされた日本は、植民地化を阻止し、独立を守るために戦わねばならなかった。

彼らは愛する故郷を守り、天皇を中心とする国の形を守ろうとしたのである。

だが、グローバリズム・構造改革は、パトリ・国体を確実に破壊していく。

「グローバリズム」「改革」「維新」「開国」、これらの言葉が出たら、無条件に良きこととして受け入れ、たちまち踊り出す大衆の愚劣さが、もう十年くらい続いている。騙されていることにまだ気づかないのが虚しい。

TPP参加ともなれば、日本独自の慣行が全て「非関税障壁」として撤廃される恐れがあるし、日本の森林や田園の風景はどんどん荒廃していくだろう。

NO!

NO!

NO!

輸出産業の利益のために、第一次産業を犠牲にする発想から、TPP、グローバリズムに邁進していき、「国際分業体制」を作る実験は、あまりにも危険だ。

国家の独立性を失うことになるし、
日本の風景を変え、「自然の恵み」への畏敬の念が失われ、それは天皇の権威の消失につながっていく。

そもそも「関税撤廃」という一事だけでも、これは日清・日露の両戦争を経て、ようやく摑んだ「関税自主権」を自ら手離すことに他ならない。

つまり「グローバリズム・構造改革派」の政治家が靖國神社を参拝したとしても、それは単なる「保守騙し」にすぎないのだ。

いや、英霊を利用して、英霊が命をかけて守った故郷を破壊する、不道徳な政治家だとさえ言える。

安倍晋三氏は、
小泉の跡を継いで
総理になった人物であり、
今のところ
「グローバリズム・構造改革派」
であろう。
安倍氏は現段階で
TPPに関する自らの見解を
一切明らかにしていない。
今の状況で「反対」を
明言していない人は
「隠れ推進派」と見て
間違いない。
・・・
わしは政治家には
公的な評価しかしない。
安倍氏自身は「保守騙し」
ではなく、本気で靖國参拝を
したいのかもしれない。
だがそうであればあるほど
安倍氏は精神的に
「股裂き」になるのだ。
安倍氏自身の気持ちはともかく、
産経新聞が安倍氏の
「靖國参拝すべきだった」という
インタビューを一面トップで
載せた狙いは明白である。
小泉構造改革の時と同様、
「靖國参拝」を隠れ蓑にして
TPP推進へ誘導するつもりで、
その役目を安倍晋三氏に
やらせたいのだ。
TPP
産経新聞
もうわしは靖國参拝を
しただけでは、
政治家を評価しない。
靖國の英霊が
守ろうとしたものを、
守る意思があるか否か、
そこで評価する。

グローバルに暴走する資本を野放しにして、弱肉強食の市場で、強者だけが富を独占すればよいとする「グローバリズム派」の政治家を、わしは支持しない。

自民党なら、石破茂や現執行部の者らも、さらに高市早苗氏も「グローバリズム派」であり、TPP賛成だろう。

最も危険なのは小泉進次郎であり、アメリカが育てた政治家なんじゃないかと疑ってしまう。

みんなの党も急進的なアメリカニズムだ。

日本の将来はお先真っ暗だなと思う。

「パトリ・国体派」がいれば、わしは支持するが、残念ながら、本来こちらに属すべき政治家は年寄りが多く、しかも中国に弱く、天皇の意義・国体を理解していないという弱点がある。

ごーまんかましてよかですか？

わしの理想とする政治家はいないのか？

靖國の英霊が命をかけて守った価値を守る政治家はいないのだろうか!?

9品目 父の写真

この写真すごいと思わないか？父が26歳、抱かれてるのはわしだぞ。

昔の人は老けてるよねえ。59歳のわしの顔と比べてみ。どっちが若いのか分からんぞ。

父は58歳くらいで退職した。わしより年下で退職だ。あとはゴルフをしたり、油絵を習ったりして、ゆったり生きていた。

仕事がなくて退屈じゃないか？と聞いたら、今が一番楽しい！と答えた。まったく分からん。あまりにもわしと生き方や価値観が違っていた。

本来ならわしも隠居したっていい歳だ。でもカレンダーに祝日があるのが憎いと思うほど、働く意欲に満ちている。スタッフの方が休みたがってる始末だ。そしてAKB48に嵌って、ギターでナマ歌を披露して生放送したりしている。

キリギリスのように生きるわしと、アリのように生きた父。わしは何歳までキリギリスでいられるのだろう？

「公務員試験に落ち続け、彼女から『将来性がない』とふられました。どうやって立ち直ればいいですか?」「最近のアイドルの口《くち》パクが腑に落ちません」「本命になれる女、なれない女の違いはなんでしょうか?」「お気に入りのメガネのブランドを教えてください」「カノジョがこないだ昔の彼氏にフェ○○オしてしまったと僕に告白した」「頭が良い人とはどういう人のことですか?」「老け込まないために30代で実践したことはありますか?」など、やわらかめの質問・相談が満載。 来年還暦を迎える、よしりん人生の快刀、乱麻を断つ!

Q&A 難問かましてよかですよ

Q&Aコーナー

読者の皆さんからお寄せいただいた質問にお答えするコーナーです。では早速、今週のQ&Aです！

Q

名前＝武藤
性別＝男性
住所＝愛知県
年齢＝31歳
職業＝会社員

質問です。あっちゃんが初めてAKB48劇場のステージに立ったのは、2005年12月8日。準備不足で1週間延びた初公演は偶然にも真珠湾攻撃の日と重なりました。そして、あっちゃんの卒業公演の日は8月27日。1945年の8月27日は真珠湾攻撃以来杜《と》絶《ぜつ》していた日米間の直通無線が再開した日なんです。こじつけ感はありますが、何か運命的なものを感じます。よしりん先生はどう思いますか？

A

君はすごいね。すごいことに気が付いたね。あっちゃんは真珠湾攻撃の日に戦いを始めたのか。だが初戦の大戦果はなかったし、苦しい戦いから始めて、華やかな終戦を迎えることになった。そこは全然、日米戦とは違うね。日本の敗戦を反転させて、日本人のコンプレックスを解消させるための戦いだったのかもしれない。この勝利のAKB48フォーマットを使って、もう一度開戦するがいいという暗示を与えるための戦いだったのなら、海外に打って出るAKB戦略は成功するのかもしれないね。

Q

名前＝R.K.
性別＝男
住所＝神奈川県
年齢＝27歳
職業＝無職、就職活動中

こんにちは小林よしのり先生。おぼっちゃまくんの頃からのファンです。先生に恋愛の事で質問したい事があります。僕は大学を卒業してから、公務員になる為に試験を受験しているのですが、現在まで不合格です。そんな中、今年の結果が出たところで3年間僕を支えてくれていた彼女に「将来性がない」とふられてしまいました。ここまで長く付き合え、分かり合えた彼女は初めてだったので、今死にそうにつらいです。先生はプレイボーイなので様々な失恋も経験してきたかと思いますが、この様な時どの様に立ち直り、進んで行けばいいのか教えて下さい。

A

なんだか人生相談チックだなあ。失恋したり、離婚したり、妻に先立たれた男はグダグダになるからな。そういう男を何べん見てきたか。わしだって3人の女のうち1人だっ

Q&A 難問かましてよかですよ

て欠けたらぐだぐだになるからね。ぐだぐだにならないように5人くらい増やしても、1人欠けたらぐだぐだになるから、わしも弱いとつくづく思うね。27歳ってむちゃくちゃ若いじゃないか！　この先、何人の女と恋愛できるのか、わしはうらやましいよ。次の女に惚れこむか、風俗に行ってやりまくるか、アイドルのヲタになるか、がむしゃらに仕事に打ち込む！　それしかないよ。男って単純なんだから。

Q

名前＝カレーせんべい
性別＝男
住所＝大阪市
年齢＝33歳
職業＝製造メーカーの経理

「小林よしのりライジング」を読めば、一人前の〝AKBヲタ〟になれるでしょうか？　私には5歳の娘がいます。最近、娘のお友達が何人も家まで来て、「はい！　おっちゃん、AKB好きやから、コレあげるな☆」と、キラキラした目で、AKBのグッズ（クリアファイルやシール等）を私に届けてくれるのです。夏祭りのわなげで当てたと言います。そして、この現象は、ご近所にも知られることとなりました…。私はAKBが好きですし、音楽やPVは毎日見たり聴いたり（踊ったり）していま す。ですが、所詮は「にわかファン」です。顔と名前とキャラを把握できているメンバーは20名程度です。ただ私は、小林先生の論評が読みたくて『AKB48総選挙2012公式ガイドブック』を買っただけなんです。付録のシールを娘にあげましたが、それを娘が幼稚園で自慢したのが、誤解の原因のようです。ここまで事態が発展した以上、質問です。いっそ「真のAKBヲタ」になろうと志しているのですが【小林よしのりライジング】をずっと購読していれば、一人前のAKBヲタになれるでしょうか？　娘がいる男がアイドルヲタというのは「世間体」がマズイかもしれません。しかし、すでに私の部屋は、子供達が届けてくれたAKBグッズであふれています（笑）

A

これってわしを羨ましがらせようとしてないか？　娘がいて、娘のお友だちからいただいたAKBグッズが部屋にあふれている？　なんちゅう幸せな男じゃ、おまえは〜〜〜〜〜〜っ！　天国に行ってもそれ以上の楽園はないぞ。よ〜〜〜〜〜〜く噛みしめておけ！　そんな幸福には罰がいる。『小林よしのりライジング』を読んで、AKBヲタになれ！　「世間体」が悪いくらいの偏見には堪えなさい。

Q

名前＝カレーせんべい
性別＝男
住所＝大阪市
年齢＝33歳
職業＝製造業・経理

私は会社で経理をやっておりまして普段は誰にも会わずに、机にかじりついてパソコンと電卓を叩くという引きこもりのような仕事を、もう10年以上やっています。そんな私が、これからは社員教育の講師として月に2回工場を訪問し、大勢の人前で、丸一日8時間も、しゃべらなくてはならなくなりました…。今、会社は不景気で、工場の操業を縮小せざるを得ない状況にあり、教育研修を行えば、雇用調整助成金が国からもらえて助かるという事情があるので、今、自分がこの仕事から逃げることはできない、と覚悟はしています。また、やるからには、しっかりと中身のある研修会にして、聞き手を退屈させたくはないです。しかし私は、小林先生のように子供の頃に学級委員を務めるようなタイプではなかったですしスピーチのたぐいが大の苦手です。向いてない。……なにより、経験の無いことに挑むことそのものが、怖いです……。そこで質問なのですが大勢の人前でも緊張せずに、自分の考えを相手に正しく伝えることができるコツがあれば、是非とも教えて下さい!!

A わしはものすごくスピーチ、苦手だよ。大学で講師やったり、あちこちで講演やったりしてないし、ものすごく苦手だけど、蛮勇をふるって人々の前に出ていくんだよ。「ゴー宣道場」はもう顔を知ってる人がたくさんいて、親しみを感じるから話せるけど、一般的な講演だったらストレス感じるね。だから基本的に講演の依頼は受けない。役に立つかどうかわからんが、唯一アドバイスできるとしたら、最初からでかい声で話し始めることじゃないか？ 吹っ切るしかないからね。

Q 名前＝西脇啓一郎
性別＝男
住所＝愛知県
年齢＝32歳
職業＝会社員

小林よしのり先生、はじめまして！ 先生の著作は昔からほぼ全て新品で購入し拝読しております、生《きっ》粋《すい》の小林よしのり信者でございます。今回ひとつだけ、どうしても気になってたことをお聞きしたい、と思いメールいたしました。9・11のテロについて、です。何故アメリカがいとも簡単に侵入されたのか、あのビルの崩壊の仕方、など、とても不思議に感じることが多く、ベンジャミンフルフォード著『9・11テロの陰謀』を読み、やはりただの陰謀論ではない、と思いました。この著者、他の著作のタイトルを見ると、少し？ かなり？ 問題がありそうですが、9・11に関しては真っ当な検証・分析をされてるように思いました。先生は陰謀論のひとつとして捉えられておりますが、ここをもう一度掘り下げることはされないのでしょう

Q&A 難問かましてよかですよ

か？

A 無理です。わしは切迫した日常を送っています。間に合わせなければならない仕事、読まなければならない本、勉強しなければならないこと、見なければならない映画、行かなければならないＡＫＢの公演やイベント、食事に誘って楽しませなければならない女性、もういっぱいいっぱいです。

Q

名前＝シゲ坊
性別＝男
住所＝愛知県
年齢＝26歳
職業＝無職、就職活動中

僕はＡＫＢヲタで、推しメンは麻里子様です。同じＡＫＢヲタで漫画家、作家である小林先生にどうしても聞きたいことがあります。麻里子様と呼ぶことは間違った日本語だと思われますか？　僕が知っているある作家が、「年下で偉くもない人に『様』なんて付けて呼ぶのは、間違った日本語だ。まともな大御所作家は麻里子様とは言わない」と発言していました。僕はこの発言を聞いて、すぐに小林先生が思い浮かびました。先生は作品やブログの中でよく麻里子様という言葉を使っていますよね？　だから、麻里子様と呼ぶことに抵抗はないのだと思います。僕を含めたファンは、尊敬の念を込めて麻里子様と呼んでいるのだと思います。だから抵抗を感じないし、間違った日本語だとも思いません。僕の考えは間違っているのでしょうか？

A そんな遊びのない作家の言うことなんか無視しなさい。麻里子さまは、ＳＭプレイの女王さまと一緒でしょ？　ＡＫＢの中でただ一人、踏まれてもいい女性を麻里子さまということにしておくんだ。わしはＳだが、はじめてのＭ体験だよ。はじめてのＭ♪　君にＭ♪
I will give you all my love
涙が出ちゃう　男のくせに
Be in love with you ♪

Q

名前＝カレーせんべい
性別＝男
住所＝大阪市
年齢＝33歳
職業＝製造業・経理

よしりんは、歌が上手いことで有名ですが、カラオケでＡＫＢ48の曲を歌われたりはするのでしょうか？「いつも歌っていた Favorite Song」も教えてください。多忙を極めるよしりん企画では、なかなかカラオケに行く時間が取れない気もしますが…。ちなみに私は来週、会社の人達と、「ＡＫＢファンvsももクロファン」2対2のカラオケ対決に挑む予定です。ＡＫＢファンの端くれとしては、絶対に負けられない戦いですので、まず一番最初に『RIVER』を入れて主導権を握ろうと、今からファイトプランを考えております！

A 羨ましいなあ、カラオケで「AKBvsももクロ」の対決なんて。

もう忙しくて、カラオケに行く余裕がなくなっちゃったんだよね。AKBの歌は、自分で歌ってみると案外難しい。聞いてるばかりだと、歌えなくなるから、カラオケで歌ってみるという作業は必要なんだな。それから女性の歌は、男が歌うとベストの音程がないことが多い。これも悩みで、AKBはわしの声質や音域を活かせる曲じゃないんだよね。『RIVER』と『Beginner』と『風は吹いている』と『夕陽を見ているか？』と『ひこうき雲』と『抱きしめちゃいけない』は歌えるようになりたいな。

Q
名前＝aki86
性別＝男
住所＝兵庫県
年齢＝40歳
職業＝会社経営

小林先生、お早う御座います。Webマガジン、毎週楽しみです。頑張ってください。さて、私、子供の頃に観た、小林先生の漫画が忘れられないでいます。タイトルは忘れてしまったのですが、確か少年マガジン掲載ではなかったかと……主人公は女性で、腹が減ると鬼のようなてんこ盛りの丼を完食されるのです。そしてなにやら乳を曝け出してたような……。仲間が数人居た記憶が……学園モノ？？？　正直、こんな曖昧な記憶しかありません……(恥)しかし、戦争論〜天皇論〜脱原発論と勉強させて頂き、アラフォーとなり、経営者となった今！　猛烈にあの漫画はナニやったんやろう……と気になって夜も眠れません。

出来ましたらタイトルを……教えて頂きたく、全巻、揃えたく思っています……。おヴァカな質問ですが、どうぞ宜しくお願い致します。

A 『異能戦士』でしょう。なんであんな変な漫画描いてたのか、わからないんですよね。そのうち、トッキーが解説してくれると思います。

Q
名前＝すぺぺ
性別＝男
住所＝大阪市
年齢＝45歳
職業＝ＩＴ通信業・人事

最近のアイドルで腑《ふ》に落ちないことがありますので質問します。AKB48、嵐、Perfumeなどのアイドルが歌わず口《くち》パクしていることです。昔のアイドルのマッチや南野陽子、斉藤由貴、最近ではSMAP等

Q&A 難問かましてよかですよ

みな苦手でも頑張って歌ってうまくなっていくのに…と思ってしまいます。この間Perfumeのライブを見てきたのですが、やっぱり口パクでした。実はPerfume好きで、ポリリズムで売れた後のシングル・アルバムは全部持っているヲタなので、かわいくてパフォーマンス見られればいいじゃん！　とも思うのですが自分の中で整理がついていません。
AKBグループの公演を見て歌うまい！　って褒めているよしりん先生が不思議なのですが、公演は生歌なのでしょうか？　また、この件で先生のお考えがあれば教えて下さい。

A

しばしばAKB48は、ナマ歌か、口パクかという意見が見られますが、馬鹿馬鹿しいと思います。それは、プロレスはセメントか、八百長かという議論と同じですね。「八百長だ」という者たちは、そもそもプロレスの見方がわからないのです。プロレスはセメントの方がいいという風潮を追求していって、異種格闘技戦になり、総合格闘技になり、廃《すた》れていったわけです。以前はAKBメンバーのソロはヘタだなあと思ってたけど、最近では大島優子も前田敦子も高橋みなみも板野友美も、声質を覚えてしまって、上手い時は上手いなと思えるようになってきました。板野友美や山本彩の声はかなり好きですね。

Q

名前＝mayu
性別＝女性
住所＝神奈川県
年齢＝30歳
職業＝会社員

こんばんは。いつも火曜日を楽しみにしています。感想でも意見でもないのですが、会社で最近あったことを書かせてください。世論もほとんど脱原発。もはや、原発関係者以外、ほとんど国民は脱原発で一致してると思いきや、いました推進派。私の上司（65歳男性）です。私の働いている会社は数人でやってる小さな会社ですが、私の上司は「電気足りないんだから」「国防上、原爆作るために」とか、まだ言ってます。私が「電気は足りてますよ」と言っても、「それはみんなが必死で節電してるからだ！　そのうち節電しすぎて倒れるやつが出るぞ！」と言ってます。今年は関東は節電令出てないのに…。「まだ店内が暗い店いっぱいあるぞ！」と変なことも言ってます。それはそれぞれの自主努力では？　経費の節約になるからやっているのでは？　節電で死ぬほど苦しんでいるなんて本人のイメージだけで言ってるのでしょうね。そんな上司は昨年も今年も一切節電する気なし。窓開けて冷房ガンガンです。せめて、節電してから言ってほしいです。他にも「原発は原爆作るために必要だ！　もんじゅで作ってるんだろ」と意味不明な事を…。ただ、私がきちんと説明しようにも、聞く耳持たないんですよね。「違いますよ…」と言うと「あ？　もういい！」とシャットアウトしてしまいます。ここまでいくと「信仰」です。利権も何もないのに、よくここまで信じられるなぁとある意味感心。原発は未来の明るいエネルギーというイメージから抜け出せないのでしょうか。こんな人にどうやってわかってもらえばいいのか、日々悩んでいます。少しずつ反論してますが、なかなか大変です。「電気代上がるのは嫌だから原発賛成」「原発で働いている人は浮浪者など、ろくでもない奴なんだから自業自得」などの発言もするのです。信じられません。人間的におかしいです。更に悪いことに、自分でそう信じているだけなら、もう勝手にしろと思ってしまいますが、その持論を会社の若い子やアルバイトの大学生にまで教えるので、困っています。若い子達には、騙されないよう自分で考えてほしいのですが、若さゆえ純粋でいい子なので、年長者の言うことは正しいと思い込んでしまうようです。全体に冷めた空気も漂っています。「脱原発なんて熱いこと言ってどうするの」「どうせ関係ないことだし」「脱原発なんて無理でしょ」みたいな空気。

そんなこんなで、会社では脱原発派の私だけ変わり者扱いです。世論では多数派のはずなのに…。どこにも言うところがないので、こちらにメールしてしまいました。ほとんどグチですね。すみません。お忙しい中、読んでくださってありがとうございます。まだまだこんな人たちもいるということでした。負けずに私も頑張ります。『脱原発論』がもっともっとたくさんの人に読まれることを祈ってます。

A その上司は無理ですね。いったん思い込んだらもうパラダイム変換ができない頭脳の持ち主がいます。いわゆる脳の柔軟性がない人間です。そのまま頑固老人になってしまう人は相手にしてもしょうがない。もっと頭の柔らかい人に話した方がいいです。

Q
名前＝ビビ
性別＝♀
住所＝東京都
年齢＝34歳
職業＝会社員

よしりん先生こんにちわ。〝女について〟知り尽くしている先生に質問です。所謂《いわゆる》「本命」に、なれる女となれない女の違いはなんでしょうか？　「本命になれない可哀想なアタシ」とヒロイン気分を満喫しているタイプと「本命じゃない方が逆に楽」と割り切っているタイプを除いた「本命になりたいのになれない」と苦悩する女にアドバイス的なコメントも頂けると幸いです。よろしくお願いします☆

Q&A 難問かましてよかですよ

A 「本命になりたい」というのは、「相手に最も重要視されたい」ということだったり、「結婚してほしい」ということでしょう。ほとんどの女は弱いので、損得勘定で男を見ますが、たまに損得勘定抜きで男に惚れる女がいます。「本命でなくてもいい」という女は可愛いですからねえ。ぐだぐだ言わずに、「契約してお互いに縛り合う関係になりたい（実存はいらぬ）」のか、「契約抜きでも恋愛したい（実存が欲しい）」のか、はっきりさせた方がいいですね。

Q
名前＝AC/DC48
性別＝男
住所＝福井県
年齢＝23歳
職業＝介護士

小林先生に、AKBの恋愛禁止についてご質問があります。私には、よくAKBの話をする友人がいます。先日、推しメンの恋愛を許すかどうか、という話になりました。私は秋元才加推しです。友人はかつて平嶋夏海推しでした。私は、恋愛が取り沙汰されたらアンチになります。しかし友人は、それでも温かく応援するという意見でした。好きになった相手なら、どんなことでも受け入れたいと言います。しかし私は、アイドルとファンの関係において、そのような甘さは宜しくないと思います。ファンならば、裏切られた怒りや悲しみを表明するべきです。それによって伝わる愛もあると思います。そして推しメンが、そうしたファンの気持ちに応えて、成長して立ち直ってくれることを信じるべきです。何より、AKB全体、即ち「公」のことを考えるならば、ルール違反を許してはいけません。私情だけで応援してはいけないと思います。私がこのように話したところ、友人は理解を示すものの、自分の考えは譲らない様子でした。この友人を説得するには、どうすれば宜しいでしょうか。御教示を頂ければ幸いです。

A アイドルに対する基本的な感情は、「今週のAKB48」に書いたとおりです。でも感情は一種類に統制できるものではないからね。M系の人は、アイドルに恋人がいても推し、旦那がいても推し、子供がいても推し続けるのかもしれない。説得なんかする必要はありません。

Q
名前＝irikun
性別＝雄
住所＝山梨県
年齢＝43歳
職業＝翻訳

こんばんは。毎週、楽しく拝読しています。僕の永久推しメンは、横山由依で、将来は歌手として独り立ちして欲しいと願っております。しかし、彼女をテレビで観る度に、「この子は芸能界には向いていないのではないか」と思ってしまいます。よしりん先生は、横山由依のことをどう思いますか？　他愛ない質問で、申し訳ありません。

A 腰が砕ける女は大好きです。その印象が強すぎて、最近の活躍が見えないんですけどね。

Q
名前＝エディ・ばっじお・ボヤキング
性別＝野郎
住所＝石川県
年齢＝45歳
職業＝現在自宅療養と言う名の無職

小林先生、こんにちは、お疲れ様です。メガネについて質問をば。現在どれ位の数のメガネをお持ちでしょうか？　あとお気に入りのブランドとか有りますか。しょ〜もない質問ですが、私もメガネっ子なので興味が有りますです。ちなみに私はベタですが「オークリー」「グッチ」が好きだったりします。数は20個位と少な目ですが。よろしくお願いします。追伸　あの左白縁のメガネもっと掛けてください、あれナイスです。

A Alain mikliが多いけど、ブランドにはこだわらず、店に入って気に入ったら買います。何十種類か持ってるけど、使うのは5種類くらいに限られてしまってますね。

Q
名前＝mayu
性別＝女性
住所＝神奈川県
年齢＝30歳
職業＝会社員

よしりんの大ファンです。『脱原発論』を読んでくれそうな人に勧めたり、よしりんの考え方を話したりしていたら、「それは宗教だ」と言われてしまいました。まあ、私がよしりん♪よしりん♪言ってるからうざかったのかもしれませんが、「よしりんの言うことは正しいと思い込み、それを周りに広めようとするのは宗教だ、危険だ」と。私はよしりんが今までブレずにいること、真実を暴き続けていること、考え方がもっともだと納得できることから、信頼しているんだ。と言いましたが、「それは信頼ではなく信仰だ」と。それに対して、うまく切り返せなかったのですが、なんて言えば良かったんでしょうか…。「信じて推す」ことが悪いこととは思わないのですが…。その人は「情報元としてゴー宣を利用するが、よしりんの考え方や過激な物の言い方は支持できない。人を見下している」と言います。聖人君子でいてほしいのかな。

Q&A 難問かましてよかですよ

A よしりん、よしりんと言ってくれるのは嬉しいけど、布教されるのが嫌な人はいますからね。女性が布教すると嫉妬を招くし。わしがもっと話題になる本を描くしかないよ。

Q
名前＝miru
性別＝ドM男
住所＝奈良県
年齢＝36歳
職業＝押出成形工

小林先生こんにちは。どうぞよろしくお願いします。僕の嫁が「アラちゃん」という男友達とごはんして、家に帰ってきてから少し揉めた話（会話）を聞いてください。

miru「アラちゃん元気やった？」お嫁「元気やったよ」miru「アラちゃん今彼女いんの？」お嫁「彼女はいーひんけど好きな人がいるって」miru「アハハッ！ 好きな人ってなんやねん！ アハハハッ！」お嫁「なんでそんな笑うの（怒）」miru「……」

女子中高生が「好きな人います♡サッカー部の先輩です♡」なんてテレビで言ってるのを見ると「可愛らしいのー」って思うんですけど、男の言う「好きな人がいる」は歳を重ねれば重ねるほど気色悪く感じる僕って変ですか？ 教えてチョ！

A 「好きな人」って嫁のことじゃないの？ 浮気される恐れがあるね。ドMなら嫁に二股かけられて、侮辱される快感に酔いしれる日々を想像して、胸をときめかせるのがいいと思うぞ。

Q
名前＝カレーせんべい
性別＝男
住所＝大阪市
年齢＝33歳
職業＝製造業・経理

以前、小林先生はブログにて、「わしが22歳でデビューして、37年間生き残ってこれたのも、強烈なアンチが常にいてくれたからだ。」というお話をされました。AKB48の名曲《アンチ》の歌詞の中にも、それと似た感性があると思います。その逆説的な真理には、目から鱗《うろこ》が落ちる思いがしました。しかし、その一方で、私自身は一人の【ファン】として、【アンチ】をどこまで許容すべきなのか、自分の中で整理することができません。正直言って私は、「AKB48アンチ」や「アンチ小林よしのり」には腹が立って、腹が立って、しょうがないのです。だからと言って、「アンチを全く許容することができないファン」というのも、純粋まっすぐ君と同じで、マズイ気がします。そこで、一ファンのアンチに対する向き合い方や心構えなどを、ご伝授頂ければ幸いです。

A どーでもいいもの描いてたら「アンチ」がいなくなってしまうからね。「アンチ」は無視でもいいんだが、余裕で憎んであげるとステキだね。一日一憎というか、軽く馬鹿にしてやる優しさがあったっていい。誰だって便座から立ち上がるときには「ウンチ」に一瞥《いちべつ》くれてやる何気ない情を示すものだろう？　あの「ウンチ」に対する一瞥を「アンチ」にも示してあげて、生きがいを与えてやるんだ。優しい人になろう。

Q
名前＝miru
性別＝ドM男
住所＝奈良県
年齢＝36歳
職業＝押出成形工

小林先生こんばんは。どうぞよろしくお願いします。僕、「前夜」の読者ハガキで先生を笑かしたことがあるんですよ。笹さんのことを「美人だけど…」と書いて。嬉しくて嫁に「ヤッタヨー！　見て見て見てー！」って呼びつけたら、「あそうよかったね miruちゃん」と冷たくあしらわれました（涙）その日の夜に嫁兄夫婦が東京から帰省してるので、嫁の実家で一緒にごはん食べることになって、そのときの話（会話）を聞いてください。

嫁兄「miruちゃんて本よく読むんだよね？　俺全然だけど、どんな本読むの？」

miru「僕は小林よしのりが好きなんですよね」

嫁　「今日も朝から自分が送ったハガキによしのりが反応してくれたーってずっとテンション高いねん」

嫁父「小林よしのりって元々は誰からのものなの？」

miru「誰からってことはないんですけど……専門的なことは専門家に聞け！　と言って、専門家に聞いて専門書を読みあさって、それを漫画で描いて、より多くの人に真実はこうだ！　と伝える。そういうことをしている人です」

と、とっさに答えたんですけどこれで良かったんでしょうか？　教えてください。

A 別にわしの認識なんか、読者が勝手に思うとおりに人に伝えればいいんじゃないの？　わしは基本的には名刺を使わないけど、秘書みなぼんの名刺の裏にわしの名が書いてあって、肩書は「漫画家」だ。万人に通じるわしの説明などないよ。

Q
名前＝しお
性別＝男
年齢＝37歳
住所＝愛知県
職業＝会社員

こんにちは。いつも、陰ながら応援させて頂いています。私、最近

Q&A 難問かましてよかですよ

SKE48のファンになり、「おっさんのくせに」というプレッシャーと戦いながら一人で、いくつか握手会にも参加しました。松井玲奈ちゃん推しで行き神対応で、ものすごく癒され、さらに「推そう」と思うのですが、次に、くーみんと握手して、その表情に心をうたれ、「推そう」と思ってしまいます。また、別の会では、玲奈ちゃんの神対応に癒され、だーすーの笑顔に感動し、生しゃわこにドキドキし、安奈の笑顔に心動かされます。またまた、別の会では、玲奈ちゃんの神対応に癒され、ノブナガと珠理奈のギャップに心動かされ、ちゅりの雰囲気に持っていかれました。そして、ここまで来たらと、AKBの握手会も経験しなければと思い、名古屋ドームへ。まゆゆの可愛さに感動し、優子の瞳に吸い込まれ、ゆいはんの笑顔に心温まり、ぱるるの雰囲気にやられました。そして、次は、なかなか当たらない劇場へ行こうと思っています。前置きが長くなりましたが、このままでは、どんどん推しメンが増えてしまいます。自分はどうしたらよいのでしょうか？

A 握手会に行かないわしだって秋元康氏にDDって言われたんだから、握手会に行けばもっとDDになるんだろうね。わしは名前が覚えられる限界人数を確かめようと思ってるぞ。

Q 名前＝エディ・ばっじお・ボヤキング
性別＝馬鹿野郎
住所＝石川県（旧加賀藩）
年齢＝45歳と7ヶ月
職業＝洋食調理師ですが未だ無職

小林先生こんにちは、先日のライジングでは、質問お答えありがとう御座いました。そう言えばあの派手メガネもアランミクリですね。さて、またまたファッションの話で恐縮ですが、基本中の基本の足元、靴には拘《こだわ》りは有りますか？　多分スーツで出かける事多いでしょうし、革靴にはアウターやインナー以上に気にされてるのでは？　と思い、先日道場拡大版で先生の足元を見るぞ！　どんな靴履いてるのだ！　と思っていたら、笹師範の足ばっかり見てしまい肝心の先生の靴を確認出来なかったんです（激汗）もしTPOで使い分けとかされて居るので有ればそんな所も教えて欲しいです。私は靴も好きで意味も無く100足ほど持って居ます（苦笑）革靴はスタンダード靴が好きで何足か有ります、後はリーガルとスニーカー・サンダルばっかりですが。宜しくお願いします。

A わしはモノに対する執着がない。履き心地が良ければ何でもいい

けど、ほぼイタリア製かな。

Q

名前＝miru
性別＝ドM男
住所＝奈良県
年齢＝36歳
職業＝押出成形工

小林先生こんにちは。またどうぞよろしくお願いします。トッキーさんが以前ブログで書いていたことなんですが、「たかじんのそこまで言って委員会」で田嶋陽子が高森先生の「歴史で読み解く女性天皇」を竹田のウソ宮に突きつけたとき、僕ゴー宣道場を観ながら、テレビをミュートにしてそれ見ていたんですよね。「ギョエェ―――ッ!!」ってなってそこからゴー宣道場生放送に集中出来なくなったんですよね。ごめんなさい。何が一番驚いたかというとこの本の帯に「小林よしのり氏推薦」とデカデカと書いてあるでしょ。田嶋陽子は小林先生のこと大嫌いなんですよ！　知ってるでしょうけど。

その番組で宮崎哲弥が「小林よしのりはこう言ってるんですよ」なんていったら「そんな嫌な名前出さないで!!」って言うぐらい小林先生のこと大嫌いなんですよ（笑）！　だから陽子ちゃんこの本よく手にしたな～凄いな～って思うんですよね。本屋のレジに持っていったときに「その帯要らないから捨てといてっ！」って言ったのかな～、はたまた家に持って入るのは嫌だから帰り道の人気のない公園で帯だけ取ってクシュクシュって丸めて踏んずけて、そのまま帰ろうとしたけど、自分の中にある公共心が許さなくて、ゴミ箱に「ポイッ」て捨てたのかな～って想像すると可笑《おか》しくて……小林よしのりが好きで田嶋陽子も好きな僕は変態なんでしょうか？

A

田嶋陽子はわしのこと潜在意識下では好きなのかもな。今なら話も合うかもね。

Q

名前＝鷲音茂吉
性別＝おっさん
住居＝蝦夷地
年齢＝36歳
職業＝鉄工屋

愛しの小林先生、おつかれさまです。早速ですが、先生にお聞きしたいことがあります。とあるおっさんが、（といっても私より歳若ですが）皇室の女性宮家創設には賛成すると言いながら、一方では君臣の別を誤用（？）して、「皇室と民間は分けて考えるべき」とばかりに「一般家庭に於いて女性が世帯主になることには嫌悪感を覚える」と言うのです。私が「それは女性蔑視ではないのか？」と問い質《ただ》すと、「人を差別者呼ばわりするな。小生は日本の伝統を重んじているだけである」というような事を言い、恬然《てんぜん》としているのです。女性が世帯主になることは我が邦の伝統に反していることなのでしょうか？

Q&A 難問かましてよかですよ

A 意味わからんなあ。現実、女性が世帯主なんてざらにあるじゃないか。一人暮らしの女性や、母子家庭はそうだし。世帯主って住民票の問題でしょ？　今住んでる世帯の主を一応誰にしておくかという手続きの問題に過ぎないじゃないか。伝統とは関係ないよ。

Q
名前＝プューマ
性別＝男
住所＝東京都
年齢＝36歳
職業＝介護職

こんにちは、よしりん。よしりんは、戦争論から始まり脱原発論まで、これまで数々の「〜論」と名のつく単行本を世に送り出されてきた訳ですが、よしりん自身にとって最も思い入れの深い本をベスト3まで挙げるとしたら、どういう順位になるのでしょうか？

A それは難しいっ！　難しいこと聞いてくれるなよっ！『戦争論』は一番だが、あとは順位が付けられない。むしろ読者の順位を聞きたいくらいだよ。

Q
名前＝川上勇士
性別＝男
住所＝京都府
年齢＝28歳
職業＝製造業

はじめまして。京都に住んでいるのですが先々週の「たかじんのそこまで言って委員会」の皇室問題では竹田氏は所氏と女性宮家の問題で論争していたのですがその時に「皇祖神が天照大御神だという根拠は何ですか？」などあきらかに神話から成り立つことを否定していました。それに勝谷氏ものっかり…皆さんも思ってるかも知れないですが小林先生と高森先生に出ていただいて論破して欲しいです。竹田氏は逃げるかもですが。

A まず、出演依頼が来ない。高森氏に出演依頼するように言ってくれ。わしはＡＫＢ48でテレビの出演依頼が来るようになったので、テレビではもっと軽やかな人として浸透したい。マスコミには軽やかな楽しい人として、雑誌やネットでは恐い人として、現れたい。

Q
なまえ＝かれーこ
せいべつ＝おんな
じゅうしょ＝大さか
ねんれい＝5さい
なりたいしょくぎょう＝
タクシーのうんてんしゅ

よしりんがすきな、AKBのDVDは、なんですか？ おしえてください。うちがすきなんは、【やさいシスターズ】【めかくし（＊涙サプライズ！）】【しろいふく（＊チャンスの順番）】【あいもんじゅー（＊ヘビーローテーション）】でも、1ばんすきなんは、【あいたかった】。だって、みんな、きんちょうしながらガンバってるし、いちばんさいしょにうたったのに、「キライや」ってゆったら、かわいそうやろ？ だから。

A おまえは…カレーせんべい本人やおまへんか！ わかってまっせ！ そないなふざけたことして、しょうもない奴や。あてが好きなのは『ちょうだい、ダーリン』やで。知らんやろ？ ほんまにめっちゃ可愛いDVDなんやで――っ！

Q
名前＝miru
性別＝ドM男
住所＝奈良県
年齢＝36歳
職業＝押出成形工

小林先生こんばんは。どうぞよろしくお願いします。以前にゴー宣道場拡大大阪の宣伝動画で橋下徹のここが凄い！ という話をされていましたね。彼が部落の出身であることを週刊誌か何かに書かれて、「だから何なんだ？」と平然と言い返したと……そのことは僕も凄いなと思うんですが、僕にはもう一つ凄いなと思うことがあるんですよね。それは橋下徹がテレビに出始めた頃からずっとこう言い続けてるんですよ。「東京裁判なんてあんなもん裁判でもなんでもない。日本にはA級戦犯なんていない」と。当時はここまでハッキリと言う人があまりいなかったから、こいつスゲーなって思ってたんですけど、これを言った直後にまた橋下徹らしいことを言うんですよね。「そりゃ僕だってアメリカがくれた民主主義っていう制度はありがたいと思いますよ」スンゲー橋下徹らしいでしょ（笑）アメリカからもらった民主主義って？ 「日本国憲法」？でしょ？ そのありがたいはずの「日本国憲法」を改正するぞー！って選挙出るんでしょ？ ハァ～（疲）。辛抱治郎は今すぐ解散したら「維新の会」は選挙の準備に間に合わないからマズイ、と言っていたけど、僕それ逆だと思うんですよね。野田首相が任期満了まで頑張ってくれたら、その頃には、「維新の会ってまだいたの？」そんな空気になってるような気がするんですが、小林先生はどう思われますか？

A 橋下って戦後民主主義の「気合いだけ」保守ってとこか？ 似たようなレベルだけどね、自称保守もネトウヨも。民主党は政党交付金の

Q&A 難問かましてよかですよ

申請見送り作戦で、自民党を兵糧攻めにして、選挙資金を枯渇させればいいんだ。解散は近いうちに来年でいいさ。橋下の化けの皮も、安倍晋三の化けの皮も、来年には剥がされなきゃ。

Q

名前＝miru
性別＝ドMド変態男
住所＝奈良県
年齢＝36歳
職業＝押出成形工

小林先生こんにちは。毎回ヘンテコリンな質問をしてごめんなさい。今日はQ&Aにはならないと思いますが、僕のドMエピソードを聞いて下さい。大学生のときに僕が一人暮らしをしているマンションの向かいに女子寮があって、そこに住んでいるK子という女と付き合っていて、夏休みか何かでお互い帰省していて、もどってくる途中で落ち合って、一緒に帰ってくるときの電車の中での話（会話）を聞いてください。

K子「miruちゃんに謝りたいことあんねん、絶対怒らないって約束して（涙）」

miru「いいよ。怒らないから言ってみんしゃい」

K子「昔の彼氏に会ってな、H迫られてんけどな、いつも彼氏いるとか関係なくしててんけどな、わたしmiruちゃんのこと本当に好きやからな、できひんくてな、でも全部拒否るのも怖くてな、口でするからってしてしまってん。本当にごめんな、わたしmiruちゃんに隠し事できひんねん（号泣）」

いつも彼氏いるとか関係なしにSEXしていた男と出来なくてフェ○○オで済ませるなんて、俺はなんて幸せものなんだ——！！！とはならなかったのですが、一応怒っとかないと、と思い、

miru「酷《ひど》いな〜。そんなこと言っちゃいけないよ。もし俺のことを本当に好きなら、その罪悪感を抱えたまま俺と付き合っていかないと。それを言うことによって、Kちゃんはスッキリするだろうけど俺は傷つくだけだろ。」

とカッコウ良く決めたんですが、実は僕、チョビットだけ、チョビットだけですよ、それ聞いて僕、興奮しちゃったんですよね〜アハハッ。

これみなぼん「ドン引き」だな。謝っとこ！　ゆ・る・し・て・ニャン♡　↑ももちの真似（笑）

A

みなぼんはドン引きだろうが、わしって案外こういうの可笑しくて好き。フェ○○オした彼女を「一応怒っとかないと」くらいで済ませられるおまえって大きいね。その上、興奮してるんだから幸せな奴だね。憎めない性格してるよ。

Q

名前＝さい
性別＝男
住所＝静岡県
年齢＝22歳

職業＝公務員

はじめまして。さいと申します。いつもライジング楽しく拝見させていただいております。来週、仕事の都合で山口県に1週間ほど滞在するのですが、休日を利用してよしりん先生の故郷、福岡県に行こうと計画しています。HKT48劇場以外で、よしりん先生の、福岡オススメスポットやゆかりの地などを教えていただければ、そこに行こうと考えていますので是非教えて下さい。よろしくお願いします！

A キャナルシティの地下の能古《のこ》うどんは美味いよ。天ぷらをセルフサービスで色々チョイスしたら腹いっぱいになるよ。能古島《のこのしま》は彼女を連れていくのにいいよ。口説くチャンスはいっぱいあるよ。大宰府の梅が枝もちは出来立てが美味いよ。縁切りの神社だから、女が鳥居をくぐるときの反応で、自分を好きかどうか推察できるよ。

Q 名前＝イナホ
性別＝男
住所＝神奈川県
年齢＝56歳
職業＝会社員

小林よしのり先生、秘書みなぼんさん、毎週の『ライジング』ありがとうございます。『今週のAKB48』をいつも楽しみに待っています。『風は吹いている』を聴いたとき、『川の流れのように』を瞬時に思い浮かべました。『風は吹いている』が再生への道ならば、『川の流れのように』は『故郷』を想い、国を想う歌だなと感じました。いつかAKB48で『川の流れのように』をカバーしてくれないかなと考えている一方、『ヘビーローテーション』を聴くと胸がトキメイテしまうのは、カバな変態（大人？）でしょうか？

A うわぁ、いい年こいたAKBファンっているんだなあ。わしより年こいたファンがいたら、ショックだなあ。田原総一朗はマジじゃないからな。『ヘビーローテーション』で胸がときめくのなんか、全然ヘンタイじゃないよ。やっぱり『となりのバナナ』でハッピーにならなきゃ。

Q 名前＝エディ・ばっじお・ボヤキング
性別＝ド天然野郎
生息地＝石川県河北郡津幡町字能瀬
年齢＝45歳と7ヶ月
職業＝洋食調理師

小林先生、お疲れ様です。単刀直入に失礼を承知で聞きますが、先生って「天然」ですか？ ちなみに私はド天然らしいのですが…まあ自分の事を天然だ！ とは中々認められ

Q&A 難問かましてよかですよ

るモノでは無いのですが周りにそう言われるので、しぶしぶ認めています（苦笑）

A 天然って何だ？　定義もわからんが、それは人が感じるものだろうから、自分で「私、天然でない」「私、天然です」なんて言えるわけない。自分の評価はどうでもいいや。

Q
名前＝miru
性別＝ドM男
住所＝奈良県
年齢＝36歳
職業＝押出成形工

小林先生こんばんは。いつもありがとうございます。以前ゴー宣道場で、稲田朋美さんが期待する政治家1位になったとき、僕、ものすごくショックだったんですよね。稲田朋美さんがまだゴリゴリの男系絶対だ！　と知っていましたからね。その少し前に大阪の番組で「これは理屈じゃないんです！」と言っていましたから。「高森先生がちょっと歴史認識が良いって褒めたぐらいで流されてんじゃねーよ！　TPP止めました。憲法改正しました。皇統は断絶しました。じゃ意味ねーじゃねーか！　ほんと道場生ってたいしたヤツおらんのーくそー！」とブツブツ一人で言ってたんですよね。で小林先生はこの結果をどう思ってるのかな？　と考えたんですよね。僕ほどゴリゴリの決定的瞬間を見ていないだろうけど、たぶん「稲田朋美の考えはなかなか変わらないだろうな？」くらいのことは思っていたでしょうから、この結果はかなり先生にとってストレスだったんじゃないですか？　もし「稲田議員なら男系でもま〜いっか！」なんて道場生が思ったら、小林先生がこれまでやってきたことが「全てムダだった」ということですからね。でも実際、稲田朋美さんが来た回の道場生のアンケート見て驚きました。「すげー！　ほとんどの人が見抜いちょるー！　痛烈に批判しちょる女性がおるーすげー！」独り言とはいえ「たいしたヤツおらんのー」と言ったことを反省し、PCに向かい言いました。ゆ・る・し・て・ニャン♡　↑これは嘘です。

A 政治家の評価ほど難しいものはない。政治家に期待するしかないのが、民主主義だが、必ず裏切られるからね。「ゴー宣道場」の参加者も、実際に政治家を何度も呼んだから、そこはわかっていますよ。

Q
名前＝カレーせんべい
性別＝男
住所＝大阪市
年齢＝33歳
職業＝経理（経営管理の略）

私は、よしりんとさっしーの対談を楽しみに【意気地なしマスカレード】を購入したのですが、間違えてType-Aを買ってしまいました…。翌日にType-Cも買いました。私は初体験の「同じCDを2枚買う」という行為に、背徳感と言いますか、『あ、一線を越えた』という感覚がありました。この勢いで、【ちょうだい、ダーリン】が収録されている【真夏のSounds good!!】のType-Aも買おうと思います。さて、一連の体験を通じて思い付いたのですが、次回からゴー宣は、【Type-A,B,C】の3種類出すのはいかがでしょうか？ 各Typeで表紙が異なり、各Typeで異なる「おまけのコーナー」があるならば、私は、全てのTypeのゴー宣を購入いたします。さらに、ランダムで、よしりん先生の生写真をつけるんです！ これで、少なく見積もっても、「よしりん企画」の利益は約3倍になると試算いたします。

A こういうの面白いね。【Type-A,B,C】の『ゴーマニズム宣言』かあ。まず絶対無理だけど、想像させてくれて楽しい意見っていいね。

Q

名前＝miru
性別＝ドM男
住所＝奈良県
年齢＝36歳
職業＝押出成形工

小林先生こんばんは。どうぞよろしくお願いします。僕、小林先生のこと本当に怖いな〜と思ったことがあるんですよね。たぶんこの恐ろしさに先生自身は気付いてないだろうな〜、と。随分昔の話になりますけど、少し前まで仲の良かった西部邁さんが、「パールが憲法9条の護持を訴えた」なんてお馬鹿なことを言う中島岳志って人にチヤホヤされて浮かれているのを見るに見かねて、「西部さん？ あなた騙されてるよ！ しっかりしなさいよ！」と言ったら、東谷暁さんが親分の悪口を言われたと勘違いして、感情剥き出しで猛烈に噛み付いてきたことがありましたよね。「論点なんて関係ないやい！ 西部の親分を悪く言うやつはみんなオレの敵だい！」みたいな感じで。で僕、先生の「反TPP論」を読み終えて参考文献のページを開いた瞬間、「ゾワゾワー」と鳥肌が立ったんですよ。「間違いだらけのTPP 日本は食い物にされる」東谷暁／朝日新書 を見て。東谷さんはこれを見て、小林先生にこう言われたと思うんですよ。「あなたがどんなにわしを罵ろうが、わしはこの分野であなたの右に出るものはいないと認めますよ」と。参考文献のこれは、東谷暁が小林よしのりに数多く繰り出した必殺パンチがカスリもしていなかった その「お知らせ」なんですよ。東谷暁さんはこの先、ヒンドゥーだるまさんから押しつぶされる悪夢から逃れられるだろう

Q&A 難問かましてよかですよ

か？　わしゃ心配です（笑）！　↑たまにはSデス！

A 西部邁も手を切っていて良かったよ。中島岳志は本心は「脱原発」なのに、西部親分の前ではそれは封じられる状態だからね。中野剛志が経産省の役人で、原発推進派だから、西部・東谷は、中野を守ってるのかもしれないな。定期的に出してるマイナーな言論誌のスポンサーも調べてみた方がいいが、しょせんコネで決めてるだけだろう。膨大な知識も間違った立場を選べば、屁理屈のつじつま合わせにしかならない。思想や言論は「コネ＝世間」で決定してはいけないんだ。

Q 名前＝カレーせんべい
性別＝男
住所＝大阪市
年齢＝33歳
職業＝製造業・経理

よしりん先生は、【AKB48チームサプライズの重力シンパシー公演】は、ご覧になられているでしょうか？　京楽産業．の『CRぱちんこAKB48』のために書き下ろした公演で、なんと、毎週、新しい曲が公開されています。その楽曲のクオリティの高さは、目を見張るものがあります!!　私はパチンコをやらないので、同僚に景品のCDを取ってもらっています♪　彼は、そのパチンコがキッカケで、AKB48にドップリ嵌《は》まりました（笑）　そして、熱烈な指原莉乃推しです。『自分が打たないパチンコ台も全部【推しメン選択】をさっしーに設定しとるんやで。AKBファンじゃない人にも、さっしーの良さを知って欲しいからな☆』と、自らの「草の根運動（？）」を誇らしげに言ってました。…アホです。嫁さんが里帰り出産で独りの彼ですが、最近は、なんだか楽しそうです☆

A 正直言って悔しい。「重力シンパシー」押さえてないんだ。なんとかせねばならない。わしを焦らすな――っ！

Q 名前＝カレーせんべい
性別＝男
住所＝大阪市
年齢＝33歳
職業＝製造業・経理

私は、大阪生まれの大阪育ちです。小林よしのり先生は『大阪』について、どのような印象をお持ちですか？　大阪の風土や、大阪人の気質、あるいは食べ物など……　特に「大阪の女について」教えて頂ければ、嬉しいです（笑）

A 大阪の女は知らん。付き合ったこと

はない。大阪と言えば、おばちゃんしか思い浮かばず、大阪のしっとりした女ってイメージできない。京都の女性なら良いイメージがあるが。

Q

名前＝miru
性別＝ドM男
住所＝奈良県
年齢＝36歳
職業＝押出成形工

小林先生こんにちは。どうぞよろしくお願いします。先生以前ゴー宣道場でこう言ってましたよね。「わしに批判された人は苦しいだろうけど、わしだって苦しい」と。僕これを聞いたとき、「やっぱり小林先生は凄いな」と思って、より先生のことを好きになりました。ただ「わしだって苦しい」を理解出来る人って少ないんですよね。みんなよく「辛かった、苦しかった」経験から語るんですが、その時は「憎しみ、悲しみ」という感情が強かったはずですから、あまり「冷静に考えられる状態ではなかった」ということですからね。「わしだって苦しい」は先生の「人から恐れられる経験」から出てきた言葉なんですよね。僕、凄く柔道強かった時期があるからよく解るんですよ。人から恐れられると、どういう気持ちになるか？　どういう空気になるか？　が……小林先生はよく『道場』って言ったらみんな怖がるんじゃないか？」と心配して言いますよね。何も深く考えて言ってないんですけど、この言葉も人から恐れられた経験のある人からしか出てこないんですよね。ネトウヨには人から恐れられる経験なんて絶対ないですからね。だから「オレって怒ったらチョー怖いんだゾ――!!」と叫ぶしかないんでしょうね？

A

これは質問ではないが、わしは面白い感想だと思う。ためになった。ありがとう。

Q

名前＝壱
性別＝男
住所＝愛知県
年齢＝36歳
職業＝フリーライター

はじめまして、小林先生ゴー宣ネット道場でライジングの存在を知り気になっていたのですが、配信日前の昨日、ついに辛抱できず入会し、vol.7,8,9を一気読み、今日のvol.10の配信も楽しく読み終えた所です。もっと早く入れば良かった！　まず、毎回のその膨大な内容の濃さに腰が抜けました。なんという創作エネルギー！　素直に凄いと思います。他の有料メルマガを購読して「これで有料かよ」って思っちゃうこともしばしばですが、ライジングの有無を言わせぬ圧倒的な物量に、先生の創作エネルギーの凄みを感じずにはいられません。若輩の僕なんかもっとがんばらなきゃ！　と気合が入りました。

さて本題の質問ですが、『脱原発

Q&A 難問かましてよかですよ

論』の表紙についてです。初めて目にした時からすごく印象的で、最初は絵かな？って思ったけどどうやら風景写真のようで、こんな不思議な模様を作る自然の荘厳さ、そしてその自然を制御できるんだと驕ってしまったヒトのちっぽけさを感じる、まさに本稿の趣旨を体現するすごい表紙だなと思いました。この印象的な写真（絵？）はいったいどこの、どんな現象を切り取ったものですか？　いろいろと自分でもググってみたのですが、答えにたどりつけられなかったので、ならば作者に聞いてみようと。僕以外でもけっこう気になっている人も多いと思うし。それではお体にお気をつけて、創作エネルギーの赴くままに生み出される先生の作品をこれからも楽しみにしています。

A こんな風にわしのことを理解してくれるのは、大変嬉しい。『脱原発論』の表紙についてはカバーの折り込んだ部分に説明が載ってるぞ。

Q

名前＝がんT（いまや、辛酸なめ太郎）
性別＝男
住所＝滋賀県
年齢＝32歳
職業＝工員みたいな会社員

「ロリコン」について触れられていましたが、以前から幾つかの疑問があります。最早、個人別の様々な定義がされているようですが、どのように考えておられますか。

Qおジィが娘のような歳の熟女を好きになってもそう呼ぶのか。（呉智英氏がこの意味合いで使っていました）

Aんな馬鹿な。40代の女を好きになってロリコンのはずがないじゃないか。

Q（さっしーとの対談を踏まえ）娘の有無は関係あるのか。

Aロリコンって幼女だろ？初潮を迎えたら、昔は結婚させてただろう。さっしーはわしの歳でも、大島優子だったらありだと言ったが、わしとさっしーくらいの歳の差で恋愛したって不思議じゃないと思うな。わし個人としては、さすがに10代は恋愛対象にしないが。

Q「童顔好き」と混同されていないか。あと、対象となる女性の「知性」は影響するか。

A童顔好きがロリコンのはずないだろ。わしは多部未華子が大好きだが、ロリコンじゃない！　知性が幼児の女を好きになるとロリコンなら、ローラを好きになったら逮捕されるじゃないか！

Q（具体例で）同世代である佐藤江梨子や眞鍋かをり（私はそうは思いませんが、彼女は童顔なのでしょうか？）の10年以上前の水着姿を「鑑賞」

（妙な表現ですが）することは、それに該当するのか。

Aよくこんなヒマなこと考えられるなあ。

Q顔と体では、どちらの未熟さが優先されるのか。

Aわ――――っ！ やめろ――――っ！

Q…などなど。私はロリコンではないと自分では思っていますが、色々解決しないと（最近、ロリ顔説が一部で囁《ささや》かれている）「みぃちゃん」推しに堂々となれない気がして不安なのです。（余談ですが、ブログでの彼女は実に真面目です。）先生、各々どうお考えでしょうか。お導きいただければ幸いです。

Aみぃちゃん推しになりなさい！ トッキーもみぃちゃん押しです。

Q
名前＝カレーせんべい
性別＝男
住所＝大阪市
年齢＝33歳
職業＝経理（経営管理の略）

【Type-A,B,C】の『ゴーマニズム宣言』なんて無理ですよね…。 素人の思いつきで、いい加減なことを言って、申し訳ありませんでした。ならば【よしりん企画スタッフ人形】を発売するのはいかがでしょうか？ 以前、とってもキュートな「トッキー人形」を拝見しました♪ 同じように、よしりん企画のスタッフの皆様、計5体を作って、発売するんです☆ やっぱり、ローリスクで儲けたいです。まずはゴー宣ネット道場のHPから個別に注文を受け付ける。それから人形を制作する方式を採りましょう。在庫ゼロで済むし。業者には人形1体当たりの原価を3000円で作らせて、売値は送料別で13000円。1日1万人が訪れるHPなので、受注は少なく見て1000人。

（売値13000円－原価3000円）×人形5体×顧客1000人＝儲け5000万円

さらに各人形ごとに3種類のバージョンがあって、全部そろえた人には特典で、「よしりん人形」を付けましょう！ これで、「よしりん企画」の収益は…… 約1億4700万円になると試算いたします。

A不可能です！ もっと儲ける方法を真剣に考えろ！ わしはいつだって自分が創作しなくてもお金が入ってくる方法をずっと考えてきて還暦になりそうだ。このままでは引退してしまう。わしは商売の才能が全然なくて情けない。

Q
名前＝miru
性別＝ドM男
住所＝奈良県
年齢＝36歳

Q&A 難問かましてよかですよ

職業＝押出成形工

小林先生こんばんは。どうぞよろしくお願いします。僕からの手紙を読んでいておわかりでしょうが、僕は歌がチョー上手いです。いつも僕が歌うと、女は僕の美声に酔いしれ、男は嫉妬に狂います。今年の会社の忘年会では「ファースト・ラビット」を「原キー」で熱唱してやろうと思っているのですが、Bメロの最後と、サビの「タシカメターイー」と「サガシニユークー」の音が出ません。Cメロに至ってはオール裏声になります。「原キー」で歌うこだわりがあるので、音は下げられません。どうすれば上手く歌えるでしょうか？　ドSな回答お願いします。

A どうしようもない馬鹿っぽい可笑しさがあるね、この質問。AKBの曲なら、2オクターブ＋3音も出せりゃ、原曲キーで歌えない歌なんかあるはずないだろ。2オクターブ出せないで歌を歌おうなんて大それたこととしてないだろうな？

Q

名前＝AC/DC48
性別＝男
住所＝福井県
年齢＝23歳
職業＝介護士

こんにちは。宜しくお願い致します。よしりん先生は時折、「この人は頭が良い」と仰います。しかし私は、「頭が良い」「悪い」ということが今一つ分かりません。何となく、雰囲気では分かりますが。「頭が良い人」とは、どういう人を指すのでしょうか。この際、明確に決めちゃって下さい。

A 「頭が良い」というのはTPOで基準が変わるからね。「この年齢にしては」とか、「この場に相応しいマナーを披露できるとは」とか、「この状況でよくそんな機転が」とか、色んな頭の良さがある。少なくとも学歴や知識量では頭の良さは測れないね。

Q

名前＝カレーせんべい
性別＝男
住所＝大阪市
年齢＝33歳
職業＝製造業・経理

よしりん先生。AKB48の楽曲で、【軽蔑していた愛情】の他に「わしは泣いてしまう…」という楽曲があれば教えてください。私が泣いてしまうのは、【初日】と【ライダー】です。それも、鼻垂らすほど泣いてしまうので、子供の前や、車を運転中には絶対に聴けないです。

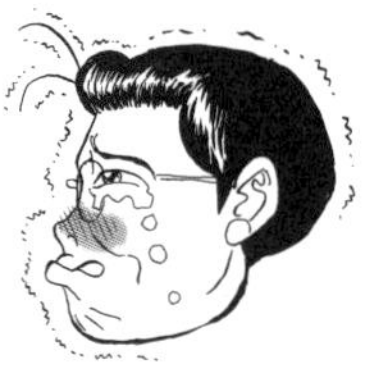

A 「抱きしめちゃいけない」かな。思い出すことが色々ある。

Q 名前＝プューマ
性別＝男
住所＝東京都
年齢＝36歳
職業＝介護職

こんにちは、よしりん。もしよしりんが女性で、近年の総理大臣である小泉純一郎、安倍晋三、福田康夫、麻生太郎、鳩山由紀夫、菅直人、野田佳彦のうちの誰かの女になるとしたら、誰の女になることを選びますか？　また、逆に一番嫌なのは誰ですか？

A 気色悪くて答えられん！

Q 名前＝ウシ
性別＝男
住所＝岐阜県
年齢＝34歳
職業＝フリーター

先生は「乃木坂ってどこ？」という番組は見たことはありますか？　先生はAKBのライバルはももクロだって言っていましたけど、この番組をみると乃木坂48も個性的なメンバーがいて面白いです。最近ではAKBより乃木坂のほうが好きになっています。もしよかったら一度見てみてください。

A 自然に、偶然にわしの心をつかむ子ができたらね。時間がないから動機が先に生まれなきゃな。

Q 名前＝カレーせんべい
性別＝男
住所＝大阪市
年齢＝33歳
職業＝製造業・経理

私は、これまでの人生の中で一度だけ、ヌード写真集を購入したことがあります。10年以上前に発売されたビビアン・スーの『Angel』という写真集です。

当時、同棲していた彼女がその写真集を発見した時、「うわっ、ロリコンやん…」と私に言いました。…よしりん先生ならば、絶対に分かって下さると信じていますが、ビビアン・スーの乳房は【ロリコン】ではないです!!　そもそも【ロリコン】とは、一体、なんなんでしょうか？　私には全く分かりません。

A またロリコンかあ〜〜〜〜っ！　AKBに嵌るって、偏見との闘いだなあ。

Q&A 難問かましてよかですよ

Q

名前=カレーせんべい
性別=男
住所=大阪市
年齢=33歳
職業=製造業・経理

私も歌謡曲が大好きな人間です。実家はなぜか有線を契約していて、子供の頃から歌謡曲を聴いて育ちました。そんな私が、どうしても気になっていることがあります。よしりん先生は、「左翼的な歌詞」が含まれる楽曲は、お嫌いでしょうか。例えば、ジョン・レノンの【イマジン】は、その代表でしょうけど、AKB48の楽曲でいえば【僕にできること】や【誰かのために】が歌詞の一部、それに該当する気がします。私はイマジンはよく分かりませんが…、AKB48のその2曲は大好きです。もし言論人の言葉として聞かされていたなら、反発したと思いますが…。

A

いい質問だと思う。人は誰でも理想主義な面と、現実主義な面を持っている。「イマジン」の歌詞は現実主義な面から見ると、笑ってしまうけど、理想主義な面から見ると、結構感動するわけです。政治的議論の場面で左翼的な歌詞を引き合いに出されると、やれやれと思うけど、若い人が初めからニヒリズムでそのような歌を受け付けないのは問題だと思うな。情緒は必要だから。

Q

名前=カレーせんべい
性別=男
住所=大阪市
年齢=33歳
職業=製造業・経理

私は休日、「大阪万博記念公園」で過ごすことが多いです。「太陽の塔」のそばで、弁当を広げます。【脱原発論】の冒頭で、小林よしのり先生の高校の修学旅行が、大阪万博だったと拝見致しました。大阪万博の印象や足を運んだパビリオン等を是非教えて下さい。私が父71歳から聞いた印象的な話は「洋式トイレ」です。当時の日本人の多くが、洋式トイレが初体験だったらしく、便座の上に、靴を履いたまま「うんこ座り」していたと聞きました。便座に砂がついていることを、欧米人達が嗤っていたとのこと。…この話を聞いて、私は、なんか悔しかったです。だけど、その後日本人は「ウォシュレット」の発明で、欧米人を見返してやったと思えば、気持ちもスッキリしました♪

A

多分、「月の石」を展覧したパビリオンは行ったと思う。よく覚えてないんだよなあ。女の子とヘラヘラ遊んでたもんで。

Q

名前＝しんしん
性別＝男
住所＝京都
年齢＝35歳
職業＝医師

こんにちわ！ 今回の劣化保守・ネトウヨの分析、恐れ入りました。僕は文才が全くないので、思っていることをうまい言い回しで表現しておられて、いつも気持ちをすっきりさせてもらってます。確かにネトウヨというのはいわゆる「普段充実した人生を歩んでいない暇な奴」が大勢を占めるのかもしれませんが、結構高学歴だったり経済的に恵まれている人でも同じような考えに絡めとられているように感じます。主にそういう人たちは、声高に日本にがぶり寄って来る中韓にうんざりしていて、そこに入り込む中韓を蔑むのに都合のいい情報を鵜呑みにしてしまう傾向があると思っています。結局は左翼もそうですが、「自分たちの都合のいい情報のみを頭の中で採用する」、「薄っぺらい自分のプライドを守るために間違いを認められずに詭弁で論点をすり替えていく」という2つを満たせば「この劣化野郎」と見なすようにしていますがよろしいでしょうか（笑）

話変わりますが、先生はおモテになるので射精する機会も多いと思われます。そういう人は高確率で前立腺肥大になりますので下半身のことでお困りの際は泌尿器科をしている僕にご相談下さいニヤリ

A

よろしいかどうかは具体例なしに判断できない。ニヤリって言うが、まったく健全に機能してるから心配ないと思うよ。

Q

名前＝鷲音茂吉
性別＝おっさん
居住＝北海道
年齢＝36歳
職業＝鉄工屋

AKBヲタについて質問があります。若い男が疑似恋愛として萌えて推すのは理解できますし、女の子が自分の夢として憧れて推すのも理解出来ますが、目の前に最愛の萌えであり推しの対象たる実の娘を持つ父親の身分の者がAKBの少女たちに萌え萌えして、やれ優子推しだのまゆゆ推しだのとうつつを抜かすのは一体どういう心理状態なのでしょうか？ AKBを現象として興味を持ったり、エンタテインメントとして楽しむのならば分かるのですが、ガチでハマるマジさを見ると、実の娘が不憫ぢゃね？ と思ってしまいます。

A

わしには娘がいないからわからないが、実際の娘には多分「真実」や「現実」を見るからであり、ア

Q&A 難問かましてよかですよ

イドルには「偏見」を持つことができるからだろうね。わしには妹がいるが、可愛いとは思えない。「妹キャラ」のアイドルが妹だったらと思うからね。最近は父と娘が一緒にAKBに嵌って、そのせいで父と娘の仲が良くなったという話もある。ディズニーやアンパンマンを子供と一緒に見て、親が感動してる図と同じかな。サブカルで育った大人が大半になっちゃったから、子供っぽさから抜けられない大人が普遍的になったという状況もある。わしもそのうちの一人だろう。AKBに嵌る要素はいくつも複層的にあると思うよ。これっていい質問だから、「今週のAKB48」でも書いておかなきゃならないな。

Q

名前＝ビビ
性別＝♀
住所＝東京
年齢＝34
職業＝がけっぷち会社員

よしりん先生こんにチワワ。私は子供の頃から絵がヘタクソです。最近仕事で必要にかられ、絵を描いて説明する機会が増えたのですがヘタクソ過ぎて全く伝わらず、笑われてしまいます。どうしたら絵が上手くなれますか？ コツみたいなものがあれば教えて下さい。

むしろヘタクソな絵を武器に笑いを取るべきなんでしょうか？ とも思ったりするのですが…。

A

デッサンを正確にする方法は、風景をさかさまに見て描くとかあるだろうけど、絵が上手いというのは、デッサンと関係ないからなあ。子どもの絵と岡本太郎の絵は近似性が高いし、ピカソだってそうだからね。好きなものしか上手くならないだろう。ヘタでもいいじゃない。いや、そのヘタと思い込んでる絵が、意外にすごい絵かもしれないよ。

Q

名前＝ miru
性別＝ドM男
住所＝奈良県
年齢＝36歳
職業＝押出成形工

小林先生こんばんは。どうぞよろしくお願いします。「所功先生」は高森先生と同じ皇統・皇室の専門家ですよね。小林先生がまだメーメーの八木さんに騙されていた頃に、「たかじんのそこまで言って委員会」に出て来て、「女系・女性天皇は全く何の問題もありません！」と満面の笑みで言い放った日のことを僕は覚えています。当時はゴー宣を読んでいて、「何となく男系が続いた方が良いんだろうな？」くらいに思っていたけど、全くと言って良いほど皇室に関心が無かったので、「へ、こんなふうに言い切る人もいるんだ～」と軽い感じで見ていました。その後、小林先生はガッツリ勉強して「男系絶対はカルトだ！」に辿り着きましたね。それで、「この人は本物の専門家なんだ！」と僕もわかりました。ところが最近少しだけ気になる発言をしていたんですよね。「男系継承が続くに越したことはないんですが…」と。これを聞いて僕、「所先生、相当疲れているな」と思ったんですよね。ずっと言い続けてる女系公認の必要性が全く理解してもらえない「辛さ」から、「ポロッ」と出てしまったんじゃないか？　と僕は思ったんですよね。そこで小林先生にお願いなんですが、高森先生と小林先生で、所先生を慰めてあげてもらえないでしょうか。僕、所先生のこと本当に好きだから見ていて辛いんです（涙）。座談会にして本にしてもらえたら、僕、ナンボでも買います！（笑）

A　所さんと、わしや高森さんの意見は若干違うから。男系優先、男子優先が基本にあるのが所さんです。わしや高森さんは、そもそも男系が伝統というのは嘘話だというのが基本にあるからね。

Q　名前＝僕の頭はハーゲンダッツ
性別＝男
住所＝神奈川県
年齢＝32歳
職業＝製造業・製品分析

小林先生、いつも夜遅くまでお疲れ様です。さて、今回はギャグ漫画家である小林先生のお力を借りたく投稿しました。私は20代の中ごろから毛髪が薄くなってきており、父の頭の状態からすると私もハゲコースに乗ったものだと考えられます。そして、せっかくハゲになるのだから、どこかでハゲの話題が出た際に何か一発ギャグのようなものをかまして笑いをとれないものかと思うようになりました。そこで小林先生にお願いなのですが、何か周囲を笑わせるハゲギャグをお持ちでしたら教えてもらえないでしょうか。最初私は「頭に北半球～！」と言えば周りから「お前の北極は陸地の代わりに髪が無《ね》えのな！」とツッこんでもらえるかな、と考えたのですが、もし本気で怒っていると思われたら厄介なのでやめました。

A　ハーゲンダッツか。ちょっとハゲネタ多すぎるんじゃないか。わしは、ハゲのギャグは自分がハゲの奴には敵わないと、最近思い知らされてるんだからさ。

Q　名前＝西脇啓一郎
性別＝男
住所＝愛知県
年齢＝32歳
職業＝会社員

よしりん先生、そしてスタッフの

Q&A 難問かましてよかですよ

皆さま、いつも本やブログ、そしてこのWebマガジンを楽しく拝見しております。本当にありがとうございます。2度目のご質問です。私はよしりん先生の考え方や思想を、戦争論以降ずっと自分の考え方や思想の拠り所・生き方の指針にしております。よしりん先生の生き方、本当にかっこいいです。私の中の頭山満です。

　ブログやWebマガジンで発信されるようになってからは、物事について考えた後の「答え合わせ」をすぐにさせてもらってる感覚で、より脳に刺激的な毎日となっております。

…お伝えしたい思いがどんどん溢れ出て、肝心の質問までいくのに時間がかかりそうですので、前置きはここまでにしておきます。

　現在よしりん先生が、この人は今後どんなことが起きても軸はぶれない、考え方や思想に関してとてもバランス感覚がよく信用できる…と思うような人物はいらっしゃるのでしょうか？　同じ方向を向いてたのに、何かことが起きると実は軸がしっかりしておらず、全く反対方向へ行く人があまりに多過ぎますよね…。愚問だとは思いますが、よろしくお願いいたします。

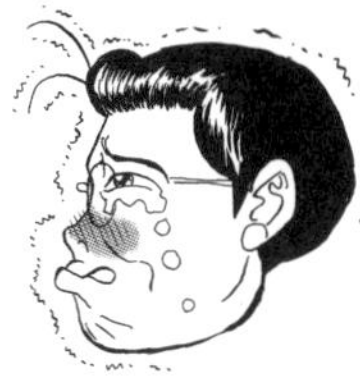

Q

名前＝カレーせんべい
性別＝男
住所＝大阪市
年齢＝33歳
職業＝製造業・経理

A 思いつかないなあ。そんな人がいたら、わしと一緒に戦ってほしい。

【UZA】の興奮がいまだに醒めません。楽曲の良さは、もちろんなのですが、「商品」に対するプロ意識と美意識に感動しました。その点、小林よしのりとＡＫＢ48はソックリだと感じました。ところで、よしりん先生は、【UZA】のCDに添付されていた「リクエストアワー セットリスト ベスト100 2013」はどの楽曲に投票されますか？　私は、同情でも組織票でもなく【走れペンギン】に投票する所存です。

Q

名前＝しお
性別＝男
住所＝愛知県
年齢＝38歳

A わしも投票しようかと思ってるんだけど、「走れペンギン」に入れようかな？　ＡＫＢに詳しくない読者に説明すると、わしはみおりんがいるチーム4が大好きだったんだが、そのチーム4の代表曲が「走れペンギン」なんだ。ペンギンかぶって歌い踊るのだが、実に可愛かった。チーム4は解体させられたから、わしも同情じゃなく、復讐で一票入れようかなと思う。

職業＝会社員

よしりん、こんばんわ。今日、ショックを受けました。くーみんこと、SKEの矢神久美ちゃんが、SKEを卒業するという事です。彼女の、ぐぐたすのコメントを見て、衝撃を受けました。くーみんとは、一度、握手会で、握手させて頂いた事があります。その時の雰囲気が良くて、凄く惹かれました。そして、マジすか3では、表情豊かな「小耳」に心動かされ、毎週金曜日が楽しみになりました。そんな、彼女が、突然卒業を発表。頭が真っ白です。もちろん、自分も世間的に見れば良い大人。本来なら、本人の決断を受け入れ、暖かく送り出すのが本来の筋。でも、残念ながら、今の自分には整理ができません。仕方なく、ビールに逃げてしまう自分がいます。明日なんて来なけりゃ良いのに。と。そして、思いました。今のAKBグループのファンでいる事は、常に、このような別れという怖さを持っているという事を。その想いが深ければ、深いほど、辛さもあるなと。つまり、「推す」というのは、単にCDを買うことで無く、単に曲を聴くことで無く、「人柄」に、「惚れて」行動することであり、ある意味、「人とのつながり」を持つことなんだなと感じました。自分は、今、少し動揺していますが、メンバーの皆さんも動揺があると思います。自分にできることは、今までと変わらず、陰ながら応援することです。で、よしりんにお願いがあります。握手会に行って、メンバーの皆さんや、くーみんに暖かい言葉をかけて頂けませんでしょうか？ よしりんの言葉には、魂がこもっています。多分、メンバーが一番動揺していると思うし、大きな決断をしたくーみんも、不安とか、いろいろな気持ちがあると思います。今、まさによしりんの言葉が必要なのです。というわけで、検討お願いします。

A わしはそんなに大した存在ではないよ。矢神久美の卒業はわしもショックだし、今ももったいなくて残念でならない。AKB姉妹グループのファンになるって、恐いよね。最近、どんどん辞めるもんね。だから彼女たちが迷わないように、褒められるチャンスがあったら、できるだけ褒めておこうという気持ちはあるよ。でも、握手会だけはダメだ。運営側もわしに握手会には来てほしくないようだ。SKEに会うチャンスがあれば、励ましておく。

Q
名前＝miru
性別＝ドM男
住所＝奈良県
年齢＝36歳
職業＝押出成形工

小林先生こんばんは。どうぞよろしくお願いします。また「たかじん

Q&A 難問かましてよかですよ

のそこまで言って委員会」での話なんですが、医療ジャーナリスト・医学博士の森田豊さんがゲストで出ていて、大多数の人がスーパードクターの手術の順番を待っていて、本当にその手術を必要としている人が受けられない問題や、中国人の富裕層だけを受け入れる病院があるという話をして、「所得の格差はあるのは仕方のないことだが、必要な医療を受けるというのは、この日本では平等でなければならない」と話された直後に、パネラーでその場にいた金美齢さんが、「それは綺麗事よ！ 私みたいにしっかり働いて稼いでいる人間と、そうでない人間との命は平等ではありません！ 私が病気をしたら絶対に高額な手術費を支払って、スーパードクターに手術してもらいます！」と言っていました。これを聞いて僕、「なぁ～んだ！ 金美齢って日本国籍を取得した中国人なんだ！」と思っちゃったんですけど、僕って酷い男ですかね？

A おまえって鋭い奴だなあ。

Q
名前＝がん
性別＝男
住所＝滋賀県
年齢＝32歳独身
職業＝会社員

前回の「ロリコン」の質問への回答ならびに叱咤、ありがとうございます。ロリコンに関しては暫く休みます。（再開あり？）胸を張ってみぃちゃん推しになれます。私がみぃちゃんを推す一因は、彼女の「面白くなりたい」という志向にあります。彼女はずっとトークの腕を磨いているようです。新日本プロレスに喩えると、ずっと関節技の腕を磨いていた藤原喜明がぴったりだと思います。彼女がひな壇タレントにとっての「テロリスト」になる日も近そうです。トークの腕がある故に、私は周辺のおっさん（ほとんどが先生より年下）の会話を聞くとこう思うことがしばしばです。「みぃちゃんが言えば面白くなるかもしれんな…」世代による感覚の違いと言えばそれまでなのですが、どうもセンスを磨くことを放棄したような惰性が感じられるのです。（彼らはたかみなを見て「その辺の子と変わらん」と言っていたので、全体への認識は推して知るべしです）「流行の拒絶」「向学心の放棄」が要点ですが、これらをいつから始めたのか、それが外面的な衰えに繋がっている気がしてなりません。「この頭髪の不自由な人（言い換え）が、長髪のみうらじゅんさんと同い年なんて…」とも思うことしばしばです。そういえば、みうらさんも歳の割に若く見えます。

　私は、若く見える方々（筆頭は先生）を参考に、30代で老け込まないための心掛けを実践していますが、先生は30代で実践されたことはおありでしょうか。また、前述のおっさんたちのように、老け込む原因は何にあると思われますか。私は「流行

Q&A 難問かましてよかですよ

の拒絶」が一因と思っています。新たな参考にしようと思いますので、ご教示いただければ幸いです。

A 君はまだ独身だからなあ。みうらじゅんやらわしやらは、非現実的な生き方をしてるから、参考にならないと思うぞ。子どもを育てながら、地に足をつけて生きた者なら、老け込んでいるのが普通ではないかな。流行を追う余裕もないくらい、仕事と家庭サービスでくたびれるんだよ、きっと。特に昨今は将来不安が大きいからな。わしは30代も40代も50代も、アンチ・エイジングな努力は何もしてない。60代になればきっと老けるんじゃないかな。

Q 名前＝ローランドボック
性別＝男
住所＝愛知県
年齢＝39歳
職業＝自営業

よしりん先生は甲斐よしひろさんと同級生だそうですが、博多時代に「照和」などで、若かりし日の大物ミュージシャン井上陽水、長渕剛、武田鉄矢、チューリップなど見たことがあるのでしょうか？ 見たことがあるなら、その時の印象をお聞かせください。

A 照和で甲斐が歌うのは聞いたが、他に誰を見たのか覚えてない。たまたまコーヒーを飲みに入ったときに、ライブをやり出したミュージシャンやバンドがいたというくらいの感覚しかなかったからな。人気のミュージシャンのライブがあって、店内が混んでるときは、そそくさと他の喫茶店に移動してたから。

トッキーからのお知らせ

まえがきにも書いた通り、この本はWebマガジン「小林よしのりライジング」に掲載した記事を中心にまとめたものです。

まだまだネットによる情報発信というのは発展途上の分野のようですが、やってみるとこれがなかなかおもしろいのですね。

この8月から動画配信サイト「ニコニコチャンネル」に「小林よしのりチャンネル」というのを開設し、そのメインのコンテンツとして始めたのがWebマガジン「小林よしのりライジング」です。

さらに「小林よしのりチャンネル」では、インターネット生放送でトーク番組をやったり、動画を配信したりもしています。

要するに全く一個人で雑誌と放送局を持っているようなものなので、自分の好きな時に好きな形で情報発信ができるというわけです。

毎週火曜日配信の「小林よしのりライジング」、そして生放送、動画も全部、「小林よしのりチャンネル」の会費、月額525円のみで見ることができるようにしています。

他の人のWebマガジンはほとんど見たことがないので、比較ができないのですが、読者からは「この内容で毎週配信されて、さらに生放送まで見られて月525円というのは安すぎる」という声を多数いただいています。

だがその一方で、世間一般では「ネットの情報はタダ」という認識ができ上がってしまっているのも事実で、そこを突破して「小林よしのりチャンネル」を一つの有力なメディアとするところまで育てられるかどうかが、これからの課題です。

そんなわけで、今まで知らなかったけれども、ちょっと興味が湧いたという人は、ぜひネットで「小林よしのりチャンネル」を検索して、覗いてみてください。

トップページ、「お知らせ」の下の「ブログ・メルマガ」の欄に「小林よしのりライジング」が最新号から並んでいて、その週の見どころと目次、トップ記事の冒頭部分が試し読みでき、さらにその号に寄せられた、読者のコメントを読むことができます。この読者のコメントが毎週大量で、しかも熱心なものがすごく多い。

さらにトップページの下の方には、今後の生放送予定等も載せている。生放送も冒頭部分のみは会員以外の人にも「チラ見せ」をしています。

最新号を全部読みたい、生放送を全部見たい、と思ったら、画面をスクロールして一番下の「入会する」と書かれたバナーをクリック。画面の指示に従って入会手続きを済ませれば、その月からの「小林よしのりライジング」購読、生放送視聴ができます。

とはいっても、ネットで文章を読むのは疲れる、漫画も読みたい、やっぱり紙をめくる感触が好きだ、本が好きなのだという人の方がまだ圧倒的多数でしょう。

したがって書籍化の際には、一流のデザイナーさんによって文章やその他の企画を心地よく読めるように工夫してもらい、さらに必ず漫画を描き下ろして、本の味わいというものを最大限発揮できるようにしていくつもりです。

ネットでも書籍でも、お好きな方でお楽しみください。

あとがき ニセモノ政治家の見分け方

本書のタイトルは「ニセモノ政治家の見分け方」となっている。

ニセモノが見分けられない限り、民主主義という制度があっても、国民は自分の首を絞める隘路に嵌っていくだけなのだ。

ニセモノは個人で発言することができない。

一人で圧倒的多数を敵に回して戦うことができない。

仲間と群れ、魚群となって泳ぎ、右に左に一群一体となって方向を変える。

リスクのある発言は曖昧にぼかし、リスクがなくなれば大声で絶叫する。

自分自身がそのような人間になっていないか、胸に手を当てて考えてみてほしいが、等身大の自分から目を背け、愛国無罪を叫ぶシナ人と同等になってしまった日本人は最近増加傾向にある。

勇気のある者は少ない。

誰もが孤独に耐えられないから仲間とつるみ、自分の所属する世間の意見に同調し、疎外されないように口うらを合わせ、勝ち馬に乗って大きな顔をしている。

他人をニセモノと言う場合は、自分がホンモノと言ってるようなもので、羞恥の情を覚えるのは当然である。

それでも言ってしまうのが、『ゴーマニズム宣言』の流儀なのであって、断固、ニセモノを指弾する姿勢を貫くしかない。

まだまだこれからだ。平成25（２０１３）年に挑戦する創作はもうとっくに決まっている。描くことでこの政治状況を変える意欲も益々高まってきた。

『ゴーマニズム宣言ライジング』の続刊にも期待してほしい。

小林よしのり

平成24年11月18日

ニセモノ政治家の見分け方　初出一覧

第1章　右傾化の原点　慰安婦問題、アゲイン！	描き下ろし
第2章〜第16章、よしりんの日常、よしりん愛の一品	ニコニコチャンネル「小林よしのりライジング」Vol.1〜12
第17章　ＴＰＰのタフ・ネゴシエーターはいるのか？	小学館「ＳＡＰＩＯ」二〇一二年四月四日号
第18章　橋下さまに捧げる言葉	小学館「ＳＡＰＩＯ」二〇一二年七月一八日号
第19章　許容できるデモ、愚劣なデモ	小学館「ＳＡＰＩＯ」二〇一二年八月二二／二九日号
第20章　専門家の信用が失墜して『脱原発論』が有効！	小学館「ＳＡＰＩＯ」二〇一二年九月一九日号
第21章　靖國参拝だけではもう評価しない	ワック出版「Ｗｉ-ＬＬ」二〇一二年二月号

＊以上の初出に加筆修正を加えております。

装画（CG）　dske
ブックデザイン　鈴木成一デザイン室

構成　時浦兼・岸端みな（よしりん企画）
作画　広井英雄・時浦兼・岡田征司・宇都聡一（よしりん企画）
編集　志儀保博・大熊悠介（幻冬舎）

小林よしのり 略歴

漫画家。昭和二八(一九五三)年、福岡県生まれ。
昭和五一(一九七六)年、大学在学中に描いた
デビュー作『東大一直線』が大ヒット。
平成四(一九九二)年、「ゴーマニズム宣言」の連載をスタート。
以後、「ゴー宣」本編のみならず『戦争論』『沖縄論』『靖國論』
『いわゆるA級戦犯』『パール真論』『天皇論』『新天皇論』
『国防論』『脱原発論』といったスペシャル版も
大ベストセラーとなり、つねに言論界の中心であり続ける。

ゴーマニズム宣言
RISING

ニセモノ政治家の見分け方

二〇一二年一二月二〇日　第一刷発行

著者　小林よしのり
発行者　見城徹
発行所　株式会社 幻冬舎
〒一五一-〇〇五一 東京都渋谷区千駄ヶ谷四-九-七
電話 〇三-五四一一-六二一一(編集)
〇三-五四一一-六二二二(営業)
振替 〇〇一二〇-八-七六七六四三

GENTOSHA

印刷・製本所　中央精版印刷株式会社

Printed in Japan　ISBN978-4-344-02308-6 C0036
幻冬舎ホームページアドレス http://www.gentosha.co.jp/
この本に関するご意見・ご感想をメールでお寄せいただく場合は、
comment@gentosha.co.jp まで。